经济管理学术文库·经济类

宏观产权结构理论
——源起、架构与应用

Macro-property Rights Structure Theory:
The Origin, Construction and Application

曾祥炎／著

图书在版编目（CIP）数据

宏观产权结构理论：源起、架构与应用/曾祥炎著 .—北京：经济管理出版社，2014.5
ISBN 978－7－5096－3153－9

Ⅰ.①宏… Ⅱ.①曾… Ⅲ.①产权结构—研究—中国 Ⅳ.①F279.21

中国版本图书馆 CIP 数据核字（2014）第 112176 号

组稿编辑：	张　艳
责任编辑：	张　艳　赵喜勤
责任印制：	黄章平
责任校对：	张　青

出版发行：	经济管理出版社
	（北京市海淀区北蜂窝 8 号中雅大厦 A 座 11 层　100038）
网　　址：	www.E－mp.com.cn
电　　话：	（010）51915602
印　　刷：	三河市延风印装厂
经　　销：	新华书店
开　　本：	720mm×1000mm/16
印　　张：	16
字　　数：	288 千字
版　　次：	2014 年 5 月第 1 版　2014 年 5 月第 1 次印刷
书　　号：	ISBN 978－7－5096－3153－9
定　　价：	49.00 元

·版权所有　翻印必究·

凡购本社图书，如有印装错误，由本社读者服务部负责调换。
联系地址：北京阜外月坛北小街 2 号
电话：（010）68022974　邮编：100836

目 录

第1章　思考问题的角度与方法 ………………………………………… 1
　1.1　问题的提出 …………………………………………………………… 1
　1.2　选择"中庸" …………………………………………………………… 6
　1.3　在历史中沉迷 ………………………………………………………… 9
　1.4　方法论 ………………………………………………………………… 13

第2章　生存、自由与人类的合作生产行为 ………………………… 23
　2.1　人类的两大基本福利追求 …………………………………………… 23
　2.2　经济学对生存问题的研究 …………………………………………… 26
　2.3　经济学对自由问题的研究 …………………………………………… 29
　2.4　合作生产与人类两大基本福利追求的解决 ………………………… 34
　2.5　关于新古典主义经济学的进一步反思 ……………………………… 42

第3章　企业与合作生产 ………………………………………………… 49
　3.1　作为合作生产组织的企业 …………………………………………… 49
　3.2　企业的形成与发展 …………………………………………………… 58
　3.3　企业契约的作用 ……………………………………………………… 79

第4章　国家与合作生产 ………………………………………………… 81
　4.1　推动合作生产组织生成和发展的国家 ……………………………… 81
　4.2　国家的形成与发展 …………………………………………………… 94
　4.3　民主法治的作用 ……………………………………………………… 100

第5章　基于合作生产的宏观产权结构理论分析框架 ……………… 103
　5.1　合作生产、国家与产权制度 ………………………………………… 103
　5.2　完整的产权激励：微观机制与宏观机制 …………………………… 115

  5.3 宏观产权结构理论的分析模型 ………………………………… 121
  5.4 宏观产权结构与经济发展 ………………………………………… 134

第6章 宏观产权结构与全球工业化实践 ………………………………… 139
  6.1 宏观产权结构变迁与经济史 ……………………………………… 139
  6.2 西欧的崛起与持续强大 …………………………………………… 140
  6.3 美国成为霸主 ……………………………………………………… 144
  6.4 苏联的兴衰 ………………………………………………………… 148
  6.5 东亚奇迹 …………………………………………………………… 152
  6.6 拉美陷阱 …………………………………………………………… 156
  6.7 撒哈拉以南非洲国家的贫困 ……………………………………… 159
  6.8 工业社会的经济危机：一致性的理论诠释 ……………………… 162

第7章 宏观产权结构与中国改革成功的内在逻辑 ……………………… 171
  7.1 中国产权制度与经济绩效关系研究的三个视角 ………………… 171
  7.2 转型期中国宏观产权结构的形成机理 …………………………… 180
  7.3 宏观产权结构与中国经济增长"奇迹" ………………………… 193

第8章 路径依赖与中国未来改革 ………………………………………… 199
  8.1 宏观产权结构与中国经济可持续发展面临的挑战 ……………… 199
  8.2 中国宏观产权结构变迁面临的主要制约因素 …………………… 212
  8.3 结论与政策建议 …………………………………………………… 222

第9章 信仰与理性 ………………………………………………………… 227
  9.1 经济学的信仰 ……………………………………………………… 227
  9.2 回归理性 …………………………………………………………… 228

参考文献 ……………………………………………………………………… 233

后 记 ……………………………………………………………………… 249

第1章 思考问题的角度与方法

1.1 问题的提出

随着国有经济存在的弊端日益显现以及世界性私有化浪潮的兴起，新凯恩斯主义和新古典主义在市场制度两个基石——私有产权与自由竞争原则的信奉方面最终达成了共识。1979年以后，"私有产权神话"在美国和英国得到积极倡导和推行，从20世纪80年代开始，在国际社会，私有化被普遍认为是国有经济改革的基本方向。世界银行、国际货币基金组织等为发展中国家经济增长开出的"良方"包括三大支柱：财政节俭、私有化和市场自由化。虽然这一"良方"在发展中国家和转型经济体实施的效果并不太好，但时至今日，私有化与自由化仍然被认为是一个国家经济社会发展的当然出路。

转型国家的发展现实与资本主义世界发生的一系列经济危机完全有理由动摇"私有产权神话"：在东欧与苏联等原社会主义国家，以私有化和自由化为导向的社会转型并未取得预想的发展效果，其中，"1990~1995年，俄罗斯经济下降幅度达38%，工业生产下降了50%，其中机器制造业下降65%~80%，高新技术产品下降90%，日用消费品下降55%，70%的食品需要进口"[1]。在拉丁美洲，20世纪80年代末"华盛顿共识"（Washington Consensus）之后[2]，实行了全面的新自由主义改革，结果经济不是越来越好，而

---

[1] 张树华.私有化是祸？是福？俄罗斯经济改革透视[M].北京：经济科学出版社，1998：39.

[2] 1989年，经济学家约翰·威廉姆森执笔写了《华盛顿共识》，系统地提出指导拉美经济改革的各项主张，其内容包括实行紧缩政策防止通货膨胀、削减公共福利开支、金融和贸易自由化、统一汇率、取消对外资自由流动的各种障碍以及国有企业私有化、取消政府对企业的管制等。由于这些思想秉承了亚当·斯密自由竞争的经济思想，与西方自由主义传统一脉相承，后来人们将这些观点称为"新自由主义的政策宣言"。随着全球化的畅行，"华盛顿共识"形成广泛的社会影响。

是越来越差,陷入了"中等收入陷阱"(Middle Income Trap)①;在新自由主义的故乡——欧美国家,美国遭遇了次贷危机(Subprime Lending Crisis),欧元区爆发了主权债务危机(Sovereign Debt Crisis),并波及全球;而以世界银行赋予的普遍指导准则来实施改革的撒哈拉以南非洲国家至今还在贫困之中挣扎。

与此同时,对私有化的过度崇拜也难以合理解释非私有产权制度下创造的诸多经济"奇迹":计划经济体制中只有国有产权,没有非国有产权,根本不存在私有产权意义上的产权竞争效率,但苏联却维持了近半个世纪的高速增长;东亚国家的"强政府"模式显然也超出了产权经济学家认为的国家的干预只应该限定在产权的初始界定上,但这种"强政府"模式却创造了人类历史上最高的经济增长速度;中国的实践更是对"私有产权神话"的有力挑战,在改革开放初期,中国并未形成强有力的法制部门对私人产权进行充分的保护②,市场经济体制也不够完善,却维持了改革开放以来年均近10%的高速经济增长,表现得比那些市场经济制度更加完善、产权制度更加明晰的许多国家还要好③。

经济学的首要任务是理性地解释经济现象。现代产权理论尽管"有效地"解释了微观主体的生产效率问题,但却不能同样"有效地"解释国民经济增长问题。现代产权理论在解释社会宏观经济发展方面的现实困境说明,有必要对现代产权理论倾向于微观与效率分析的方法及其"私有好、公共坏"的基本观念体系进行深刻反思,以探讨产权制度是如何形成国民经济增长的宏观激励,进而影响社会的长期发展。

众所周知,秉承新古典传统的产权理论一直倾向于微观与效率分析方法。一方面,经典的产权论著习惯于以有关产权的具体案例作为研究的出发点。科斯(Ronald H. Coase)的《社会成本问题》就有十余个诉讼案例贯穿其中,此后,诺思(Douglass C. North)、德姆塞茨(Harold Demsetz)、威廉姆森(Oliver E. Williamson)、阿尔钦(Armen A. Alchian)、巴泽尔(Yoram

---

① 经济改革前的1961~1981年,拉美地区GDP年均增长率5.59%,人均GDP年均增长率1.96%;而1981~2001年,两者的速度分别降为2.15%和0.34%,即改革后的经济增长速度仅为改革前的38%。

② 事实上,新中国成立后,直到2003年中共十六大报告才第一次明确提出"完善保护私人财产的法律制度",2004年3月通过的宪法修正案中"公民的合法的私有财产不受侵犯"才第一次进入新中国的《宪法》。

③ 比如一些亚非拉资本主义国家,它们一直遵循市场经济发展模式,并且实行资本主义的私有产权制度,但经济却一直比较落后。

Barzel）等，基本上沿袭了科斯的这一方法，主要通过案例（或历史变迁事例）分析来证明自己的产权理论观点。另一方面，资源配置的效率问题一直处于产权理论分析的中心位置。科斯在《社会成本问题》中试图运用"成本—收益"比对来阐明产权界定、市场均衡与资源配置效率之间的内在关系，此后，诺思、德姆塞茨、张五常、阿尔钦、巴泽尔等关于产权的分析也主要是围绕如何通过界定、变更产权安排，创造或维持一个交易费用较低、资源配置效率较高的产权制度而展开。关于产权理论的微观与效率分析方法，菲吕博顿（Eirik G. Furubotn）与配杰威齐（S. G. Pejovich）曾概括性地进行了评论："产权方法可被理解为它试图通过将效用函数与单个决策者联系起来，以系统地阐述富有经验意义的最优化问题，然后将特定的内容引入到函数中去。"[①]

依据微观与效率分析方法，产权经济学家集中研究了产权的激励功能。正如德姆塞茨所说："产权的一个主要功能是引导人们实现将外部性较大的内在化的激励。"[②] 菲吕博顿与配杰威齐也说："一个不难接受的基本思想是，产权会影响激励与行为。"[③] 在他们看来，产权的激励功能主要源于两个方面：一是产权能够减少不确定性和降低交易费用。人们确立或设置产权，或者把原来不明晰的产权明晰化，就可以使不同资产或生产要素的不同产权之间的边界确定，使不同的主体能够明确自己和别人的选择空间，结果是人们从事经济活动的不确定性减少且交易费用降低了。二是产权能够将外部性内部化。特别是存在正的外部性的情况下，经济主体从事某种经济活动的私人收益小于社会收益，他就没有动力去从事这种有利于社会的活动，但在具备产权制度保护之后，情况就完全不同了，由于外部性内部化了，会给经济主体带来巨大的激励。

正是源于对产权激励功能的认识，产权经济学家不仅认为清晰的产权界定与经济增长之间存在着正向关系，资源配置的有效性取决于产权界定的清

---

①③ ［美］菲吕博顿，配杰威齐. 产权与经济理论：近期文献的一个综述［C］//财产权利与制度变迁. 上海：上海人民出版社，2003：203.

② ［美］德姆塞茨. 关于产权的理论［C］//财产权利与制度变迁. 上海：上海人民出版社，2003：98.

晰度，并且反复强调政府干预的非正当性①。在他们看来，政府的作用在于为排他性产权提供保护。因为一个社会如果不建立对资源利用的排他性权利体系，就不会有任何经济秩序。只是，政府介入产权，除了保护功能外，还有可能侵犯产权，这就是政府作用于产权的两面性。因为政府一旦接管了产权保护职能并成为唯一合法使用暴力的组织，它就有可能凭借其独一无二的地位索取高于其提供服务所需的租金，甚至有可能剥夺个人产权。对政府潜在的侵权行为，产权经济学家在科斯定理（Coase，1960）、寻租理论（Tullock，1967）、公共地悲剧（Hardin，1968）与外部性等理论的支持下，趋于一致地予以批评②，他们质疑"公共领域"存在的经济合理性③，向人们灌输"私有好、公共坏"的基本观念，因为对公共领域的监管可能导致寻租，而放弃监管又可能导致"公共地悲剧"，唯有私有化，公共领域外部性的内部化才有可能使资源有效使用并导致财产价值的上升。

将"私有好、公共坏"观念运用到整个社会生产，顺理成章地衍生出产权经济学家向世人宣扬的"私有产权神话"。"私有产权神话"认为，私有产权是实现个人自由、经济自由和提高经济效率的基本前提和基础，公有产权必须受到限制。

然而，历史的发展却证明，私有产权并不是灵丹妙药。不仅仅是社会主

---

① 虽然新制度经济学产权学家的研究有不同的侧重点，但都认为产权界定越清楚，资源配置就越有效率，经济绩效也就越高。例如，以下文献都持这种观点：一是强调交易成本的 Coase 与 Williamson：Coase R. . The Problem of Social Cost [J]. Journal of Law and Economics, 1960 (3): 1 - 44; Williamson O. E.. The Economics of Organization: The Transaction Cost Approach [J]. American Journal of Sociology, 1981, 87 (3): 548 - 577. 二是公共选择学派的 Buchanan：Buchanan J. & Tullock G.. The Calculus of Consent [M]. Ann Arbor : University of Michigan Press, 1962; Buchanan J. & Stubblebine W.. Externality [J]. Economica. 1962 (29): 371 - 384; 等等。

② Coase R. . The Problem of Social Cost [J]. Journal of Law and Economics, 1960 (3): 1 - 44; Tullock G.. The Welfare Costs of Tariffs, Monopolies and Theft [J]. West Economic Journal, 1967, 5 (3): 225 - 232; Hardin G.. The Tragedy of the Commons [J]. Science, 1968, 162 (13): 1243 - 1248.

③ 这里所说的私人产权，与西方现代产权理论所说的"产权"概念含义基本一致。而"公共领域"在不同的学术领域有着不同的内涵：在社会学中，指的是一种介于市民社会中日常生活的私人利益与国家权利领域之间的机构空间和时间；在经济学中，"公共领域"既可以指 Yoram Brazel 认为的因物品产权界定不完全而导致的"不完全的分离使得一些属性成为公共财产，进入公共领域"（见[美] 巴泽尔. 产权的经济学分析 [M]. 费方域, 段毅才译. 上海：上海三联出版社、上海人民出版社，2002.），也可以指 O. Hart 不完全合同理论中因"谈判与签约成本"而导致的"存在未界定的剩余权利"（见 O. Hart. Firms, Contracts and Financial Structure [M]. Oxford：Oxford University Press, 1995.）。在本书中，除特指 Brazel 意义上的"公共领域"之外，也包括政府以律法的形式等方式使产权模糊化而产生的"公共领域"。

义的经济学家,许多身处资本主义经济当中的经济学家都对私有化的思想提出质疑甚至批评。例如:西蒙(Herbert Alexander Simon)指出,或许人们过分夸大了现代资本主义与官办企业之间的差异,事实上,大型现代企业都不是由所有者来管理的,没有任何先验的理由可以证实利益驱动的组织要比其他组织更有效,这种结论并不是新古典经济学关于组织经济假设的必然结果[1]。斯蒂格利茨(Joseph E. Stiglitz)进一步论证说,满足私有化的假想状态是极其脆弱的,或者说根本就不存在,由于大型的国企与私企一样存在委托代理问题,没有理论或实践证明国有部门相比较于私人部门必然低效率[2]。张夏准(Ha-Joon Chang)也是"私有好、公共坏"传统观念的坚定批评者,他相信,没有一个明确的理论例子去支持或反对国有企业,流行的信息不对称和"有限理性",使"科层"安排(如企业)而不是"合同"安排(如市场)成为必需,因此,福利经济学的理想世界很可能高估了市场而相应低估了政府在经济长期增长中的作用[3]。赫德森(Michael Hudson)同样认为,新自由主义经济学家们相信的私有化在本质上比公共运营和公共所有权更有效率的观点缺乏依据,美国鼓吹私有化能够提高效率和推动私有化,不过是为达到不可告人的目的的一种借口[4]。

批评私有化思想的文献很多。只是,尽管角度不同,结论有异,但大多数对私有化的评价其实都是沿着新制度经济学产权理论的微观与效率分析方法展开的,或者说,从案例出发,分析产权制度对生产效率的作用,是大多数支持或反对私有化的文献共同特点。私有化论者认为,私有产权才能够产生有效率的竞争性市场,而公有制则是天然低效率的,国企私有可以改善企业的业绩;而公有制的支持者则试图证明,在一些情况下,公有制相比于私有制是更有效率的。由此,那些私有化的批评者与私有化的支持者一样,也陷入了以微观生产效率来分析宏观经济问题的思维误区。

在笔者看来,现代产权理论在解释宏观经济发展方面之所以陷入困境,主要根源不在于公有制与私有制谁更有效率,而在于现代产权理论存在严重的逻辑错误:用微观的效率分析来解释宏观经济发展,没有充分考虑在复杂的人类社会中,微观、宏观经济分析的巨大差异,微观经济学的分析是以资

---

[1] H. Simon. Organizations and Markets [J]. Journal of Economic Perspectives, 1991, 5 (2): 25-44.

[2] Joseph E. Stiglitz. Globalization and the Economic Role of the State in the New Millennium [J]. Industrial and Corporate Change, 2003, 12 (1): 3-26.

[3] Ha-Joon Chang. State-owned Enterprise Reform [EB/OL]. http://esa.un.org/techcoop/documents/PN_ SOE ReformNote.pdf, 2007.

[4] [美] 迈克尔·赫德森. 私有化的神话与现实 [J]. 国外理论动态, 2007 (9): 19-23.

源充分利用为前提，而宏观经济学的分析则往往是以资源非充分利用（包括闲置和过度使用）为条件。因此，要准确地理解产权是如何影响社会发展的，就必须赋予产权制度以宏观内涵。换句话说，要解释宏观经济发展，经济学所要解决的可能不是私有产权与公有产权的效率问题，而是两者的宏观结构问题。

1.2 选择"中庸"

在正式分析之前，笔者有必要为自己所持的基本立场做一个简单的交代。因为，人类社会充斥着各种声音，它们相互碰撞、挤压、融合，成为社会科学乃至社会本身发展的重要动力。其中不乏许多伟大的、持极端思维的、善意的批评者，以他们深刻的、偏执的洞见丰富学术图谱并推动历史车轮。

比如哈耶克（Friedrich August Hayek），他可能是20世纪最伟大的古典自由主义学者，自由是他永恒的理想，他认为，判断一个社会好坏的标准不是经济福利，而是人的自由程度。他相信资本主义经济本身有一种自行趋于稳定的机能，并深信市场经济就是一种由个人主义出发而形成的，能保证人的自由的"自然秩序"，是一种最符合人性的经济制度。因此，他批评凯恩斯主义的理论和政策，坚决地反对社会主义和计划经济，认为社会主义违背人性，计划经济导致政府集权，是"通向奴役的道路"。

哈耶克的幸运在于，当他1944年发表《通往奴役之路》时，大多数人对之嗤之以鼻，而在他生命的垂暮之年，以1989~1991年东欧剧变、苏联解体为证，他目睹了一生中主要理念的戏剧性实现。主持这场社会变革的正是以"休克疗法"之父萨克斯（Jeffrey Sachs）为代表的哈耶克的信徒们，哈耶克的这些信徒为东欧与苏联开出了激进式改革的药方，其思想核心为"价格自由化、金融稳定化、产权私有化"，本质上是新古典主义市场经济理论的具体化，是一场哈耶克自由思想的社会实验。

然而，正如哈耶克所认为的，制度绝不是建构理性主义（Constructivist Rationality）的产物，社会只会在不断试错的过程中有机地、缓慢地发展，具有进化理性主义（Ecological Rationality）的内在特征。哈耶克的信徒们错误地相信了人们（包括他们自己）的智识和道德秉赋，违背了哈耶克的进化理性主义，相信能科学地"建构"出一个社会的转型过程，最终使社会付出了昂贵的代价。

第1章 思考问题的角度与方法

虽然有许多学者仍然相信，俄罗斯所受的损失只是暂时的挫折，俄罗斯式的"一般均衡"改革路径在历经阵痛之后，随着宪政与市场经济制度的完善，相比于以"局部均衡"为改革路径的"渐进式改革"，将更有后劲，也更可持续[①]，但目前的情形显然还很难证实这一点。而进入21世纪以来，资本主义世界的经济乱局却足以证明以市场机制有效性为前提的瓦尔拉斯（Leon Walras）、马歇尔（Alfred Marshall）和希克斯（Hicks, John Richard）的新古典框架无论在预测经济现象方面还是在指导社会实践上都难以令人满意。

也许，绝大多数经济学家都"应该"追求人性中的自由，这是人类社会历史进步的原初动力，也是一个人的社会责任与道德良知，但我们"不应该"就此成为彻底的"自由主义者"。因为纯粹的市场经济只是一个虚拟世界，是无摩擦力的真空，而不是我们生活的完整的现实世界，我们完全有必要经常性地为放纵的个人自由与市场经济的诸多不足深感不安。即使是哈耶克，也曾在《通往奴役之路》一书中说："重要的是不要把对这种计划的反对意见与教条的自由放任态度混淆起来。自由主义的论点，是赞成尽可能地运用竞争力量作为协调人类各种努力的工具，而不是主张让事态放任自流。它是以这种信念为基础的：只要能创造出有效的竞争，这就是再好不过的指导个人努力的方法。它并不否认，甚至还强调，为了竞争能有益地运行，需要一种精心想出的法律框架，而现存的和以往的法律无不具有严重的缺陷。它也不否认，在不可能创造出使竞争有效的必要条件的地方，我们就必须采用其他指导经济活动的方法。"[②] 因此，他明确支持政府对于邮政、道路、污染和工厂噪声等的管制。

要运用其他方法来指导经济活动，就必须承认组织的作用。自从有了人类社会，就有了与自由相悖的"组织"。不论是从家庭到部落、从部落到国家，还是从作坊到企业、从企业到集团，都是人们赖以生存的组织，有组织的地方就会有对自由的限制。有时，对自由的限制是完全有必要的，因为组织产生的"合作剩余"（Cooperative Surplus），是人类社会存在和进步的基本

[①] 持这一观点的学者很多，比如：Kornai（1990）、Lipton & Sachs（1990）、Brada & King（1991）、Wiles（1995）等。其中最具代表的评述可参见论文：Jeffrey Sachs, 胡永泰, 杨小凯. 经济改革和宪政转轨 [J]. 经济学（季刊），2003（3）：961-988. 其主要观点认为技术模仿虽然在发展初期会取得不错的绩效，但这种短期的成功可能又是"对后进者的诅咒"，给长期的发展留下许多隐患，产生很高的长期代价，因此要获得后发优势，一定要先做个学习成功制度的好学生，从根本上遏制政府机会主义。

[②] [英] 哈耶克. 通往奴役之路 [M]. 王明毅, 冯兴元等译. 北京：中国社会科学出版社，1997：40-41.

原因。如果没有企业与企业集团，就不可能有现代的工业生产，如果没有政府以及它的制度和支撑性组织，高交易成本将使复杂的生产系统瘫痪，也不会有涉及长期交换关系的投资。因为组织而形成的这种"合作剩余"，如果上升至整个社会，就意指"社会利益"，托宾（James Tobin）曾指出，"'市场'这只看不见的手受到它的热心的思想家们的鼓掌欢迎，但是个人利益只有引导到需要的方向上去，才能保证其产生有利于社会的行动动机……如果在个人与社会利益出现矛盾的时候，应考虑到社会利益的要求去改变看不见的手的定理。这种情况就需要政府为维护社会利益而进行干预"[①]。由此部分地论证了凯恩斯主义（Keynesianism）的必要性。

凯恩斯（John Maynard Keynes），这位伟大的经济学家创立的宏观经济学与弗洛伊德所创的精神分析法和爱因斯坦发现的相对论一起并称为20世纪人类知识界的三大革命。凯恩斯经济理论的主要结论是经济中不存在生产和就业向完全就业方向发展的强大的自动机制，这与新古典主义经济学所谓的萨伊法则（Say's Law）相对，后者认为价格和利息率的自动调整会趋向于创造完全就业。因此，凯恩斯主张国家采用扩张性的经济政策，通过增加需求促进经济增长。凯恩斯及凯恩斯主义者虽然质疑了自由市场经济体制的自我平衡能力，但其基于"边际消费倾向递减、资本边际效率递减与流动偏好"三大心理定律导致有效需求不足的理论，显然要对20世纪70年代西方世界的"滞胀"现象负责，也要对不断发生的经济危机担负一定责任。

事实上，自由主义与凯恩斯主义关于市场与政府关系的"纠结"与"反复"总是让政府无所适从。例如，在美国次贷危机发生后，自由主义者认为，危机根源在于美国当局对本国住房市场的干涉，为了让本来买不起房的穷人也买得起房，美国政府迫使银行不得不向信誉高危险的人群进行住房贷款，这种重大违反市场法则的做法最终导致了次贷危机，因而摆脱危机的关键在于避免政府对市场的不正当干预；凯恩斯主义者则认为，美国次贷危机本质上是美国近30年来加速推行新自由主义经济的金融理论和政策造成的，是政府放松对金融市场监管的后果，他们呼吁"回到凯恩斯"，希望运用凯恩斯主义的一系列政策再次挽救西方世界的危机命运。

只是，凯恩斯主义与自由主义一样，并非是解决经济问题的万能良方，它们的有效性要取决于其借以发挥作用的约束条件是否能够得到满足。市场机制的有效性依赖于"完全竞争"的满足程度，政府干预机制的有效性则取

---

① 参见［俄］戈尔巴乔夫. 对过去和未来的思考［M］. 北京：新华出版社，2002：63.

决于政府干预的合理程度。遗憾的是，自由主义者无法保证"完全竞争"的市场环境可以获得，凯恩斯主义者也不知道政府"看得见的手"到底伸多长才符合经济规律的客观要求。虽然新凯恩斯主义和新古典主义在私有产权与自由竞争原则的信奉方面已经达成共识，但其以资本主义私有化和西方自由民主制度为人类方向的"普世价值"和"历史终结"神话并没有变成现实，反而使世界经济的发展前景变得更加模糊不清。

或许，极端主义终非理性的产物，而只是信念的存在，自由市场与国家计划就站在信念的两端，现实世界的复杂性要求我们更多地持"中庸"思想走中间路线。当凯恩斯读到哈耶克的《通往奴役之路》之后，他给哈耶克写了一封热情洋溢的表扬信，但他也不无善意地提醒哈耶克："你赞同必须在某个地方划下界限，也赞同逻辑上的极端是不可取的。但是你从未向我们说明在哪里、怎么划下这条界限。诚然，你我划线的地方可能有所不同。我猜，照我的观点，你大大低估了中间路线的可行性。"①

在这里，凯恩斯大概将自身归类于持"中间路线"者，如果仅仅局限于政府与市场的关系，他确实是：在计划经济与自由市场之间，他主张自由市场条件下的政府干预。但从对私有产权的信奉上看，他却与自由主义者别无二致，同样坚守"私有好、公共坏"的产权信条。在本书中，笔者的理解是，"中间路线"的实质在于针对复杂事物的一种妥协，以求理论能够更好地解释现实世界。在私有产权与"公共领域"的作用无法严格地度量之前，对"公共领域"的简单否定本身就意味着对"中间路线"的背叛。一个真正的"中间路线"者，应该能够进行广泛的折中，以至于能够在私有产权与"公共领域"、经济物理学与经济生物学、报酬递增与报酬递减、市场自由与组织控制等几乎所有经济学的重大理论方面都找到合理的平衡。

1.3 在历史中沉迷

为了使执行的"中间路线"更趋合理，笔者将不得不同时关注经济学的抽象演绎与历史归纳方法，进而沉迷于历史。在经济思想史上，最初的方法是历史归纳方法，斯密将抽象演绎引入经济学分析，后来又经过边际革命与

---

① ［美］尼古拉斯·韦普肖特（Nicholas Wapshott）. 凯恩斯大战哈耶克［M］. 北京：机械工业出版社，2013：1.

计量经济学的发展，抽象演绎方法在经济学的分析中取得了主导地位。但仍然有众多经济学历史归纳方法的坚守者，成为了主流经济学家口中的"异类"，其中最杰出者当属马克思（Karl Heinrich Marx）。基于唯物史观的经济分析范式，马克思非常强调经济学的历史特性。恩格斯（Friedrich Von Engels）认为，"政治经济学本质上是一门历史的科学。它所涉及的是历史性的即经常变化的材料；它首先研究生产和交换的每个个别发展阶段的特殊规律，而且只有在完成这种研究以后，它才能确立为数不多的、适用于生产一般和交换一般的、完全普遍的规律。同时，不言而喻，适用于一定的生产方式和交换形式的规律，对于具有这种生产方式和交换形式的一切历史时期也是适用的"[①]。根据生产力与生产关系的矛盾运动规律，马克思分析了几种不同的"社会—经济"系统，包括资本主义、封建主义以及古代社会，其中，马克思集中研究了支配资本主义系统运作和演化的关系与规则，据此证明了资本主义社会的内在矛盾及其最终被共产主义替代的必然性。对历史特性的重视，使马克思主义经济学有效地避免了陷入历史虚无主义和教条主义的误区，并走在批判资产阶级经济学庸俗化倾向的最前沿。

与马克思主义经济有着共同的德国哲学文化背景，同样强调历史特性的德国主流经济学理论，即历史学派产生于19世纪40年代，并且以古典政治经济学对立面的面貌出现[②]。历史学派经历了旧历史学派和新历史学派两个发展阶段，其代表人物主要有罗雪尔（Wilhelm Roscher）、希尔德·布兰德（Bruno Hildebrand）、克尼斯（Karl Knies）、施莫勒（Gustav Von Schmoller）、布连塔诺（Lujo Brentano）、韦伯（Max Weber）和松巴特（Werner Sombart）等经济学家。该学派认为，抽象的理论分析是单纯推理的方法，不能解决问题，应当以研究历史作为研究人类知识和经济的主要来源，他们大量收集各国与各民族的历史和现状的资料，通过"历史分析法"与"历史生理法"（旧历史学派）、"历史归纳法"与"历史统计方法"（新历史学派），从根本上否定用演绎法抽象出理论，进而强调各个时代各个民族、国家的经济有各自特殊的发展道路，主张国家干预经济发展。

尽管我们不能将历史学派的"历史方法"与马克思的唯物史观的经济分析范式相提并论，但是我们应充分肯定历史学派强调从历史中抽象理论的方

---

① 恩格斯. 反杜林论 [M] //马克思恩格斯全集（第20卷）. 北京：人民出版社，1971：160 - 161.

② 19世纪德国哲学界的支配性人物是黑格尔（Georg Hegel），按照黑格尔的说法，历史握有社会科学的钥匙，这种思想不但影响了马克思，也影响了德国历史学派。

法论意义。在一定程度上，这恰恰是现代主流经济学的教科书上所缺少的。因为从经济学史看，自斯密开始的传统经济学都视自由竞争的资本主义社会为普遍适用的、唯一符合自然秩序的理性的社会，这种思想得以传承和固守的结果，就是现代主流经济学对历史特性的忽略和规避。霍奇逊（Geoffrey. M. Hodgson）在《经济学是如何忘记历史的》一书中指出，19世纪古典经济学与政治经济学的分离意味着研究方法的重大转变，这一转变使经济学家对经济现象的研究由历史的经验主义分析方法过渡到形式主义的数理逻辑模式，这直接导致经济学对一般性理论的热衷而忽视了现象所对应的历史特性问题。

通过对普遍存在的共同特征、自然类型教条、人性本质假设、自由而不受约束的市场等的强调，古典经济学与新古典经济学终于"消除了偶然性，实现了统一"，使经济学像物理学一样努力用一个共同的框架来解释各种不同的现象而成为"科学"。而之后，一般性理论在社会科学中所具有的巨大魅力造就了"经济学帝国主义"（Economic Imperialism），社会学、政治学、法学甚至历史学等的社会科学研究都可以看到用经济学三大分析方法——成本收益分析方法、均衡分析方法和边际分析方法进行分析的影子。其中，20世纪70年代，贝克尔（Gary S. Becker）用微观经济学的基本方法和概念来解释犯罪、家庭、教育等非经济问题，被认为是发出了"经济学帝国主义"的最强音。

尽管经济学的一般性理论具有科学吸引力，也具备一定的社会解释力，但人们还是很快发现了一般性理论与所需解释的真实目标之间的巨大差别。任何科学都需要同时解释"相同"与"不同"，并且，在很多时候，解释"不同"比解释"相同"更为重要，对历史特性的忽视使主流经济学只能武断地解释"相同"，而不能解释更为复杂的"不同"。对此，熊彼特（Joseph Alois Schumpeter）给予了恰当的批评："如果一个人不掌握历史事实，不具备适当的历史感或所谓历史经验，他就不可能指望理解任何时代的经济现象……目前经济分析中所犯的根本性错误，大部分缺乏历史的经验，而经济学家在其他方面的欠缺倒是次要的。"[1]

事实上，几乎所有的经济理论创新都与历史分析相关。福格尔（Robert William Fogel）在一篇论述诺思（Douglass C. North）的理论贡献的文章中写道："历史知识的贡献已不仅体现在理论的传授过程，而且体现在经济史理

---

[1] 孙健，王东. 金融霸权与大国崛起 [M]. 北京：新世界出版社，2008：2.

论本身的进步。总之，在斯密（Adam Smith）和凯恩斯之间所有伟大的理论家在提出其理论时均严重地依赖于历史知识。在斯密、马尔萨斯（Thomas Robert Malthus）、穆勒（John Stuart Mill）、马克思、凡勃伦（Thorstein Bunde Veblen）、克拉克（John Bates Clark）和米切尔（Wesley Claier Mitchell）等理论家的著作中，对历史的这种依赖显而易见，同时在那些精通数学的经济学家的著作中，包括古诺（Augustin Cournot）、杰文斯（William Stanley Jevons）、马歇尔和费雪（Irving Fisher）等人，亦是如此。"①

当然，经济学界并不是没有意识到这一问题。新制度经济学虽然被认为是以凡勃伦、康芒斯（John Rogers Commons）、米切尔等为代表的旧制度经济学的延续，但事实上，新制度经济学的产生更像是为了在抽象演绎与历史归纳方法之间架起一座友谊的桥梁，尽管新制度经济学仍然没有被主流经济学所接纳。一方面，新制度经济学与旧制度经济学一样，都十分重视对诸如制度、法律、历史、社会和伦理等非市场因素的分析，确立起以人与人之间的关系，而不是以人与物的关系为研究的起点。另一方面，新制度经济学通过引入边际分析和边际交易成本概念，拟合了主流经济学的"成本—收益"分析方法，使得各种关于具体制度的起源、性质、演化和功能等的研究，可以建立在以个人为基础的比较精确的实证分析上，创立了可以经验实证的制度分析方法，并推动了诸如产业组织、劳动经济学、经济史、产权分析和比较体制等领域中实证和理论研究的结合，使新制度经济学具有了鲜明的新古典色彩。

即使在主流经济学的内部，静悄悄的革命也在发生。20世纪80年代，主流经济学平静地放弃了对一般性理论的执着追求，分析人与人之间的关系、结果取决于假设结构和参数的博弈论受到了追捧。人们可以从诺贝尔经济学奖与博弈论研究的关系中窥探出其中端倪，自从1994年诺贝尔经济学奖授予3位博弈论专家开始，共有6届诺贝尔经济学奖与博弈论的研究有关：1994年，海萨尼（J. Narsanyi）、纳什（J. Nash）和泽尔滕（Reinhard Selten）；1996年，莫里斯（James A. Mirrlees）与维克瑞（William Vickrey）；2001年，阿克尔洛夫（George A. Akerlof）、斯宾塞（A. Michael Spence）和斯蒂格利茨；2005年，谢林（Thomas Crombie Schelling）和奥曼（Robert John Aumann）；2007年，赫维茨（Leonid Hurwicz）、马斯金（Eric S. Maskin）以及迈尔森（Roger B. Myerson）；2012年，罗斯（Alvin E. Roth）和沙普利因

---

① [美]福格尔. 道格拉斯·诺思和经济理论[M]//约翰·N. 德勒巴克，约翰·V. C. 奈. 新制度经济学前沿. 张宇燕等译. 北京：经济科学出版社，2003：23.

(Lloyd S. Shapley)。

　　博弈论主要研究公式化了的激励结构间的相互作用，这既是对一般均衡分析的局限性的反应，也是经济学研究方法的一次重大拓展。只是，大多数博弈论经济学家仍然保持着人类动机和行为的非历史性模型，博弈论主要作为经济学重要的分析工具存在，其对经济的解释更多地着眼于微观视角，对宏观经济发展的理解则相当有限，尽管在有些时候，人们可以通过借助博弈论方法来探讨社会的制度变迁过程。

　　在本书中，笔者沉迷于历史的原因不仅仅是因为主流经济学忽略了历史特性在经济学中的分析价值，更重要的是为了防止被已经"成熟"的经济学理论所干扰，从而形成"经验和常识"所导致的偏见，因为，当前许多学者已经习惯于站在成熟的新古典范式上来分析问题，不受其影响很难。特别是面对主流经济学私有产权与自由市场的傲慢，在本书的写作过程中，笔者不时会被一种"注定失败"的沮丧情绪所困扰，因为笔者力图证明的，似乎是一个已经"被证明了"的错误命题，至少笔者所学习到的主流经济学理论框架就是这样认为的。解决这一问题的一个重要途径，就是不断到历史当中，尤其是那些所谓的"发达国家"最初的发展历程当中去寻找安慰。当人们因为苏联、中国改革开放以前及现在朝鲜的发展状况而对计划经济与公有产权"深恶痛绝"时，是否可以通过对资本主义世界的历史长河进行考察得出一个不一样的结论：私有产权与自由市场或许并不像传说中那么美好，而公有产权也并不是一无是处？

1.4　方法论

　　有时候，承认自己是一个马克思主义者是件很痛苦的事情，因为这样很有可能因为被人联想到计划经济而受攻击，或因被人认为不承认自由市场的作用而招来不屑——尽管这对马克思本人来说其实是不公平的。但笔者仍然要勇敢地承认自己是一个马克思主义方法论的追随者。如今，资本主义私有化和自由民主制度正在接受挑战，很多问题需要回归经济学的本源寻找答案。

　　在被称为"现代经济学之父"的斯密那里，经济学是基于其个人价值和伦理判断的治国之策，他通常运用理性主义和经验主义、演绎法与归纳法的混合方法来研究历史、制度和事实，以求探究人类经济社会运作的基本原理，并据此提出可供执政者采用的"经国济世"方案。但在他之后，从穆勒开始,经济学越来越倾向于探究市场运行中人们的行为方式并功利地研究和教导人们如何在市场经济体制中作出自己的最佳选择,现代西方主流经济学更是经常性地抛却人与人之间复杂的社会关系,专注于研究资源配置等人与物之间的关系。由于关于资源配置的分析有利于数学的应用,西方经济学逐渐抛弃了方法上的经验倾向而变得严格和抽象,变成了建立在某些有关人的行为模式的先验假定基础之上的"精密科学"。

不难看出,西方经济学的这一演进坚持着马克思所说的"庸俗化"过程,在数理化、计量化、均衡化、边际化之后,西方经济学沉醉于对经济现象的实证分析,不愿意以公正的科学方法探究经济关系,尤其害怕对潜藏在商品交换行为下的社会关系展开研究。其结果是,西方经济学在极端的抽象化路径上进行着数理模型构建,更像是一种显示智力的游戏,而不是着眼于解释现实世界的社会科学。自由主义在数理逻辑上滴水不漏可并不实用,凯恩斯主义在数理上高深莫测但不可能真正创造繁荣。2008年11月,英国女王访问伦敦经济学院,向学者们提出"为什么没有人预见到信贷紧缩"这一"女王难题"。针对"女王难题",唐(Sheila C. Dow)、厄尔斯蒂(Peter E. Earl)、福斯特(John Foster)、哈科特(Geoffrey C. Harcourt)、霍奇森(Geoffrey M. Hodgson)、梅特卡夫(J. Stanley Metcalfe)、欧默罗德(Paul Ormerod)、罗斯威(Bridget Rosewell)、索亚(Malcolm C. Sawyer)、提勒考特(Andrew Tylecote)10人联合上书指出:"经济学家的受训面太窄,只关注数学技术和建构不依赖经验的形式模型","这一不大关注现实世界的对数学技术的偏好,让许多经济学家偏离了至关重要的整体性观察的轨道。这导致经济学家们无法对经济学分支领域的过度专业化及进一步探讨损害大局观念形成的原因之动力进行反思",因此,"模型和技术是重要的。但考虑到全球经济的复杂性,我们需要范围更宽广的模型和技术,它们应当更注重事物的本质,关注历史的、制度的、心理学的和其他高度相关的因素"①。

也正因为如此,在美国次贷危机之后,关注社会制度、具有强烈的人本主义精神和道德使命感的马克思经济学,再次在西方社会流行起来,《资本论》在全球的销量一路飙升,仅德国一家出版商在2008年就售出了上万册,而前一年仅售出百余册②。《资本论》的热销说明,经济学研究的核心应该从研究人与物的关系重新回到研究人与人的社会关系的轨道上来,通过对历史

---

① http://business.sohu.com/20090917/n266795778.shtml.
② 吴易风.当前金融危机和经济危机背景下西方经济思潮的新动向(续)[J].经济学动态,2010(4):31-45.

发展轨迹的梳理来剖析经济社会的本质及其演化过程，尽管这样做有可能损害数理分析的精确性与"美感"。

不过，与马克思所处的时代相比，资本主义世界已经发生了很大的变化。特别是，为了挽救病入膏肓的资本主义社会，资本主义国家几度进行阶段性调整，今天的资本主义国家政权，表面上看起来，并不总是资产阶级专政的工具，在特殊情形下，也代表着劳动者的"利益"诉求。社会环境的变迁可能会导致马克思主义经济学出现过时和偏误，对现代资本主义社会的经济学解释必须突破马克思所提出的具体理论的束缚，而主要是借鉴马克思所提供的研究方法与分析思路，"我们要开拓的是马克思探究事物本质的研究取向，并契合其他学科的知识和理论作事物内在机理的探究"[①]。因此，本书在核心的方法论上始终是马克思主义的，只是在论述的专业术语使用及一些具体的研究方法上，考虑到马克思关于经济学方法的论述毕竟是在100多年前进行的，其中的术语与当代经济学界所使用的术语有很大的差异，具体的研究方法也有进一步丰富的必要，本书将合理地引入部分现代经济学术语与具体研究方法，以实现马克思主义政治经济学的与时俱进。

根据黄少安（2004）、吴易风（2010）的理解[②]，马克思研究政治经济学的方法论，可以分为三个层次：经济哲学的方法论、经济学的方法论和研究经济问题的具体的方法论。对马克思主义政治经济学方法论的继承，可以分这三个层次进行讨论。

1.4.1　经济哲学的方法论

经济哲学的方法论是经济学的哲学基础或哲学意义上的方法论，是最高和最抽象层次的经济学方法论，也是基本方法论。在这个层面的方法论上，主流经济学是以"个体主义"为基石，而"辩证唯物主义和历史唯物主义是马克思主义政治经济学的基本方法论"[③]。

"个体主义"是主流经济学理性主义思维方式的必然结果，因为对于主流经济学家来说，只有从个体或原子式的个人出发，社会现象最终被还原为

[①] 朱富强. 对马克思经济学学术遗产的辨识和继承 [J]. 中山大学学报（社会科学版），2009 (4): 201-208.

[②] 黄少安. 产权经济学导论 [M]. 北京：经济科学出版社，2004: 9-11; 吴易风，关雪凌等. 产权理论与实践（序言部分）[M]. 北京：中国人民大学出版社，2010: 6.

[③] 黄少安. 产权经济学导论 [M]. 北京：经济科学出版社，2004: 19.

个体以及个体之间的"可以度量"的选择行为和互动,才有可能建立起逻辑上一致的、可检验的"科学的"理论体系。效仿牛顿力学模式,并且在"自由与平等"价值观念的支持下,理性主义经济学确立了"原子"社会经济观,把一切社会经济现象还原为抽象个人的行为,认为个人是其利益进而也是人类利益的最终、最佳判断者,社会应完全从属于个人,并完全溶解于个人的存在之中,个人利益是社会行为的准则。个人追求收益最大化的行为,受市场"看不见的手"驱使,可以使社会整体利益得以实现。用斯密的话来说:"每个人都试图用应用他的资本,来使其生产品得到最大的价值。一般来说,他并不企图增进公共福利,也不清楚增进的公共福利有多少,他所追求的仅仅是他个人的安乐、个人的利益,但当他这样做的时候,就会有一双看不见的手引导他去达到另一个目标,而这个目标绝不是他所追求的东西。由于追逐他个人的利益,他经常促进了社会利益,其效果比他真正想促进社会效益时所得到的效果要大。"①

按照方法论的个体主义原则,西方主流经济学以资源稀缺性为基本前提,从"原子式"经济人的理性选择与行为出发,以消费者理论和厂商理论为基础,运用最大化原理,达到了一系列的最优化与均衡状态的统一。20 世纪 50 年代,阿罗(Kenneth J. Arrow)和德布鲁(Gerard Debreu)以比较宽松的假设条件证明:在每一个经济活动的参与者都有出于利己动机而寻求利益最大化的社会中,存在着能使一切市场的供求相等的价格体系,这就是说,自由竞争的供求关系能使以利己为动力的社会得到最大的经济效益,从而达到帕累托最优状态,被认为是对斯密"看不见的手"证明的最终完成。

在"看不见的手"对个体主义进行了理论诠释之后,主流经济学家改变了对"组织"的认识,认为任何组织、集团实体或社会都不可能有它自己的目标或目的,因而,只有个体才进行选择和行动,群体本身既不选择也不行动,如果所分析的群体同样选择和行动,则不符合科学的准则。在古典经济学时期,虽然有组织报酬递增思想,但经济学家们很少或羞于对企业本身进行调查研究并提出理论见解,企业仅仅被看作一个"黑箱",即企业是一个与消费者处于同等地位的、在市场和技术的约束下追求利润最大化的专业化生产单位,或者说是一个生产性"原子"。更进一步,主流经济学家坚持反对国家对经济的干预,认为这种通过政治权力进行的选择,最终只会导致经济效率的损失与对帕累托最优状态的偏离。

---

① 梁小民. 经济学是什么[M]. 北京:北京大学出版社,2001:16.

个体主义对组织的"原子化"分析，显然背弃了人类社会发展的规律——人类社会从根本上来说正是通过组织才获得发展的。个体选择"边际报酬递减"下的均衡理论，根本无法解释组织本质上的"报酬递增"。个体最优状态必然自动导致总体最优状态也被诸多的"不可能性定理"所否定。为摆脱方法论个体主义的困境，其信奉者们做出了诸多努力。其中，新制度经济学的尝试尤其值得关注，他们运用交易费用、契约自由、个人选择等经济范畴，在以成本收益分析为核心的新古典分析框架内，解释了企业存在的原因，并发展、形成了分析组织的理论，只是由于他们的个体主义倾向，他们的组织理论从一开始就陷入了误区。

组织的最为重要的特点是报酬递增，布洛克（Charles Jesse Bullock）在1902年《经济季刊》（the Quarterly Journal of Economics）上发表的一篇题为《生产力的变化》（The Variation of Productive Forces）的论文中，建议以"组织的经济"这个名词来代替报酬递增，他清楚地表明：促成报酬递增与报酬递减的种种力量，是不属于同一类型的，前者是源于组织的作用，而后者则是因为大自然对深耕的反应的无弹性[1]。这种分析是有道理的，但当新古典经济学将其研究的核心问题归结为"资源配置"，而不是古典经济学家曾十分关注的组织问题时，对组织本质的忽略就注定会发生。遗憾的是，新制度经济学的组织理论不仅没有从中吸取教训，反而强化了这一趋势。

要正确分析组织，至少要回归马歇尔冲突之前[2]，因为在马歇尔的《经济学原理》中，仍然部分地继承了古典经济学关于经济组织报酬递增的思想，而在马歇尔冲突之后，报酬递增思想才被主流经济学所抛弃。经济组织报酬递增的思想之所以未能在主流经济学占据重要位置，一个重要原因是古典与新古典经济学未能找到分析组织的合理方法。比如，斯密虽然没有提出报酬递增的概念，但其认为分工会导致劳动生产力的提高的观点，已经隐含了报酬递增的思想，只不过由于斯密过于强调分工中关于"分"（专业化）的因素，使他未曾在报酬递增思想的分析方面有方法论上的突破。杨小凯新兴古典经济学的理论基础就是分工引致的报酬递增思想，但其为了将研究纳入主流经济学范式的努力，他成了一个局部均衡分析主义者、一个经济力学

---

[1] ［英］马歇尔. 经济学原理［M］. 廉运杰译. 北京：华夏出版社，2007：263.

[2] 马歇尔冲突，是指经济学家马歇尔经济理论中关于规模经济和垄断弊病之间的矛盾的观点。马歇尔认为，自由竞争会导致生产规模扩大，形成规模经济，提高产品的市场占有率，又不可避免地造成市场垄断，而垄断发展到一定程度又必然阻止竞争，扼杀企业活力，造成资源的不合理配置。因此社会面临一种难题：如何求得市场竞争和规模经济之间的有效、合理的均衡，获得最大的生产效率。笔者认为，马歇尔冲突产生的根本原因，是马歇尔没有真正理解企业合作剩余生产的本质。

主义者，也最终成为他超边际分析方法的一个重大缺陷。

只有坚持马克思的辩证唯物主义和历史唯物主义方法论，才能从真正意义上理解组织的报酬递增问题。马克思在《资本论》中论述了分工能提高劳动生产率的原因。马克思认为，分工所带来的劳动生产率的提高源于下述六个方面：①仅仅是将更多的劳动者集合在一起的简单协作，就可以创造出一种"集体力"；②由于协作的共同劳动所引起的竞争和精力振奋，可以提高个人工作效率；③相对多的劳动者对厂房、仓储设施、工具、装备等的共同使用，降低了人均生产资料占用量；④即使不改变生产工具和操作方法，仅通过操作的分解和专业化，也可以节省学习时间和费用；⑤相对简单的操作可以减少工作失误；⑥节省劳动者从一项工作转到另一项工作（操作）而造成的时间损失。

在这里，与斯密不同，马克思不仅注意到了分工中"分"的意义，还注意到了分工中"合"（协作）的重要性。"许多人在同一生产过程中，或在不同的但互相联系的生产过程中，有计划地一起协作劳动，这种劳动形式叫做协作"。① 马克思这种从"分与合"、"个人与组织"的对立统一中分析组织报酬递增的方法，科学地解释了人类社会组织的产生与作用。

如果意识到组织的报酬递增，就会对个体主义的"私有产权神话"产生深刻的怀疑：私有产权是否真的是有效地构建组织并推动组织发展的前提条件？在私有产权之外，组织的形成与发展是否还需要"公共领域"发挥作用，以防止私有产权下因个人的智识局限以及克服工业化实现之前较低的交易效率产生的负面影响？

1.4.2　经济学的方法论

马克思在运用辩证唯物主义和历史唯物主义研究资本主义经济现象时，运用了一系列经济学研究的具体方法，如具体与抽象相互统一的方法、逻辑与历史相一致的方法、综合与分析相结合的方法、归纳与演绎相互联系的方法等。这些方法，都会不同程度地贯穿于本书的写作过程当中，尤其是其中完全不同于西方现代产权理论案例分析法的科学抽象法，在本书的写作过程中占据着重要的位置。

要透彻了解客观经济现实，掌握它的发展趋势，必须深入实际进行调查，

---

① 马克思. 资本论（第1卷）[M]. 北京：人民出版社，1975：362.

充分掌握资料，分析实际经济运动过程中的各种经济形式，探寻这些形式的内在联系。这就要求运用科学的抽象，即在复杂的经济现象中，排除那些次要的、偶然的、表现事物外部特征的联系，一步一步地深入考察和分析经济运动过程中各种经济形式的内部联系，阐明经济范畴，揭示出经济规律。因此，在马克思看来，在政治经济学理论体系中，首先必须撇开经济运行过程中一切纷繁复杂的现象，深入剖析其中最简单的经济范畴和经济过程；其次逐步地上升到对比较复杂的经济范畴和经济过程的分析；最后上升到对最复杂的经济范畴和经济过程的分析，即上升到对资本主义社会经济关系整体的分析。这种基于具体与抽象相互统一的科学抽象法是政治经济学必须使用的研究方法，它是唯物辩证法的具体运用。

西方现代产权理论运用的主要是案例分析法，通过一个个具体的案例对产权安排的资源配置效率进行分析，这种倾向于微观与效率的分析方法往往会因为"忽略"了事物背后的本质而得出一些似是而非的结论。从微观看，西方现代产权理论将产权等同于私有产权，宣扬"私有产权神话"的永恒作用，认为任何违背私有产权的制度必定会损害社会效率、降低经济增长，但现实中，由于涉及交易成本，有时候产权"模糊"反而更有利于人们之间的经济合作。例如，在西方实行民主制的国家，往往需要年复一年的协商才能使不同利益集团关于某块土地的使用达成一项协议，结果是长期谈判阻碍了公共和企业投资的进程。从宏观方面看，西方现代产权理论将政府视为一种环境因素外在于产权，结果是西方现代产权理论很难从社会整体上把握经济的运行规律，也难以对政府在社会经济生活中的真实作用做出合理评估。"在产权理论研究中，案例分析法不过是一种具体方法，没有科学抽象力，不运用科学抽象法，只运用具体案例分析法，是不可能建立起科学的产权理论的"[①]。宏观产权结构分析正是在运用科学抽象法的基础上进行经济学的理论分析的，从而在一定程度上弥补了西方现代产权理论的内在缺陷。

除了科学抽象法，在马克思主义政治经济学的研究中，还会依据研究内容侧重点的不同需要，运用到科学认识论的各种方法：分析和综合、归纳和演绎、逻辑的方法和历史的方法。

在马克思的政治经济学研究中，分析和综合是两个互相联系、互相制约的方法。单纯运用分析的方法而不进行综合，就不容易全面了解和掌握客观

---

① 吴易风，关雪凌等. 产权理论与实践 [M]. 北京：中国人民大学出版社，2010：6.

经济现实中的各种情况，也难以把各种不同的情况加以比较，因而容易导致片面性。单纯运用综合的方法而不加以分析，不可能从客观经济现实的各种复杂情况中去伪存真，去粗取精。在《资本论》中，马克思就是把分析的方法和综合的方法结合起来，实现其从抽象上升到具体的认识过程的。

"归纳和演绎，正如分析和综合一样，是必然相互联系着的。不应当牺牲一个而把另一个捧到天上去，应当把每一个都用到该用的地方，而要做到这一点，就只有注意它们的相互联系、它们的相互补充"①。如果只进行归纳而不进行演绎，容易成为经验事实的堆积，难以形成理论概括和推理，甚至在混乱的事实中迷失方向，导致否认客观经济规律的存在。如果只进行演绎而不以归纳为基础，就会脱离实际，流于空洞的推理，甚至会得出错误的结论。因此，在《资本论》中，马克思密切地注意到了归纳和演绎二者之间的"相互联系"和"相互补充"。

在《资本论》中，马克思既采用历史的研究方法，也采用逻辑的研究方法。因为，从抽象上升到具体的逻辑方法，要求用概念和范畴之间的逻辑联系再现具体整体的发生、发展过程和内在历史秩序，但是在方法上它却先要从所研究对象的结构分析入手，对个体整体中的各个并存要素逐个地分析和分解，发现它们之间的相互联系和从属关系，然后把它们在结构上形成的序列和在时间上出现的顺序相对照，从而弄清二者之间的联系。这样，就能把逻辑分析方法和历史研究方法辩证地结合起来了。

作为马克思主义方法论的追随者，这些方法的使用是本书的灵魂，因为只有这样，才能深刻剖析人类社会发展的规律，并找寻到合理的发展道路。

1.4.3 具体的方法论

具体的方法论是指经济学的技术方法。在具体的方法论上，马克思已经成功地将平均数方法运用于政治经济学，而且他认为"一种科学只有在成功地运用数学时，才算真正达到了完善的地步"②，因此，在具体的分析方法上，宏观产权结构分析将合理地引入西方现代经济学的一些研究方法，包括数学方法、统计方法、均衡分析方法、博弈论方法、比较分析法、个案研究法等。目的在于开拓和完善马克思主义经济学所运用的从本质到现象的分析路线，先结合西方经济学的研究方法对产权本质进行深入挖掘，再探究其在

---

① 马克思恩格斯全集（第20卷）[M]. 北京：人民出版社，1972：571.
② [德] 弗·梅林. 马克思传 [M]. 北京：人民出版社，1965：871.

社会经济运行中的作用。

同时,需要说明的是,由于本书大量的内容会涉及分工问题,杨小凯关于分工方面的诸多天才技巧(或工具)会被运用于本书的写作过程。但是,不论采用何种研究方法,马克思主义经济学所遵循的唯物辩证法的根本原则——实践是检验真理的唯一标准,是本书坚定不移的叙述立场。

第2章 生存、自由与人类的合作生产行为

2.1 人类的两大基本福利追求

人类财富的增长与分配是经济学研究的起点：古希腊思想家色诺芬（Xenophon）的著作《经济论》，通篇都是研究家庭财富及其增长；重商主义者以财富为中心研究了财富的形式、产生和增长途径等问题；斯密的《国富论》，研究的就是国民财富的性质、原因以及增长之道；李嘉图（David Ricardo）特别重视财富的分配问题，建立起了以劳动价值论为基础，以分配论为中心的理论体系。在整个古典经济学时期，绝大多数经济学家从有形财富的概念出发，积极关注的是"原子"式的个体交换关系，以及以此为基础的"国家经济"或"公共利益"，尽管他们也重视了社会制度对经济行为的制约。

19 世纪 70 年代，由于自然科学的发展和影响，数量分析特别是边际增量分析、统计方法和均衡概念等逐渐被应用到经济学研究中。新古典经济学抛弃了以价值为基础分析财富的思路，而以货币所体现的效用来分析财富，从而把实用价值理论转向了主观价值论，财富的概念被大大拓宽，有形财富的"客观"概念被心理效用的"主观"概念所取代。经济理论的范围扩大到全面研究商品现象，并且，经济学的列车也被边际主义经济学家杰文斯"开上了资源配置的轨道"[①]。经济学的这些特点在马歇尔那里得到了综合的体现，马歇尔运用了折中的方法论，把早期萨伊（Jean Baptiste Say）以来的理论和边际学派的理论综合而熔于一炉，从而使自己成为经济学说史上承前

---

① [美]温特劳布. 当代经济思想史[M]. 北京：商务印书馆，1989：2.

(古典经济学)启后(新古典经济学)的关键性人物。

马歇尔在其经典著作《经济学原理》开篇中对经济学作出了如下定义："经济学是一门研究人类一般生活事物的学问,它研究个人和社会生活中与获取和使用福利的物质必需品最密切相关的部分。因此,一方面,经济学是一门研究财富的学问;另一方面,同时也是更重要的方面,经济学也是研究人的学问的一个分支。"[①] 马歇尔关于经济学的定义表面上来看与古典经济学的定义似乎没有什么区别,但这一定义实质上已经吸纳了边际学派的理论分析。在这里,马歇尔所说的研究人,主要是研究人的动机。他把人类动机分为两类:促进人类的某种经济行为的"追求满足"和制约人类的某种经济行为的"避免牺牲"。虽然人类的动机从性质上讲是无法衡量的,但其满足和牺牲的程度在数量上却可采用某种间接的方法,如以货币作为标准来衡量。这样,马歇尔就使经济学建立在人类心理分析的基础上,主要用货币来对人类行为的动力和阻力进行分析。不仅如此,马歇尔还吸收了历史学派对经济学研究对象的广义界定,主张经济学与社会学的合流。

自马歇尔之后,资源配置问题逐渐成为主流经济学研究的中心主题。1932年,罗宾斯(Lionel Robbins)在《经济科学的性质和意义》中正式将经济学界定为"研究稀缺手段配置的科学"[②]。他所强调的人们面临资源稀缺和选择的观点以及对经济学下的这一定义,一直被西方经济学具有代表性的教科书认可和采用。例如,萨缪尔森(Paul Anthony Samuelson)在《经济学》中对经济学的定义是,"我们已经讨论过这一基本经济事实:能够生产各种商品的全部资源的有限性,使得人们必须在各种相对稀缺的商品中间进行选择"[③]。哈维(J. Harvey)在《现代经济学》中对经济学的定义为,"经济学是研究人们如何分配他们有限的资源来满足人们的需要的科学"[④]。斯蒂格利茨与沃尔什(Carl E. Walsh)的《经济学》同样认可"经济学研究社会中的个人、企业、政府和其他组织如何进行选择,以及这些选择如何决定社会资源的使用"[⑤]。

正当经济学将研究资源配置问题当作习惯时,伊斯特林(Richard A. Easterlin)在其1974年的著作《经济增长可以在多大程度上提高人们的快

---

① [英]马歇尔. 经济学原理[M]. 廉运杰译. 北京:华夏出版社,2005:3.
② [英]罗宾斯. 经济科学的性质和意义[M]. 北京:商务印书馆,2000:24.
③ [美]萨缪尔森. 经济学[M]. 北京:商务印书馆,1979:8.
④ [英]哈维. 现代经济学[M]. 上海:上海译文出版社,1985:4.
⑤ [美]斯蒂格利茨,沃尔什. 经济学[M]. 黄险峰,张帆译. 北京:中国人民大学出版社,2005:2.

乐》中提出的伊斯特林悖论（Easterlin Paradox）使人们对此产生了深刻怀疑。伊斯特林发现，通常在一个国家内，富人报告的平均幸福和快乐水平高于穷人，但如果进行跨国比较，穷国的幸福水平与富国几乎一样高，这一"幸福悖论"是对主流经济学关于"财富增加将导致福利或幸福增加"核心命题的根本否定。这激发了人们对幸福问题的反思和研究热情。之后，关于财富分配与社会福利改进的问题受到了经济学研究的高度重视，经济学家重新将注意力投注到幸福这个主观概念上，从而产生了新生的幸福经济学。卡纳曼（Daniel Kahneman）主张放弃理性选择假设，更多考虑心理偏好、价值观念等心理因素对个体行为的影响。他使人们认识到，随着社会经济的发展，财富与快乐的正相关性在逐渐减弱，幸福更多地来自对事物的体验，而不是物质财富本身。森（Amartya Sen）作为人类发展与可行能力视角的理论奠基人，重新审视了经济学的伦理价值，从道德层面讨论重要的经济问题，以批判的视角来研究福利经济学，使经济学又回归于古典精神，即关注人的全面发展、关注人的福利和幸福、关注普遍的人类命运，而不是仅仅关注经济增长和资源配置。

经济学不仅研究总产出、总收入，还关注人的权利和能力的提高，把人自身的因素纳入研究范围，从而确立了经济学主流向以人为本方向转变的趋势，实现着幸福在经济学领域中的回归。回归幸福的经济学，标志着当今经济学主流由理性人研究转为行为人研究的变化趋势以及社会价值观念由以物为本的财富观转为以人为本的幸福观的变化趋势。这"就像一个轮回，经济学在徘徊了200年之后又回到了她的出发之点"[①]。

只是，要回归幸福的经济学，就必须深刻理解关于人的"幸福"的实质内涵，或者说，是何种人的"需要"得到满足人才会感觉到"幸福"。西方人道主义者在批判经济学的功利主义的同时，依据抽象的人性、人的本质与社会关怀来理解人的"幸福"。与此不同，马克思是以具体的社会物质生活条件为出发点来解释人的本质，马克思把人的需要概括为生存需要、享受需要和发展需要，并且，他把物质生活需要视为人类第一个历史前提，在《德意志意识形态》中，他说："我们首先应确定一切人类生存的第一个前提也就是一切历史的第一个前提，这个前提就是：人们为了能够'创造历史'，必须能够生活。但是为了生活，首先就需要衣、食、住以及其他东西，因此第一个历史活动就是生产满足这些需要的资料，即生产物质生活本身。"不

---

① 陈柳钦. 走向幸福：经济学研究的回归[J]. 唯实，2012（4）：44-50.

过，马克思认为，人的需要不仅仅是生存，"吃、喝、性行为等，固然也是真正的人的机能。但是，如果使这些机能脱离了人的其他活动，并使它们成为最后和唯一的终极目的，那么在这种抽象中，它们就是动物的机能"①。因为，人还应该在自觉摆脱"物的奴役"的基础上成为自由的人，实现"建立在个人全面发展和他们共同的社会生产能力成为他们的社会财富这一基础上的自由个性"②。《德意志意识形态》把未来的理想社会设想为一种"真实的集体"，"在这个集体中个人是作为个人参加"，"各个个人在自己的联合中并通过这种联合获得自由"。在《共产党宣言》中，这种"真实的集体"被界说为"这样一个联合体，在那里，每个人的自由发展是一切人的自由发展的条件"。

由此可见，马克思认为"人"有两大最基本的需要：生存和自由。因此，人的基本福利也就相应地包含生存福利与自由福利，两者的最佳结合点即为幸福最大化点。这其实在一定层面上是与西方主流经济学的研究相一致的：一方面，主流经济学家对财富的追逐很大程度上是建立在"人需要生存"的理念之上；另一方面，许多持自由思想的经济学家赞同穆勒的观点，认为自由是人类社会发展和进步的基础，"进步的唯一可靠而永久的源泉还是自由，因为一有自由，有多少个人就可能有多少独立的进步中心"③。只是，由于缺乏辩证唯物主义和历史唯物主义方法论，特别是不懂得"对立统一"规律的方法论意义，主流经济学并不清楚人类社会是如何解决生存与自由问题的，而是简单地认为，"看不见的手"一方面使资源得到最优配置，导致财富迅速增长从而可以解决"人"的生存问题；另一方面又因为"人"能够在市场中进行自愿选择、"平等"交换从而在最大程度上保障了所有人的自由。

2.2 经济学对生存问题的研究

对生存的研究一直处于经济学研究的中心位置。在古代和中世纪的经济思想中，人类财富的增长是与社会分工紧密联系在一起的，因而认为分工引

---

① 马克思恩格斯全集（第42卷）[M]．北京：人民出版社，1979：94．
② 马克思恩格斯全集（第46卷上）[M]．北京：人民出版社，1979：104．
③ [英] 约翰·穆勒．论自由 [M]．许宝骙译．北京：商务印书馆，1959：83．

起的生产效率提高是人类解决生存问题的最重要途径。色诺芬在《经济论》一书中提到了劳动分工问题，他说："很难找到精通一切技艺的工人，而且也不可能变成一个精通一切技艺的专家。"因此，人们应专注于从事某项工作，肯定会无条件地把工作做得更好。色诺芬关于分工方面更为重要的认识是意识到了分工与市场范围、规模有密切的关系，他在《居鲁士的教育》一书中阐述了这一思想：在小市镇上，一个工人要制造床、门、犁和桌子，甚至要造房子，即使这样，也还不易谋生。一个人做这样多的工作，要想做好，当然是不可能的。但在大城市中，一个人只要从事一种手工业，就可以维持生活了，有时甚至还不用做一种手工业的全部。只做一种最简单工作的人，当然会把工作做得很好。色诺芬还认识到经济管理者的重要作用，他从统治者的立场出发，认为经济学就是研究统治者如何管理好自己的财产，使财富增加的学问，他相信一个好的管理者的努力能使他所监督的任何单位（如家庭、城市、国家）增加经济剩余的数量。

与色诺芬同时代的柏拉图（Plato）的分工思想不再像色诺芬那样纯粹讨论家庭经济管理问题，而着眼于建构国家的经济制度和政治制度，提出了生产、职业专业化对于人的能力的最大限度发挥及多样化需求满足的必要性。在《理想国》一书中，柏拉图从人性论、国家组织原理以及使用价值的生产三个方面，考察社会分工的必要性，认为分工是出于人性和经济生活所必需的一种自然现象。柏拉图认为：①国家与城市的起源来自分工和专业化；②社会分工的起源在于人类多样性的需求，人的需要的多样性和个人能力局限性之间的矛盾使分工产生，人们应该专注于由个人天性决定的自己擅长的工作以提高劳动效率；③人们专注于自己擅长的生产活动与人的需要多样之间的矛盾，解决之道就是通过产品的各种交换实现，分工带来互惠，互惠引起交换，分工是产品交换的基础。

真正对劳动分工进行系统经济分析的是斯密。在《国富论》的前三章，斯密对劳动分工在提高劳动生产率和增进国民财富方面的巨大作用、分工产生的原因、分工受市场范围限制的机理等，进行了全面分析，从而正式确立了分工在经济学中的重要地位。斯密把分工对提高劳动生产率和增进国民财富的具体影响概括为：①使得劳动者的技巧更加熟练从而提高生产率；②节约工作调整的时间；③使得技艺和知识可以通过积累而产生各种发明，如机器设备等。然后，斯密进一步探讨了分工的起源：分工来自人类独有的交换本性。因而分工的程度受到交换能力大小的影响，而交换能力的大小决定了市场的规模，同时斯密也指出运输能力对市场容量起到了关键的作用。就此斯密提出了后来被称为"斯密定理"的"市场—分工"假说：只有当对某一产品或者服务的需求随着市场范围的扩大增长到一定程度时，专业化的生产者才能实际出现和存在，随着市场范围的扩大，分工和专业化的程度会不断提高。反过来说，如果市场范围没有扩大到一定程度，即需求没有多到使专业生产者的剩余产品能够全部卖掉时，专业生产者不会实际存在。据此得出的"分工受市场范围限制"的论断即被杨格（Allyn Young）称为"斯密定理"。

由此可见，斯密的学说主要由两个方面组成：一是劳动分工使劳动生产率提高和国民财富增长；二是市场"看不见的手"能实现资源的优化配置。斯蒂格勒（George J. Stigler）认为"斯密定理"与"看不见的手"之间存在着不可调和的矛盾。在他看来，如果分工受市场范围限制这一命题成立的话，市场的典型形态将是垄断；如果经济表现为完全竞争，那么前一理论就是"错误的或毫无意义的"[①]。斯蒂格勒关于"斯密困境"的分析说明，市场容量限制分工不是导致企业规模或界限的必然或根本理由。贝克尔与墨菲（Gary S. Becker & Kevin M. Murphy）认为，分工不仅受市场规模的限制，且在现代经济中还经常受不同专业人员之间的协调成本（Coordination Costs）和共同知识（General Knowledge）水平的限制。一方面，分工的深化促进了报酬递增，但同时也增加了协调成本，他们通过一个总量模型得出了一个使分工收益等于协调成本的均衡分工水平；另一方面，知识与专业化分工之间存在相互促进的关系，当知识不断积累时，使得协调成本降低，从而进一步促进分工[②]。

从协调成本的角度理解分工水平是有一定道理的，但这一分析更多的是说明了单个企业的生产规模，而不是社会的分工水平。在历史唯物主义看来，社会分工水平首先取决于生产力的发展水平，是生产力发展的必然结果，其次才是市场范围。同时，分工与市场是对立统一的，分工决定市场，市场反作用于分工。其中，分工的决定意义表现在，可以存在没有市场的分工（如纯粹的计划经济），但不可能存在没有分工的市场，市场的反作用则表现在，市场的发展有利于提高分工的深度、广度和效率。只是，斯密"分工—市场"二分的方法也确实带来了主流经济学发展的困惑，并因此导致了马歇尔之后对分工问题研究的中断。马歇尔将斯密学说中并不占重要地位的资源问

---

① George J. Stigler. The Division of Labor is Limited by the Extent of the Market [J]. The Journal of Political Economy, 1951, 59 (3)：185 – 193.

② Becker, Gary S. & Murphy, Kevin M.. The Division of Labor, Coordination Costs, and Knowledge [J]. Quarterly Journal of Economics, 1992 (1)：1137 – 1160.

题数学化,形成了一个完整的经济学数学分析框架,分工与组织的问题因此被忽略了。

于是,在新古典经济学看来,人类生存的问题其实是可以通过市场"看不见的手"来解决的。这是因为,由于资源的稀缺性与人的欲望的无止境性这一对基本矛盾才产生了经济学,逼迫人们作出权衡取舍的选择,用有限的资源最大限度地满足人们的欲望。而自由交换往往使资源得到最充分的利用,在这种情况下,资源配置被认为是帕累托有效的,消费者获得最大的效用,生产者实现利益最大化,整个社会的生产处于生产可能性边界上——没有比这更好的结果了,人类的生存问题在市场"看不见的手"操作下得到了最有效的解决。

谁都不能否认市场的经济效率。只是,新古典经济学在忽略了分工的同时也就忽略了分工的决定作用,人类生存问题的解决只能源自分工基础上的合作生产,市场只不过为这种分工的形成提供了一个可能有效的途径。如果市场本身能够解决人类的生存问题,以下一些问题就需要得到澄清:①是不是在任何时候,市场都能自然而然地达到人类最为所需的程度与范围?②市场如何保证每个人都能成为市场的一分子,而不是被排除在市场体系之外?③在市场条件下,如何防止一些经济力量的过分强大和滥用?

这些问题涉及市场产生的条件、人们如何参与分工以及政府的作用,市场"看不见的手"是无法回答这些问题的,只有在正确理解分工与组织的基础上,才能给予这些问题合理的答案。

2.3 经济学对自由问题的研究

除了关注财富增长,经济学从一开始也十分重视自由的价值,只是一直以来,经济学并未形成一个关于自由分析的理论系统,原因在于,对自由的认识往往涉及经济学、政治学、哲学上的意义,因为自由总是与权利、发展、公平、正义等概念联系在一起,人们很难将自由作为一变量纳入经济学的分析框架,经济学中关于自由的研究似乎是"若隐若现"的,尽管有许多经济学流派被打上了"自由主义"的标签。即使如此,经济学中关于自由的分析还是有两条较为清晰的脉络:一是遵循洛克(John. Locke)的"自然权利"说,将自由制度构建视为自由本身;二是将自由与人的发展紧密相连,并试图对自由进行量化。这在一定程度上拟合了柏林(Isaiah Berlin)关于自由的划分。柏林将自由划分为"消极自由"与"积极自由"：消极自由的含义是，当个人处于非强制或不受限制的状态时，个人就是自由的，消极自由是一种以不让别人妨碍自己的选择为要旨的自由；积极自由的含义是，作为主体的人做的决定和选择，均基于自身的主动意志而非任何外部力量，个人就是自由的，积极自由是以主体能够采取某种行为的能力为要旨的自由。自由制度构建更多地强调消极意义上的自由，而与发展指数相联系的自由观念则更多地强调积极意义上的自由。只是到最后，这两条关于自由的分析思路都不约而同地得出一个相类似的结论——自由建立在政府较少干预的基础上。

2.3.1 着眼于制度构建的自由

在西方社会，最初把自由确定为人与生俱来的基本权利之一的是洛克。洛克认为，"人们生来就享有完全自由的权利，并和世界上其他任何人或许多人相等，不受控制地享受自然法的一切权利和利益，他自然享有一种权利，可以保有他的所有物——他的生命、自由和财产——不受其他人的损害和侵犯，甚至在他认为罪行严重而有此需要时，处侵犯者以死刑"①。在洛克看来，生命的运行和发展不仅需要一定数目的物质基础，更需要一定的自由空间，这种自由空间的获得是基于人的自然权利。洛克还据此引申出财产权观念，认为个体对维持其生命正常运行所必需的那部分财产拥有不受他人损害和侵犯的权利，这构成了古典自由主义理论的基础，古典自由主义理论就是由自然权利而推导出社会秩序、公共政策、民主、平等、正义等自由理念的，并认同了政府在保护产权、为市场经济提供基础性制度保障方面的重要作用。

哈耶克对古典自由主义在政府作用方面的观点不以为然，他提出"自生自发秩序原理"，认为绝大多数人类秩序都是基于个人行动所生产的先前未预见的结果。哈耶克倾向于从消极层面上来定义自由，认为"自由政策的使命必须是将强制或其恶果减少到最低限度，纵使不能将其完全消灭"②。与古典自由主义不同，哈耶克尽力避免以权利作为自由的基础，并把自由建基于市场与法治之上。在哈耶克看来，自由秩序之首要机制就是市场，只有通过市场，人们才可以利用自身知识范围之外的知识来追求自己的目标，从而构成社会生活中大多数利益赖以存在的基础，市场不断地产生着自生自发的秩

---

① ［英］洛克，叶启芳. 政府论（下篇）——论政府的真正起源、范围和目的 [M]. 瞿菊农译. 北京：商务印书馆，1964：54.
② ［英］哈耶克. 自由秩序原理 [M]. 邓正来译. 北京：三联书店，1997：4.

序，而自发社会秩序所遵循的规则系统是进化而非设计的产物，这种进化过程乃是一种竞争和试错的过程。除了市场机制外，哈耶克认为法治能够保障个人的自由，"当我们遵守法律（指那些在制定时并不考虑对特定的人予以适用的问题的一般且抽象的规则）时，我们并不是在服从其他人的意志，因而我们是自由的"[1]。同时，法并不是立法者的精心设计与制定，法治本身就是基于人们互动所演化的产物，遵循着自发秩序的规则。哈耶克将市场竞争和法制保障视为秩序扩展的基本机制，极力推崇在一般性规则之下通过社会主体之间的自由竞争以推进社会秩序的演化，而不是通过人的理性进行制度建构。

哈耶克的自生自发秩序原理极大地证明了市场制度的合理性，并与主流经济学"看不见的手"融为一体，成为"自由市场经济"的核心理论之一。自由市场定义为一个不受政府干预和调控的市场，政府对其只行使最低限度的职能，如维护法律制度和保护财产权。在自由市场中，财产权在一个买卖双方都满意的价格进行自由交换。根据定义，买卖双方都没有强迫对方，也就是既没有使用暴力、暴力威胁或欺诈手段，也没有被第三方强制执行交易（如政府的转移支付）。此外，在自由市场中，没有外力干涉买方之间或卖方之间的竞争称为自由竞争。因此，价格是买卖行为根据供求关系决定的，而非强迫。

自由市场理论承继了18~19世纪西欧政治自由主义中尊重个体选择、尊重自发规律和秩序、主张渐进改良、恐惧国家力量的传统。认为只要具备了自由的制度环境和社会环境，就可称为自由制度，过多的国家干预常被看做是削弱了个人的积极性并侵犯了基本自由。自由市场制度是自由制度的关键，这一点弗里德曼（Milion. Friedman）在《资本主义与自由》一书中说得较为清楚："经济安排在促进自由社会方面起着双重作用。一方面，经济安排中的自由本身在广泛的意义上可以被理解为是自由的一个组成部分，所以经济自由本身是一个目的。另一方面，经济自由也是达成政治自由的一个必不可少的手段。"[2]

可是，自由市场理论在用自由制度构建替代自由本身时，维护市场契约自由的制度而不是国家被看成是人类自由赖以存在的根基，导致的结果是，在消极自由理念下，除了依据功利原则或公益原则进行适度干预，政府完全被排斥在自由市场效率之外。正如穆勒所说："一般说来，生活中的事务最

---

[1] ［英］哈耶克. 自由秩序原理［M］. 邓正来译. 北京：三联书店，1997：190-191.
[2] ［美］米尔顿·弗里德曼. 资本主义与自由［M］. 张瑞玉译. 北京：商务印书馆，2004：11.

好是由那些具有直接利害关系的人自由地去做,无论是法令还是政府官员都不应对其加以控制和干预。那些这样做的人或其中的某些人,很可能要比政府更清楚采用什么手段可以达到他们的目的。即便政府能够最全面地掌握个人在某一时期内积累的有关某一职业的全部知识(这实际上是不可能的),个人也要比政府对结果具有更强烈得多、更直接得多的利害关系,因而如果听凭他们选择,而不加以控制的话,则手段会更有可能得到改进和完善。"① 当自由市场效率被主流经济学家描述成帕累托原则时,已经没有给自由、权利之类的价值留下任何空间,留下的只有效用。通过自由制度构建来维护人类自由引致了一个非常有意思的结局:新古典主义号称自由主义,却最终将自由本身排除出其分析框架,仅仅在物质主义分析的基础上用市场自由(契约自由)来代替"人"对自由的追求。而在现实中,奉行自由主义的国家,因为贫困与不平等,感觉"不自由"的人广泛地存在。

2.3.2 以自由看待发展

在经济学中理解自由的另一条路径是将自由与发展相联系。古典自由主义就有将自由看做是促进个人个性和技能发展手段的传统,穆勒就曾说:"凡在不以本人自己的性格却以他人的传统或习俗为行为准则的地方,那里就缺少着人类幸福的主要因素之一,而所缺少的这个因素同时也是个人进步和社会进步中一个颇为主要的因素。"② 但古典自由主义仍然是从消极自由的角度来理解自由在社会发展中的作用,而不是森运用"能力—自由"框架把自由本身视为发展。在《以自由看待发展》一书中,森是在"实质的"意义上定义自由的,"一个人的能力指的是此人有可能实现的、各种可能的功能性活动组合。能力因此是一种自由,是实现各种可能的功能组合的实质自由"。关于发展,森认为,"发展可以看做扩展人们享有的真实自由的一个过程","由于两个不同的原因,自由在发展过程中居于中心地位:①评价性原因:对进步的评判必须以人们拥有的自由是否得到增进为首要标准。②实效性原因:发展的实现全面地取决于人们的自由的主体地位"③。森否定了主流经济学建立在财富基础之上的发展观,创立了一种以自由为核心的发展观,

---

① [英]约翰·穆勒. 政治经济学原理(下卷)[M]. 北京:商务印书馆,1991:542.
② [英]约翰·穆勒. 论自由[M]. 许宝骙译. 北京:商务印书馆,1959:66.
③ [印度]阿马蒂亚·森. 以自由看待发展[M]. 任赜,于真译. 北京:中国人民大学出版社,2002:62、1、2.

第2章 生存、自由与人类的合作生产行为

主张人的自由既是发展的首要目的，也是促进发展不可或缺的重要手段。

森相信，发展不仅仅在于个人收入水平提高或个人经济目标的达到，财富、收入、技术进步、社会现代化等固然可以是人们追求的目标，但它们最终只属于工具性的范畴，是为人的发展、人的福利服务的，发展究其本质是为了人，为了人的健康、教育、不受他人压迫、自由迁移、自由表达以及自我实现等方面的实现，因此，以人为中心的最高价值标准就是自由。所以，在森的理论体系中，自由既是价值标准，也是工具手段。一方面，自由是人们的价值标准与发展目标中自身固有的组成部分，它自身就是价值，因而不需要通过与别的有价值的事物的联系来表现其价值，也不需要通过对别的有价值的事物起促进作用而显示其重要性；另一方面，森在《以自由看待发展》一书中特别分析了促进发展的五种最重要的工具性自由：政治自由、经济条件、社会机会、透明性担保以及防护性保障。

森不仅在理论上论证了自由与发展的关系，他还与哈格（Mahbub ul Haq）一道，帮助联合国开发计划署编制了人类发展指数（HDI），用以衡量联合国各成员国经济社会发展水平，从此，以自由看待发展不再仅仅停留在哲学思辨的层面，而是进入了社会的检验过程。

以自由作为发展强调在公共政策领域应该将人的发展和能力平等作为目的，因而相比较而言，森比功利主义者更为重视政府作用的发挥。功利主义者强调消极自由，认为政府只需要消极地作为"守夜人"就可以了，森强调的实质自由既包括消极自由，也包括积极自由，认为政府不能仅仅是"守夜人"，而应该在个人能力扩展的过程中发挥更为积极的作用。森深刻地认识到市场具有先天的缺陷，亟须规范："市场机制在一定条件下取得了巨大的成功，这些条件就是，所提供的机会可以被合理地分享。为了使这种情况得以发生，需要有适当的公共政策（涉及学校教育、医疗保健、土地改革等），来提供基本教育、普及初级医疗设施、使对于某些经济活动（如农业）至关重要的资源（如土地）可资利用。甚至在极其强烈地需要经济改革来允许市场有更大的空间时，这些非市场设施仍然要求细致的坚决的公共行动。"[1] 只是，在森看来，政府的作用在于使市场"所提供的机会被合理地分享"，为市场的良好运行创造条件，而不是压制市场。由此，他得出了社会发展问题解决的基本思路：对于发展中国家遇到的问题，"对这些情况的处理，不是压制市场，而是让市场更好地运作，具有更高的公平性，而且得到适当的补

---

[1] ［印度］阿马蒂亚·森. 以自由看待发展 [M]. 任赜，于真译. 北京：中国人民大学出版社，2002：9.

充。市场的整体成就深深地依赖于政治和社会安排"。而关于资本主义世界面临挑战,"在当代世界,资本主义所面临的那些重大挑战,包括不平等问题(特别是在前所未有的丰裕世界中都存在那种摧残人的贫困),以及'公共物品'问题(人们共同享受的物品,如环境)。对这些问题的解决办法几乎肯定需要超越资本主义市场经济的机构和制度。但是,在许多方面,资本主义市场经济的作用范围本身,也可以通过适当地培育对上述问题敏感的伦理观念来加以扩展。市场机制与多种多样价值观的相容性,是一个很重要的问题,我们必须正视它,并同时探索体制性安排以超越纯粹的市场机制的局限性"①。

由此可见,尽管森强调政府和市场相互配合,但同时强调,政府的工作重心只在于扩展个人的基本能力——使个人在市场中具有参与分工和竞争的基本条件以及实现增长成果的共享两个方面,而扩展非基本能力的任务应当交由市场完成,而在关于资本主义发展的关键难题,森则寄托于伦理价值观念的协调。到这里,森的"自由至上"主义在很大程度上与功利主义殊途同归了:市场主导着社会发展进程,政府只是市场的敌对或条件。森有一段在经济学界广为人知的名言,可以视为他自己观点的总结,"事实是显著的:在骇人听闻的世界饥荒史上,从来没有一个独立、民主而又保障新闻自由的国家发生过真正的饥荒。无论找到哪里,我们都找不到这一规律的例外"。问题是,建成一个独立、民主而又保障新闻自由的国家是需要条件的,这样的目标只会在较为发达的国家实现,至今我们同样找不出一个贫穷的国家实现了这一点,独立、民主而又保障新闻自由很可能是"发达国家"的必要条件,但不一定是从"发展中国家"迈向"发达国家"的必要条件。由于过分相信自由,同功利主义一样,森基于"实质自由"的政策主张也是站在成熟的市场经济立场上的"后视偏见"。

2.4 合作生产与人类两大基本福利追求的解决

不论是人对生存福利还是自由福利的追求,主流经济学认为最终都能在市场中得以解决:"看不见的手"能够实现资源的最优配置,有限的资源因

---

① [印度]阿马蒂亚·森. 以自由看待发展[M]. 任赜,于真译. 北京:中国人民大学出版社,2002:9.

此最大限度地满足了人们无穷的欲望；而市场内在的自由、公平等特性有效地排斥了"积极自由"可能带来的伤害，从而使人类的自由程度达到最高。只是，这种理论上的精妙假设并不符合社会现实：首先，并不是所有的市场国家都获得了最有效的经济增长，大多数市场国家至今还处于"贫困陷阱"与"中等收入陷阱"之中；其次，在自由市场环境中，权利的不对称使收入和财富并未以最有效率的方式得到分配，市场的"马太效应"使得社会财富大量集中于少数人手中，许多贫困化、边缘化的人群陷入了生存困境当中；最后，市场环境中，随着人际伦理的日益淡漠与财富分配两极分化导致的心理不平衡加剧，人们纷纷感觉到了"交换自由"中的实质上的不自由，财富带来的幸福感也因此弱化。

市场并未带给人们自由主义者所宣扬的富足、公平与自由，这本应引起那些坚持自由市场信仰，从事经济学科学化的学者们深刻反思。遗憾的是，经济学的数学化太诱人了，当市场出现问题时，自由主义者总是习惯性地从"市场是否完善"的视角去进行分析，而不是考虑完善的市场是否能够实现，更不愿意到复杂的社会人际关系中找寻问题的答案。

2.4.1 组织、财富增长与人的生存福利

市场能够带来最大程度的财富增长暗含着一个重要的假设前提：在市场条件下，人类社会会形成最优的合作生产系统，这个合作生产系统能准确地反映社会所需，并根据社会所需主动组建最有效率的企业进行生产。为了证明这一点，主流经济学首先在哲学层面上将社会中的消费者和生产者"原子化"，企业被看成是一个"投入—产出"的"黑箱"，他们作为理性的"经济人"，会最大化自己的消费行为和生产行为，在市场公平交换原则下，"看不见的手"会使理性"经济人"的自利行为经常性地促进社会利益，最终实现社会利益最大化。

这个论证过程与市场条件下人类社会会形成最优的合作生产系统的假设其实是不一致的，在这个论证过程中，消费者被外在地纳入社会生活，企业被外在地"组建"，经济学所要解决的关键问题——人们如何能够成为高水平的消费者（消费者的收入水平是如何形成的）与企业是如何组建起来的（企业的合作生产过程是如何形成的）——变成了外生变量，经济学庸俗成一堆数字游戏，每个理性的"经济人"，在新古典主义经济学的数字游戏中都能无条件地成为效用最大化的消费者和收益最大化的生产者，这显然不是现实生活。简单地讲，主流经济学从一开始就逃避了一个非常重要的问题：

经济学在研究市场的资源配置效率之前,应该先重点研究合作生产的条件与获得合作剩余的条件。

人和动物最大的区别是动物只能通过直接利用自然界现成的食物或其他物质资料存活,而人能够凭借自己制造的工具进行生产活动来满足生存与发展的需要。人类从事生产活动,单凭个人孤立地进行对生产力的提高是极其有限的,只有在互相依赖、互相合作,进行联合生产的过程中,劳动生产率才会不断提高,人类社会才能获得发展。斯密《国富论》的第一句话,"劳动生产力上最大的增进,以及运用劳动时所表现的更大的熟练、技巧和判断力,似乎都是分工的结果"[1],就深刻地证明了这一点。在这里,分工是合作的前提,也是合作的结果。合作是在分工的基础上产生的,没有分工,没有联合劳动,就不会有合作,而合作的结果又产生了更为精细化的分工。

在斯密的分工理论体系中,分工有两个层次,一是企业内部分工,二是社会分工(市场分工)。关于企业内部分工,斯密是以"极微小"的扣针制造业为例来描绘这一过程的:"一个人抽铁线,一个人拉直,一个人切截,一个人削尖线的一端,一个人磨另一端,以便装上圆头。要做圆头,就需要有两三种不同的操作。装圆头、涂白色乃至包装,都是专门的职业。这样,扣针的制造分为18种操作。有些工厂,这18种操作,分由18个专门工人担任。固然,有时一人也兼任两三门。我见过一个这种小工厂,只雇用10个工人,因此在这一个工厂中,有几个工人担任两三种操作。"关于市场分工,斯密是在论述"分工的缘由"的时候提出来的,"由于我们所需要的相互帮忙,大部分是通过契约、交换和买卖取得的,所以当初产生分工的也正是人类要求互相交换这个倾向"[2]。

只是,在斯密往后的分析中,越来越局限于只分析市场分工而不分析企业内部分工。一方面,斯密虽然承认企业内部分工确实能带来生产率的提高,"一个劳动者,如果对于这职业(分工的结果,使扣针的制造成为一种专门职业)没有受过相当训练,又不知怎样使用这职业上的机械(使这种机械有发明的可能的,恐怕也是分工的结果),那么纵使竭力工作,也许一天也制造不出一枚扣针,要做二十枚,当然是绝不可能了。但按照现在经营的方法,不但这种作业全部已经成为专门职业,而且这种职业分成若干部门,其中有

---

[1] [英]亚当·斯密. 国民财富的性质和原因的研究(上卷)[M]. 北京:商务印书馆,1972:5.
[2] [英]亚当·斯密. 国民财富的性质和原因的研究(上卷)[M]. 北京:商务印书馆,1972:6、14.

第2章 生存、自由与人类的合作生产行为

大多数也同样成为专门职业……一人一日可成针四千八百枚"。他否定了能够产生合作剩余（以财富增长为主要表现）是分工的原因，相反，他认为交换倾向是分工的原因，合作剩余的产生是分工的结果。他指出，"分工起因于交换能力，分工的程度，因此总要受交换能力大小的限制，换言之，要受市场广狭的限制"①。这就是斯密的"分工受市场范围的限制"的著名论断。

马克思指出了斯密在分工与交换关系上的倒果为因，"机器发明之后分工才有了巨大进步……总之，机器的采用加剧了社会内部的分工，简化了作坊内部工人的职能，扩大了资本积累，使人进一步被分割"②。因此，分工是人们生产实践中逐步形成的，是生产力发展的必然结果和产物，是分工引起交换，而不是相反。同样，分工是商品生产存在的条件，但也不能反过来说商品生产是分工存在的条件，有分工必然有人们劳动能力的交换，但却不一定有商品交换，即人类劳动的物化形式的交换。只有生产力发展到人们能够通过合作生产产生合作剩余，人们才会进行合作生产，在原始共产主义社会，人们之所以选择合作生产，目的不是交换，而是因为合作生产能够产生合作剩余，而获取合作剩余是解决他们生存与发展问题的关键所在。奥尔森（Mancur Lloyd Olson）在分析组织作用的时候，也论证了这一点，"所有侧重于经济的组织都以此为目的，那就是增进其成员的利益。这一点至少在经济学家眼里是很显然的。确切地说，一些组织是出于无知才没有增进其成员的利益，而另一些组织是受诱使才只为其首脑的目标出力。但是不去增进其成员利益的组织往往会消亡"③。

斯密关于分工原因的分析确实误导了许多人，因为既然分工可以提高生产力，同时分工又取决于市场范围，那么，社会生产能力的扩张就可以简单地归结为市场问题，这一思路迎合了西方的民主、平等、自由等社会观念，在边际革命之后，也迎合了经济学"科学化"的需要。自此，主流经济学专注于强调产业间的市场分工与合作，而较少探讨企业内部的分工与合作。但由于市场更多地与生产出不同的产品相联系，强调"分"的层面更多一些，而企业更多地与生产出相同的产品相联系，强调"合"的层面更多一些，市场竞争的效率分析成了经济学的理论核心，而企业仅仅变成了一个"黑箱"，

---

① ［英］亚当·斯密. 国民财富的性质和原因的研究（上卷）[M]. 北京：商务印书馆，1972：6、16.
② 马克思恩格斯选集（第1卷）[M]. 北京：人民出版社，1972：133.
③ ［美］奥尔森. 集体行动的逻辑[M]. 陈郁，郭宇峰等译. 上海：格致出版社、上海三联出版社、上海人民出版社，1995：5.

技术进步、消费者的形成与企业的建立被外生给定。

　　事实上，企业的组建涉及非常复杂的人际合作问题，远非主流经济学边际分析或者新制度经济学市场替代那么简单。如果企业的组建仅仅依赖于市场范围，那么，在经济全球化的背景下，当撒哈拉以南的非洲国家实施市场化改革之后，人们应该可以看到企业在这些国家如雨后春笋般地建立起来并迅速成长，直到新古典经济增长理论所论证的"随着物质资本边际报酬递减规律的作用，会最终导致世界经济增长出现趋同现象"这一结论得到证实为止。可现实却是，世界各国经济增长并没有因为绝大多数国家变成"市场国家"而严格趋同，人类世界的两极分化在世界大市场中反而变得越来越严重：贫穷国家的经济增长往往更缓慢，贫困地区与发达地区、贫困国家与发达国家的经济差距越拉越大，并且很难看出差距缩小的迹象。在世界银行按人均国民总收入对世界各国经济发展水平进行的分组统计中，除了少数几个国家，大多数国家在排列组别中的位置基本没有改变。

　　面对数以十亿计的人口仍与贫困为伍的现实，善良的经济学家并非无动于衷，他们"终于"发现了市场是有"门槛"的。技术进步、宏观政策、人力资本积累、资本规模、金融发展程度甚至地理位置等都成为经济学家解释贫困陷阱形成的原因，而这些在新古典的经济学分析框架中，都是外生给定不需要分析的。这是个好的苗头，如果能够通过一定方式让贫困国家跨过市场的"门槛"，每个国家乃至每一个人都能分享全球化市场分工的好处，一个人类共同繁荣的世界将会产生。可当我们审视主流经济学的政策措施时，我们不无遗憾地发现，由于缺乏对立统一思维，加上自由市场的效率实在太诱人了，市场决定论最后还是主宰了绝大多数主流经济学家的思想高地，他们得出的结论如出一辙：贫困的国家之所以贫困，是因为它们的自由度不够、市场化不够，因此，出路就是按"华盛顿共识"行事，其结果可想而知。新古典经济学家仅仅着眼于自由市场效率倡导"华盛顿共识"，忽略了市场的"门槛"条件，在无意中"谋杀"了落后国家的人民，使他们陷于贫困之中。

　　贫困陷阱的案例再次说明：市场在资源配置方面是有效率的，这一点或许没有错，但解决人类生存问题的，并不是抽象的市场，而只能通过建立合作生产组织，以获取合作剩余的方式予以解决。一个不能建立起合作生产组织或者不能保证本国的合作生产组织能有效地参与国际市场竞争的国家，完全的私有化与市场化将是毒药而不是福音。

2.4.2 非强制、社会发展中的平等与人的自由福利

由于对自由的无限尊崇,自由主义经济学不自觉地将自由与平等对立起来。在《通往奴役之路》第八章,为了论证国家强制权力对自由可能造成的破坏,哈耶克引用了阿克顿(Lord Acton)的话语作为引言——"由于对平等的热衷,使自由的希望落了空,曾经赋予这个世界的大好机会因而被抛弃了"[1]。自由主义经济学认为依赖私有财产制度与自由市场机制的平等才是真正的平等,通过政府强制权力"制造"的平等只会导致事实上的不平等,并且会窒息社会发展动力。"在竞争的社会里,穷人的机会比富人的机会所受到的限制要多得多,这一事实丝毫不影响另一事实的存在,那就是在这种社会里的穷人比在另一不同类型的社会里拥有很大的物质享受的人要自由得多。虽然在竞争制度下,穷人致富的可能性比拥有遗产的人致富的可能性要小得多,但前者不但是可能致富,而且他只有在竞争制度之下,才能够单靠自由而不靠有势力者的恩惠获得成功,只有在竞争制度下,才没有任何人能够阻挠他谋求致富的努力。"[2]

在自由主义经济学看来,自由源于两大基本制度。一是私有财产制度,认为只有使财产权处于一种分散状态,才能使权力处于一种分散状态,而分权是自由和民主的基础。哈耶克就认为,"私有制是自由的最重要的保障,这不单是对有产者,而且对无产者也是一样。只是由于生产资料掌握在许多独立行动的个人手里,从没有人控制我们的全权,我们才能够以个人的身份来决定我们要做的事情。如果所有的生产资料都落到一个人手里,不管它在名义上是属于整个'社会'的,还是属于独裁者的,谁行使这个管理权,谁就有全权控制我们"。二是自由市场制度,认为市场经济的自由运行是实现个人自由与政治自由的前提。哈耶克就指出,"我们逐渐放弃了经济事务中的自由,而离开这种自由,就绝不会存在已往的那种个人的和政治的自由"[3]。

自由主义经济学虽然也认为政府应该在社会中发挥规则"制定者"与

---

[1] [英]哈耶克. 通往奴役之路[M]. 王明毅,冯兴元等译. 北京:中国社会科学出版社,1997:99.

[2] [英]哈耶克. 通往奴役之路[M]. 王明毅,冯兴元等译. 北京:中国社会科学出版社,1997:100.

[3] [英]哈耶克. 通往奴役之路[M]. 王明毅,冯兴元等译. 北京:中国社会科学出版社,1997:101、17. 笔者认为此处经济事务中的自由指苏联式的社会主义。

"裁判者"的作用,但为了防止国家行为对个人自由、生命和财产的侵犯以及因此可能产生的极权和专制,自由主义经济学坚决反对政府对私有财产与自由市场的干预。虽然自由主义在一定程度上正确地认识了国家与政权的关系,但其对国家干预的极度偏见还是为两极分化、社会的不平等以及可能导致的经济危机和社会动荡埋下了祸根。自由主义经济学忽略了一个重要的事实:自由不仅仅涉及个体的非受强制的自由选择,更重要的是还涉及人与人之间的社会关系,私有产权与自由市场只能确保前者,而不能保证后者。因为就像自由市场无法保证每一个人都能成为参与市场的消费者一样,市场也无法保证每一个人在社会中都拥有一个符合自由要求的"位置",无法保证每一个人被吸纳而不是遭排斥,无法保证每一个人能够平等地参与而是不被剥夺,无法保证每一个人被欢迎而不是被仇恨。

"幸福悖论"告诉人们:即使资本主义社会取得了巨大的财富增长,即使市场制度按照自由主义经济学的要义在运行,可真正的自由离很多人还是很远很远,许多人并不幸福。杜森贝利(James Stemble Duesenberry)的相对收入—消费理论揭示了一个深刻的人际关系原理:人的幸福感与对自由的评价不仅仅源自于非受强制与物质,更重要的是源自于平等的感觉,经济增长并不必然带来自由,建立在经济增长基础上的平等才是。私有财产与自由市场在给予了人非受强制与物质自由的同时,也带来了可能的不平等导致的不自由。罗尔斯(John Bordley Rawls)曾对此进行调和,一方面,他提出"基本自由优先论"的第一正义原则,认为"每个人对与所有人所拥有的最广泛、平等的基本自由体系相容的类似自由体系都应有一种平等的权利",第一正义原则批判了功利主义允许为了让一些人分享更大的利益而剥夺少数人的自由的思想,在罗尔斯看来,在一个正义的社会里,平等的公民的基本自由是确定不移的,决不能受制于政治的交易或社会利益的权衡,这样才能确保平等的自由。另一方面,罗尔斯认为,在第一正义原则满足的前提下,"社会和经济的不平等应该这样加以安排,使它们:①在与正义的储存原则一致的情况下,适合于最少受惠者的最大利益;②依系于在机会公平平等的条件下职务和地位向所有人开放"[1]。即确保平等分配的第二正义原则。第二正义原则分为两个部分:一个部分被称为"公平的机会平等原则",它适用于机会和权力的分配;另一个部分被称为"差别原则",它适用于收入和财富的分配。

---

[1] John Rawls. A Theory of Justice [M]. Cambridge, Massachusetts: The Belknap Press of Harvard University Press, 1971: 302.

第2章 生存、自由与人类的合作生产行为

与自由至上主义不同,罗尔斯提出了基于平等的自由观,并反复强调"正义总是意味着平等"。这在一定程度上触及了私有财产与自由市场条件下不平等导致的不自由。因此,相较于自由主义经济学家而言,他更重视发挥政府的作用,认为国家应该承担更多的责任,很好地发挥再分配的作用,因为这是社会正义所要求的。但同时,罗尔斯担心国家权力,害怕国家权力转变成"利维坦"并破坏正义,他运用契约论方法做出了"无知之幕"的"原初状态"设定,认为应该由个人而不是国家决定正义原则和供给分配正义的立场。罗尔斯的矛盾表明了他改良的自由主义者立场,他正确地认识到了社会发展中的平等与人的自由福利之间的内在关系,并试图通过用正义即公平的观念来取代功利主义的正义观念,从而推动社会变化。但他的自由主义者立场,使他坚守私有产权的"底线",不可能正确地认识国家干预的作用与"公共领域"的价值,从而无法真正提出合理化的社会改革方案,他对正义的终极追求更多的只是吸引了理论界的关注,在社会实践中难以付诸实施。但是,这不是罗尔斯个人的过错,自由主义的极端思想本就不是在平等与自由之间找到契合点,而是"非此即彼"的。要解决这一问题,需要运用马克思主义对立统一的方法,辩证地认识个体与组织、政府与市场、"公共领域"与私有产权之间的关系,才能真正实现人类社会的平等与自由,特别是要正确认识组织在实现人的自由福利中的作用。

在主流经济学家看来,个体对自由的追逐与捍卫是人类社会发展和进步的基础,不仅如此,他们还常常认为组织是会限制自由的,例如,阿列维(E. Halevy)就曾论及"社会主义者信仰两种截然不同甚至也许是相互矛盾的东西:自由和组织"[1]。可是,既然组织是有可能削弱社会发展基础——自由的,那么,为什么还需要组织呢?事实上,个体和组织是对立统一的,个体追逐自由、捍卫自由是社会进步的原初动力,但自由仅限于此不可能真正推动社会的进步,个体通过追逐自由、捍卫自由来推动社会进步必须在与其对立面——组织的矛盾运动中实现。一方面,组织会限制人的自由,导致"自由福利减损";另一方面,"所有侧重于经济的组织都以此为目的,那就是增进其成员的利益。这一点至少在经济学家眼里是很显然的。确切地说,一些组织是出于无知才没有增进其成员的利益,而另一些组织是受诱使才只

---

① [英]哈耶克. 通往奴役之路 [M]. 王明毅,冯兴元等译. 北京:中国社会科学出版社,1997:37.

为其首脑的目标出力。但是不去增进其成员利益的组织往往会消亡"[①]。因此，人们之所以愿意以自由福利减损为代价加入组织，是因为组织能够为其带来更大利益，或者说，是因为他们能够从组织中获得合作剩余，每个参与者获得的合作剩余都至少能弥补各自的自由福利减损。当然，需要进一步说明的是，这里的自由既包括传统意义上的摆脱强制的自由，也包括"做什么"的自由，因此，一个生产效率更高的人之所以需要更多的回报，是因为他拥有选择"做什么"的更大的自由，而当他进入某特定组织时，自由福利减损也会更大。

2.5 关于新古典主义经济学的进一步反思

既然只有通过合作生产（组织）才能有效地解决人类的生存与自由问题，那么，新古典主义经济学局限于"人—物"自然关系，以报酬递减规律为基本前提，专门研究"资源配置"问题，最终得出自由市场有效的结论就完全有理由令人生疑。在新古典主义经济学理性主义思维方式下，人类合作生产行为被排除出了新古典经济学的理论体系，消费者的收入以及一些与组织报酬递增相关的量都被视为"外生变量"，这种对人类合作生产行为进行排斥的研究方法显然会导致对社会理解的偏差。只不过，这并不意味着市场经济理论本身有多大错误，而只能说明，纯粹的自由市场经济理论应该有其严格的使用范围。

2.5.1 新古典经济学主要的"外生变量"

2.5.1.1 消费者的收入

在新古典经济学的分析框架中，消费者被外在地纳入社会生活，不论是基数效用理论还是序数效用理论，都认为消费者只需要在既定的收入水平下，在不同的商品之间做出购买选择以实现自身效用最大化就可以了。消费者的收入水平是如何形成的，新古典经济学并未予以深入考察。虽然新古典经济

[①] [美] 奥尔森. 集体行动的逻辑 [M]. 陈郁, 郭宇峰等译. 上海: 格致出版社、上海三联出版社、上海人民出版社, 1995: 5.

学从边际生产力的角度,认为工人、资本家、土地所有者所得到的工资、利息与地租符合"产品分配净尽定理"的收入来源,但这种以参与市场为前提的收入来源分析与失业问题突出的现实世界有着巨大的鸿沟。因此,新古典经济学对当今世界最尖锐的社会问题之一——贫困问题的解决是相当有限的。在广大发展中国家,存在着大量的贫困人口,他们既无好的工作,也不能享受类似发达国家良好的社会保障,因此难以成为新古典经济学视野中的"已经拥有收入"的"合意的"消费者。如何使人们成为高水平的消费者?或许这是经济学在构筑消费者理论之前,理应予以考虑的问题,而不应该简单地将之视为"外生变量"。

2.5.1.2 企业及其制度

在新古典经济学的分析框架中,企业及其制度也是外生给定的,企业仅仅被看作在成本最小化或利润最大化目标导向下,根据不同市场条件进行生产决策的一个"黑箱",或者说是一个生产性"原子"。"黑箱理论"只从外部研究企业的投入产出关系,而对企业内部的组织结构、运行机制和制度安排等与企业本质相关的因素并未进行剖析,因而也就不可能合理解释企业是如何形成和发展的。事实上,正如前文所说,企业的组建与发展涉及非常复杂的人际合作,远非新古典经济学边际分析所认为的依赖于市场范围那么简单。因此,市场并不能轻易解决发展中国家企业的形成与发展问题,这是新古典经济学难以契合发展中国家宏观经济运行的重要原因之一,也正因为如此,大多数发展中国家即使推行了市场化改革,企业也没能因此大量建立起来,世界各国经济增长并没有因为绝大多数国家变成"市场国家"而严格趋同,人类世界的两极分化在世界大市场中反而变得越来越严重。

2.5.1.3 国家及其制度

新古典经济学以市场是最优制度为假设前提,因而坚决地反对国家干预,新古典经济学的分析框架中,几乎没有针对国家及其制度进行分析的相关内容,国家及其制度同样被外生给定。由于缺乏国家理论及其制度分析,新古典经济学习惯于用微观的市场原理来理解宏观的经济发展,结果严重低估了国家及其制度在人类社会发展中的重要作用。因此难以解释工业化的发展过程当中,苏联、东亚国家等为何能取得阶段性成功:计划经济体制中根本不存在新古典经济学所强调的市场竞争效率,但却维持了苏联近半个世纪的高速增长;东亚国家的"强政府"模式显然也超出了新古典经济学认为国家干预应该限定在市场失灵范围内的一贯主张,但这种"强政府"模式却创造了人类历史上最高的经济增长速度。如果往前追溯历史,人们还可以发现,英国与美国在发展之初实质上也实行了强有力的国家干预主义,同样是新古典主义经济学难以说明的。

总之,在新古典经济学框架中,消费者、企业与国家被视为"外生变量"的结果是,经济学所要解决的关键问题——消费者收入水平的形成、企业的组建与发展以及国家的作用——都难以得到合理解释。事实上,即使在工业化水平很高的当今社会,仍然存在着大量难以成为新古典经济学意义上的消费者或生产者的贫困人口,同时国家在人类社会发展中的作用也远比新古典经济学所设想的"守夜人"重要得多。

2.5.2 关于新古典主义经济学的三条主线

对新古典经济学的反思有三条主线:对经济学研究方法上数学化的质疑、对新古典经济学模型假定条件的修正以及对新古典经济学研究范围狭隘性的批评。

2.5.2.1 对经济学研究方法上数学化的质疑

这一条理论主线认为新古典经济学热衷于数理建模与计量实证分析,不但远离了社会经验和具体的经济现实,也严重地割断了历史,因而主张将经济思想史上一些非正统学派原创性的思想从未发展的状态中解放出来,使经济学的研究建立在人类社会发展的现实基础上,并形成了演化经济学与新政治经济学等诸多流派。只是,综合来看,对新古典经济学数学化的反思,可以视为是反思了新古典经济学的形式而不是本质。

2.5.2.2 对新古典经济学模型假定条件的修正

这一条理论主线认为新古典经济学关于理性经济人、市场的完全信息等假设条件过于苛刻,放松这些假设条件可以很好地推动经济学的发展。事实也确实如此,20世纪70年代崛起的信息经济学和90年代发展起来的行为经济学就是例证。只是,总体来看,对新古典经济学理论假设前提的修正,与其说是对新古典经济学的批判,还不如说是新古典主义经济学内容的发展或进一步"完善"。

2.5.2.3 对新古典经济学研究范围狭隘性的批评

这一条理论主线的观点认为新古典经济学局限于研究资源配置,而对市场组织与社会公平问题缺乏研究。其批评新古典经济学的核心内容正好涉及新古典经济学的"外生变量",并形成了现代收入分配理论、新制度经济学的企业理论与政府理论等大量研究成果。只是,对新古典经济学研究范围狭隘性的批评,虽然触及了新古典主义经济学的要害,但其绝大多数理论都未能摆脱新古典经济学的思维逻辑,往往在经过短暂的繁荣之后,很快就被边缘化或被新古典主义经济学同化。

因此,虽然对新古典经济学的反思不少,但众多的反思并没有动摇新古典主义经济学作为主流经济学基础范式的地位。这些反思仍大多局限于从"人—物"关系的角度进行分析,而不是从社会实践的事实出发,基于人类社会发展的视角来对潜藏在商品交换行为下的"人—人"关系展开研究。

2.5.3 合作生产视角下的新古典主义经济学

人类社会发展中合作生产的关键性作用,要求经济学在研究市场的资源配置效率之前,应该先重点研究合作生产的条件与获得合作剩余的条件,而这些条件恰恰多数源于新古典经济学意义上的"外生变量":首先,如果不能确保在合作生产进程中有足够多的人有"合意"的收入,消费者理论就变成空谈;其次,如果没有建立足够多的合作生产组织(企业),生产者理论就只是数字游戏;最后,收入分配与建立企业很大程度上需要国家及其制度发挥作用,尽管在社会的不同时期国家及其制度所发挥的作用有所差异。

2.5.3.1 合作生产与消费者收入

从历史的角度看,在农业社会后期,由于农业生产剩余的积累,部分居民已经成为工业产品的潜在需求消费者[①]。相对于当时低下的工业产品生产能力来说,消费者是相对充足的。但随着工业化的推进,工业产品生产得越来越多,与此同时,居民要成为现代社会意义上的消费者,其收入来源也越来越依赖于通过参与合作生产过程并从中获取报酬。只不过,由于企业建立的困难与社会阶层的权利不对称等原因,纯粹的自由市场下并不能保证每一个人都能参与到社会的合作生产过程中来,同时也不能保证每一个参与了社会合作生产过程的人都能够获取"合意"的报酬,其结果是,失业人口与低

---

① 历史上,在资本主义制度确立之后,殖民主义者曾运用各种手段使一些国家和地区成为他们垄断的商品倾销市场、原料供应基地和投资场所。说明即使在纯粹的农业社会,如果有工业产品供应,居民也会购买工业产品,其潜在的需求量与农业生产剩余的积累有关。

收入人口的大量存在导致自由市场并不能自动产生足量的消费者，也对两极分化的贫富差距无能为力，在这种情况下，如果没有政府的合理干预，使得消费者的数量能够符合社会发展的需要，社会的合作生产将会趋于停滞，导致生产相对过剩的"经济危机"发生。

2.5.3.2 合作生产与企业

在工业社会，企业是人们进行合作生产的主要载体。但在工业化之初，由于技术与资本严重稀缺，生产的社会化程度并不高，较低的劳动与产品交易效率使得私人建立企业的风险非常大，在纯粹的自由市场条件下，很有可能只有少量高风险偏好的人才会去组建企业，就会导致企业难以足量生成，社会的工业化进程将因此比较缓慢，如果没有政府的合理干预，使社会能够生成足量的企业，社会就有可能陷入"低收入陷阱"。另外，随着工业化的推进，虽然劳动与产品交易效率的提高会激发私人建立企业的积极性，但不断出现的新技术使社会总是存在较大规模的私有企业难以进入的短期高风险行业，在纯粹的自由市场条件下，这些新兴产业以及一些关系国计民生的产业，即使从长期看有很高的回报，但由于私人认为短期生产的风险太高而较少进入，就会导致这类企业生成达不到社会发展的要求，使整个社会产业升级变得困难，如果没有政府的合理干预，使社会能够生成足量的"新"企业，社会就有可能陷入"中等收入陷阱"。

2.5.3.3 合作生产与国家

自由市场并不能自动地产生足量的消费者与企业，凸显出国家干预在社会合作生产中的重要作用。国家干预经济在工业社会中有个变迁的过程：在从农业社会向工业社会转变之初，国家必须通过对生产性资源进行配置来引导企业生成，随着工业化的不断推进，这种干预的必要性会越来越小，到后来主要集中在引导新兴产业与关系国计民生的产业的发展方面；相反，在工业化之初，国家在财富分配方面的作用并不突出，但随着工业化的不断推进，社会财富越来越多，国家必须在社会财富分配方面扮演越来越重要的角色，才能确保足量"合意"的消费者产生，社会创造的财富越多，这种干预的必要性会越大。与新古典经济学抽象的自由市场不同，在这里，国家对经济的干预是社会发展的重要条件，特别是对于发展中国家来说，国家对经济的干预有助于它们跨过市场的"门槛"，建立企业、产生消费者并形成市场。

由此可见，新古典经济学之所以在市场与政府关系的理解上出现偏差，根本原因在于，新古典经济学并不是从人类社会发展的视角来看待市场的作用,而是站在成熟的市场经济立场上的"后视偏见"。换言之,新古典经济学理论所解决的其实是"已经是消费者"与"已经是生产者"的"理性经济人"的选择问题,而不是人类社会发展过程中所需要的如何使人成为"消费者"或"生产者"。正是由于立场的片面性,新古典经济学过高地估计了市场的作用而低估了国家干预经济的必要性。企业作为现代社会最为主要的合作生产组织并不能自然生成,纯粹的市场经济也不会自动产生足量的消费者,使得国家干预经济变得非常必要。

因此,从人类社会发展的角度讲,最重要的其实不是资源配置与市场效率,而是合作生产与合作生产效率。经济学研究的核心内容应该是合作生产,包括合作生产的条件、机制、效率等,新古典经济学只合作生产经济理论的一部分,市场只是合作生产的一种机制,市场的效率也只不过是合作生产效率的一个组成部分。新古典经济学意义上的市场经济只不过是合作生产"无摩擦"的一个理想状态,但对于实践的指导还需要考虑现实环境与条件,充分考虑社会经济发展中存在的"摩擦力",这就局限了新古典经济学的适用范围。

第3章 企业与合作生产

3.1 作为合作生产组织的企业

人类要解决生存问题，必须建立各种合作生产组织。在人类漫长的农业社会发展过程中，虽然三次社会大分工使畜牧业、手工业与商业从农业中分离出来，但受生产力低下的影响，以血缘这一自然联系为纽带，以家庭、家族为基础的个体生产（小生产）一直是社会生产的主要组织形式，自给自足是社会生产的主要方式，家庭既是生活组织，又是生产组织。虽然农业社会创造了灿烂的物质文明和精神文明，但落后的社会分工并没有很好地解决人类生存问题，世界人口增长缓慢，从公元前2000年的5000万人左右，增长到1650年的4.7亿人左右，人类花了大约4000年的时间，人类的平均寿命不到30岁，死亡率年均3%~4%。

经过工业革命，资本主义生产完成了从工场手工业向机器大工业的过渡，以机器取代人力，以大规模工厂化生产取代个体工场手工生产，人类社会进入工业社会。在工业社会，企业成为社会最为重要的生产组织，这极大地提高了人类生存的能力，世界人口增长进入一个新的历史时期。据估计，1750年世界人口已达7.28亿人，1940年为22.95亿人，1987达到50亿人，1999年达到60亿人，2011年突破70亿人，到20世纪末期，世界人口男女平均预期寿命分别达到63.3岁和67.6岁，其中发达地区人口的男女平均预期寿命分别达到71.1岁和78.7岁，欠发达国家的男女平均预期寿命分别为61.8岁和65.0岁，最不发达国家人口的男女平均预期寿命也上升为49.6岁和51.5岁。

从农业社会到工业社会，企业代替了原来的个人和家庭成为社会的基本生产单位，企业生产的高效率对人类来说影响极其深远，分工带来的正能量使主流经济学家习惯于担心"人—物"使用过程中边际递减规律可能引发的社会财富增长乏力变得多余，以企业为载体的分工不断深化使社会财富在"人—人"合作过程中因报酬递增而快速增长。因此，从社会关系而不是从物质关系认识企业的本质显得十分必要。

3.1.1 企业本质理论的基本逻辑

在经济学的理论体系中，对企业本质的认识有两个基本逻辑："生产单元"逻辑与"交易成本"逻辑。当然，还"存在"第三个逻辑，就是对两个基本逻辑的"综合"。

3.1.1.1 "生产单元"逻辑

从生产单元的角度认识企业，较为系统的分析最初可见于马克思的《资本论》。在《资本论》中，"马克思从企业的历史起源和两类分工（企业的内部分工和外部分工）出发，将企业的起源、本质及演进过程看作技术、协作、劳动力、资本、竞争和利润等基本经济条件变化的必然反映，看作社会生产力和生产关系不断发展及相互作用的结果"①。很明显，马克思的企业理论继承了斯密的分工与报酬递增思想，并且，与斯密更偏重专业化分工不同，马克思更关注协作生产导致的生产率提高，认为"单个劳动者的力量的机械总和，与许多人同时共同完成同一不可分割的操作所发挥的社会力量有本质的差别"，原因是，"不仅是通过协作提高了个人生产力，而且创造了一种生产力，这种生产力本身必然是集体力"②。在马克思看来，资本主义企业作为生产单元具有这样的性质：分工产生的"协作生产力"使资本主义企业生产过程既能产生"绝对剩余价值"，又能产生"相对剩余价值"，资本主义企业就是能为资本家带来剩余价值的经济组织。

新古典经济学也是从生产单元的角度认识企业。在新古典经济学理论中，企业被看作一个"黑箱"，即企业是一个与消费者处于同等地位的，在市场和技术的约束下追求利润最大化的专业化的生产单位，其过程可以通过生产函数予以描述。从新古典经济学的企业本质理论可以看出，由于19世纪物理学的影响，新古典经济学背叛了斯密的分工与报酬递增思想，坚持着马克思所说的"庸俗化"过程，在数理化、计量化、均衡化、边际化之后，沉醉于对经济现象的实证分析，不愿意以公正的科学方法探究经济关系，尤其害怕

---

① 杜晶. 企业本质理论及其演进逻辑研究 [J]. 经济学家, 2006（1）: 115 – 120.
② 马克思. 资本论（第1卷）[M]. 北京: 人民出版社, 1975: 362.

对潜藏在商品交换行为下的社会关系展开研究。其结果是，与马克思从社会关系的角度对企业的内在本质进行深入分析不同，新古典经济学的黑箱理论只从外部研究企业的投入产出关系，而对企业为什么存在、由什么决定其规模以及其内部的组织结构、运行机制和制度安排等与企业本质相关的因素未进行深入剖析。

3.1.1.2 "交易成本"逻辑

一般认为，企业本质的交易成本逻辑源于科斯（R. Coase）的经典论文《企业的性质》。在《企业的性质》第Ⅱ部分，科斯否定了企业生存的新古典主义完全竞争环境，认为市场的运行是有成本的，通过形成一个组织，并允许某个权威（一个"企业家"）来支配资源，就能节约某些市场运行成本，当存在企业时，某一生产要素或他的所有者与企业内部同他合作的其他一些生产要素签订一系列的契约的数目大大减少了，是用"一个契约代替一系列契约"，用"一个长期契约代替一些短期契约"①，因此企业是市场的替代物。沿着科斯的思想路径，威廉姆森（O. Williamson）、格鲁斯曼（S. Grossman）、哈特（O. Hart）、张五常、阿尔钦和德姆塞茨等都是以交易成本的节约来解释企业存在的本质与意义，强调企业内部交易对于企业外部行为活动的重要意义，突出企业的"契约"本质，"他们把人们之间所有的关系都归结为契约关系，企业于是便成为'契约的集合'"②。

只是，企业本质的交易成本逻辑本身存在逻辑问题：①企业科层组织形式和交换的契约安排先于市场定价存在，而不是科斯认为的那样，市场定价是先于企业而存在的。②如果企业是市场的"替代者"，就应该"此消彼长"，但现实中，随着企业的增加，契约越来越广泛地存在于个体之间、组织之间、个体与组织之间，市场与企业是同步扩张的，因此，契约本身可能只是企业的一部分，而不是"替代工具"，换句话说，如果企业产生的原因是为了降低交易成本，那么就会产生一个悖论：随着企业的增加，人类社会的总交易成本应该越来越低才对，但现实中却是越来越高。③科斯所设计的"市场购买"与"建立企业生产"二选一的命题本身暗含着一个假定，就是如果不选择"建立企业生产"选项，至少在市场上这种产品在技术上是能够生产出来的，那么，是不是存在另外一个"已经存在"的企业呢？因为从人

---

① R. H. Coase. The Nature of the Firm [J]. Journal of law, Economics and Organization, 1988 (4).

② 吴宣恭. "企业契约论"对企业本质的歪曲 [J]. 高校理论战线, 2005 (11)：23-28.

类社会的发展实践来看,很多的产品不经过企业或其他生产组织是没有办法生产出来的。这不得不让人怀疑,科斯是在用"已经存在"的企业来证明"企业的产生",逻辑上存在"同义反复"。④如果企业的产生是因为"企业的边际交易成本小于市场的边际交易成本",企业的范围由"企业的边际交易成本等于市场的边际交易成本所决定",那么,企业衰亡的原因是什么呢?因为现实中,人们发现企业衰亡不是因为"企业内部的交易成本",而是因为"没有做对市场"。

3.1.1.3 "综合"逻辑

鉴于生产单元逻辑与交易成本逻辑存在的局限性,国外以"利益相关者"理论为代表,国内以王胜强与朱富强、杜晶等学者为代表试图将二者结合起来,综合考虑企业的性质①。他们的共同点是认为企业在本质上是兼具"生产"与"交易"双重属性的,从企业的生产属性看,企业的本质是具有生产能力的生产单元,从企业的交易属性看,企业的本质对市场价格机制的替代,是不同于市场的一组契约。

这种"综合"的观点,看似全面,但实际上误导了对企业本质的认识。如图 3-1 所示,本质是指"事物存在的根据",通过事物本质可以知道这个事物在整个事件中的作用和运作规律,它包含在属性当中,但其范围要比属性小得多。企业兼具生产与交易双重属性是没有错的,但不能因此看不到生产对交易的决定作用,没有生产,就不会存在交易,而不是相反。正如吴宣恭所揭示的那样,"企业内部的确存在着契约关系,但企业不仅仅是契约的集合体。仅用契约关系或要素交易契约关系,哪怕是像科斯那样点到劳动力契约,都无法全面描绘企业的关系,更无法认识企业的本质。因为要素买卖契约的签订只不过是企业运行的一个前提条件,除此之外,企业还有更基本的功能,它的内部关系远比要素买卖丰富和复杂得多"②。

3.1.2 自由、契约与企业:三者关系的一个简要总括

由于严格遵循个体主义方法论,所以,只有在社会"原子化"的哲学层面上,科斯的"企业契约论"才能得到合理解释。这一"语境"在《企业的

---

① 杜晶. 企业本质理论及其演进逻辑研究 [J]. 经济学家,2006 (1):115-120;王胜强、朱富强. 企业的性质:一个综合的观点 [J]. 西北大学学报,2002 (2):29-32.
② 吴宣恭. "企业契约论"对企业本质的歪曲 [J]. 高校理论战线,2005 (11):23-28.

第3章 企业与合作生产

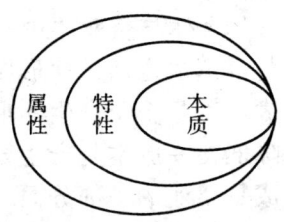

图3-1 事物的本质

性质》一开篇就被反复提及:"一位经济学家视经济体系由价格机制协调,同时社会不再是组织,而变成一个有机体。"又说:"鉴于人们认为价格机制能够进行协调这一事实,为什么又需要组织呢?"[①] 由此可见,科斯是把"社会不再是组织"、"生产是由价格机制协调"当成一个既定假设,再在这个既定假设基础上探求组织(企业)存在的原因。换句话说,科斯回答的其实是:如果在社会"原子化"形态中存在一个无所不能的"市场",使得人们不需要考虑产品如何才能生产出来,而只需要考虑交易成本,市场中的微观主体为什么会选择企业?而不是后来人们实质探讨的"人类社会为什么会产生和存在企业",前者回答的是虚拟语境下的企业属性或特性,后者回答的才是企业的本质。

如果将语境提升到"人类社会",而不是科斯虚拟语境下的那个无所不能的"市场",企业产生和存在的原因就与科斯所说的完全不一样了。鉴于科斯在其文章中将"组织(Organization)"与"企业(Firm)"替代使用,在一定程度上将组织与企业默认为相同,我们不妨从人类社会组织产生和存在的原因来理解企业产生的原因。在前面的分析当中,我们已经论证了"个体—组织"的辩证统一关系,人们之所以愿意以自由福利减损为代价加入组织,是因为他们能够从组织中获得合作剩余。因此,从这一意义上来讲,能够创造合作剩余是企业产生的原因,而参与者都能够获得至少能弥补各自的自由福利减损的合作剩余既决定了企业的范围,也是企业可持续存在的基础。

接下来的问题是:企业如何构建?或者说,人们通过何种方式才能构建起一个企业?答案是通过一系列契约来实现。契约的公平性可以为参与者在合作剩余分配与自由福利减损之间找到平衡点,以充分发挥人的主观能动性,使企业良性地发展,一旦现有的契约未能找到这个平衡点,或者企业的发展导致现有的平衡点被打破,则必须产生新的契约,否则就有可能导致企业的

[①] R. H. Coase. The Nature of the Firm [J]. Journal of law, Economics and Organization, 1988 (4).

衰亡。契约所处的位置也符合其个体与企业"中介"的特点：在契约形成之前，是自由选择的个体，在契约形成之后，便形成了企业。契约的订立当然需要交易成本，但降低交易成本不是企业产生的根本原因，企业产生的根本原因只能是创造合作剩余，降低交易成本是产生合作剩余的充分条件，但不是必要条件，如果将契约看成是企业的一部分而不是全部，这一点就更加明显了。

3.1.3 企业本质上是创造合作剩余的经济组织

从人类社会发展的角度看，组织人们进行合作生产，创造合作剩余来提升人们的生存福利，才是企业的本质。其实，已经有不少学者将企业的本质与合作剩余的创造相联系，但是，一方面，一些学者对企业创造合作剩余的内在机理并不十分清楚，导致相关分析自身含混不清，使结论缺乏足够的说服力；另一方面，还有一些学者由于没有厘清契约和企业的关系，最终"回归"到交易成本逻辑的"老路"。我们认为，企业创造合作剩余源于两个方面，一是分工，二是企业成长。

3.1.3.1 分工创造的合作剩余

分工与合作是对立统一的两个方面，因此，在很大程度上，分工就是合作，合作就是分工。为了分析的简便，我们先考虑最为简单的"2×2"企业生产结构所创造的合作剩余，即假设企业由两个人组成（用下标 $i = 1,2$ 表示），通过两道工序（用下标 $j = x,y$ 表示）生产某一产品。在没有形成企业之前，两个人的生产函数分别为：

$$Q_1 = f(l_{1x}, l_{1y}) = min\{\alpha_{1x}l_{1x}, \alpha_{1y}l_{1y} \mid l_{1x} + l_{1y} \leq 1\} \quad (3.1)$$

$$Q_2 = f(l_{2x}, l_{2y}) = min\{\alpha_{2x}l_{2x}, \alpha_{2y}l_{2y} \mid l_{2x} + l_{2y} \leq 1\} \quad (3.2)$$

其中，l_{ij} 表示第 i 个人用于 j 工序的时间份额，a_{ij} 表示第 i 个人从事 j 工序生产的效率，用固定比例生产函数表示两道工序必须都完成才能实现产品的生产，$l_{ix} + l_{iy} \leq 1$ 为时间约束，表示任何一个人用于两道工序的时间之和不可能超过其工作时间限度。进一步假设第 1 个人从事 x 工序更有效率，因此有 $\alpha_{1x} > \alpha_{1y}$，第 2 个人从事 y 工序更有效率，因此有 $\alpha_{2y} > \alpha_{2x}$。如图 3-2 所示（其中 $L_x = \alpha_{1x}l_{1x} + \alpha_{2x}l_{2x}$；$L_y = \alpha_{1y}l_{1y} + \alpha_{2y}l_{2y}$），A、B、C、D 四点分别为（$\alpha_{1x}$, 0）、（0, α_{1y}）、（α_{2x}, 0）、（0, α_{2y}），表示两个人分别将所有的时间用来从事其中一个工序时的生产技术选择。在企业形成之前，AOB、COD 分别表示两人的生产可能性集。理论上，他们可以分别选择对应生产可能性集中的任何一点进行生产，但在生产最大化原则下，第 1 个人会选择 AB 曲线上的点（$\alpha_{1x}\alpha_{1y}/(\alpha_{1x} + \alpha_{1y})$，$\alpha_{1x}\alpha_{1y}/(\alpha_{1x} + \alpha_{1y})$）进行生产，此时 $Q_1 = \alpha_{1x}\alpha_{1y}/(\alpha_{1x} + \alpha_{1y})$；而第 2 个人会选择 CD 曲线上的点（$\alpha_{2x}\alpha_{2y}/(\alpha_{2x} + \alpha_{2y})$，$\alpha_{2x}\alpha_{2y}/(\alpha_{2x} + \alpha_{2y})$）进行生产，此时 $Q_2 = \alpha_{2x}\alpha_{2y}/(\alpha_{2x} + \alpha_{2y})$。因此，在没有分工合作的情况下，两个人的总产出为：

$$Q = Q_1 + Q_2 = \alpha_{1x}\alpha_{1y}/(\alpha_{1x} + \alpha_{1y}) + \alpha_{2x}\alpha_{2y}/(\alpha_{2x} + \alpha_{2y}) \tag{3.3}$$

在图 3-2 中，EOG 表示两个人加总的生产可能性集，决定 Q 产量的时间安排正好处于 EG 曲线上，坐标为（$\dfrac{\alpha_{1x}\alpha_{1y}}{\alpha_{1x} + \alpha_{1y}} + \dfrac{\alpha_{2x}\alpha_{2y}}{\alpha_{2x} + \alpha_{2y}}$，$\dfrac{\alpha_{1x}\alpha_{1y}}{\alpha_{1x} + \alpha_{1y}} + \dfrac{\alpha_{2x}\alpha_{2y}}{\alpha_{2x} + \alpha_{2y}}$）。

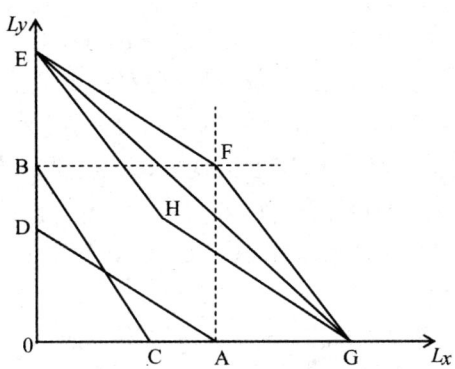

图 3-2　"2×2" 企业合作剩余的创造

在形成企业之后，两个人之间将会出现分工，EHGF 构成了企业组建之后的生产可能性集。从图形上看，EHG 处于 EG 的下方，说明合作剩余为负，原因在于有人选择从事效率更差的工序进行生产，其中 EH 表示第 1 个人选择从事 y 工序的生产，HG 表示第 2 个人选择从事 x 工序的生产，H 点（α_{2x}，α_{1y}）代表两个人都选择了效率更差的工序进行生产；相应地，EFG 处于 EG 的上方，此时合作剩余为正，原因在于有人选择从事更有效率的工序进行生产，其中 EF 表示第 1 个人选择从事 x 工序的生产，FG 表示第 2 个人选择从事 y 工序的生产，F 点（α_{1x}，α_{2y}）代表两个人都选择了更有效率的工序进行生产。

当然，企业较为"合理"的分工是选择在 EFG 生产可能性集中进行生产，此时，合作剩余为正，每个人都有可能获得合作剩余用以弥补各自的自由福利减损,而相反,在 EHG 生产可能性集中进行生产,意味着总有人无法获得弥补其自由福利减损的合作剩余,这样的企业将是不稳定的,如果不能有效地优化分工,企业必然破产。同时,在最大化原则下,两个人都是完全的劳动投入,则在不同的比较优势情况下,均衡点将分别出现于 EF、F 点、FG:

第一种情况:当 $(\alpha_{1x} - \alpha_{1y})/\alpha_{1x} > (\alpha_{2y} - \alpha_{2x})/\alpha_{2y}$ 时,说明第 1 个人从事 x 工序生产比第 2 个人从事 y 工序生产具有更高的比较优势,第 2 个人将完全从事 y 工序生产,均衡生产将出现在 EF 上,并且 $(\alpha_{1x} - \alpha_{1y})/\alpha_{1x} - (\alpha_{2y} - \alpha_{2x})/\alpha_{2y}$ 越大,均衡生产离 E 点越近;越小,均衡生产离 F 点越近。

第二种情况:当 $(\alpha_{1x} - \alpha_{1y})/\alpha_{1x} = (\alpha_{2y} - \alpha_{2x})/\alpha_{2y}$ 时,第 1 个人从事 x 工序生产与第 2 个人从事 y 工序生产具有相同的比较优势,均衡生产将出现在 F 点上,此时实现了完全的分工,企业产出为 $Q^f = a_{1x} = a_{2y}$。

第三种情况:当 $(\alpha_{1x} - \alpha_{1y})/\alpha_{1x} < (\alpha_{2y} - \alpha_{2x})/\alpha_{2y}$ 时,说明第 2 个人从事 y 工序生产比第 1 个人从事 x 工序生产具有更高的比较优势,第 1 个人将完全从事 x 工序生产,均衡生产将出现在 FG 上,并且 $(\alpha_{2y} - \alpha_{2x})/\alpha_{2y} - (\alpha_{1x} - \alpha_{1y})/\alpha_{1x}$ 越大,均衡生产离 G 点越近;越小,均衡生产离 F 点越近。

三种情况都会产生合作剩余使得 $Q^f > Q$,① 因此,在不考虑其他情况的前提下,我们可以用产量增加来衡量"2×2"企业生产结构创造的合作剩余:$CS_{2\times 2} = Q^f_{2\times 2} - (Q_1 + Q_2)$。

可以将结论推广至"n×m"企业生产结构(即一个企业中有 n 个人参与分工合作,一共要完成 m 道工序)。"n×m"企业生产结构创造的合作剩余为:$CS_{n\times m} = Q^f_{n\times m} - \sum_{i=1}^{n} Q_i$。

3.1.3.2 企业成长创造的合作剩余

企业的成长往往伴随着企业熟能生巧的内生分工发展、规模扩张的外生分工发展以及由于分工深化导致的技术进步,这些都会为企业创造更多的合作剩余。

---

① 三种情况都可以通过计算证明合作剩余的产生,其他两种情况的证明较为复杂,有需要的读者可与笔者联系,这里重点证明完全分工情况下合作剩余的存在:$Q^f - Q = \frac{\alpha_{1x} + \alpha_{2y}}{2} - (\frac{\alpha_{1x}\alpha_{1y}}{\alpha_{1x} + \alpha_{1y}} + \frac{\alpha_{2x}\alpha_{2y}}{\alpha_{2x} + \alpha_{2y}}) = \frac{\alpha_{1x}(\alpha_{1x} + \alpha_{1y}) - 2\alpha_{1x}\alpha_{1y}}{2(\alpha_{1x} + \alpha_{1y})} + \frac{\alpha_{2y}(\alpha_{2x} + \alpha_{2y}) - 2\alpha_{2x}\alpha_{2y}}{2(\alpha_{2x} + \alpha_{2y})} = \frac{\alpha_{1x}(\alpha_{1x} - \alpha_{1y})}{2(\alpha_{1x} + \alpha_{1y})} + \frac{\alpha_{2y}(\alpha_{2y} - \alpha_{2x})}{2(\alpha_{2x} + \alpha_{2y})} > 0$,证毕。

（1）熟能生巧。随着企业存续时间的推移，企业的参与人能够通过专业化分工的实践过程积累经验，"这个经验不仅能够避免过去所犯的错误，而且可以通过基于熟能生巧的专业化分工来加强全社会的学习能力"[①]。其结果是，熟能生巧会导致内生分工发展，使合作效率进一步提高，创造更多的合作剩余。仍然以"2×2"企业生产结构为例，两个方面能够产生熟能生巧效应：一方面是在熟能生巧产生之前若存在不完全分工，$(\alpha_{1x} - \alpha_{1y})/\alpha_{1x}$ 与 $(\alpha_{2y} - \alpha_{2x})/\alpha_{2y}$ 之间较大的差距可能导致分工远离 F 点，但在熟能生巧使 α_{1x} 与 α_{2y} 不断增长的情况下，假定 α_{1y} 与 α_{2x} 不变，则 $(\alpha_{1x} - \alpha_{1y})/\alpha_{1x}$ 与 $(\alpha_{2y} - \alpha_{2x})/\alpha_{2y}$ 之间的差会越来越趋向于 0，分工会越来越接近 F 点，产生内生分工深化的熟能生巧效应；另一方面是 α_{1x} 与 α_{2y} 的不断增长本身会导致 F 点不断外推，产生效率增进的熟能生巧效应。

（2）规模扩张。在不考虑技术进步的情况下，随着参与人数增多以及工序的增加，企业内部的分工会越来越细，更多的人会专注于从事最具生产效率的工序，从而产生分工的"规模经济效应"，创造更多的合作剩余。

（3）技术进步。按照新古典经济学的观点，技术进步是外生的，或者说是研发（R&D）投入的产出。但是，古典经济学认为新机器的发明和使用是由分工网络的规模和相关的市场范围决定的，因此，分工被认为是推动社会技术进步的更深层次的原因。现实中，我们确实看到了由于分工深化带来的技术进步：一方面，参与人由于专业化于某一项具体的工作程序，而带来的生产效率的提高；另一方面，深度分工引起新机器的发明和使用，多人合作也使得复杂技术被采用成为可能，从而引致新行业的出现和生产迂回度的提高。技术进步在提高了生产效率的同时，也必然推进分工的进一步发展，从而创造出更多的合作剩余。

总之，分工能够创造合作剩余是企业产生的条件，并且，企业要发展壮大，必须以合作剩余不断增长为前提。因此，企业的本质是创造合作剩余的经济组织，不论企业处于何种状态，企业的这一本质都不会改变。

转型国家的国企改革或许为理解企业本质提供了一个较好的证据：苏联、东欧国家的国有企业在"休克疗法"的改革实施路径下，被迅速地推入市场，但由于没有能力创造出足够多的合作剩余（林毅夫称其为"自生能力"），被推入市场的国有企业陷入了发展困境。在这里，国有企业难以融入市场，不是市场的契约条件不够好，而是国有企业缺乏创造足够多的合作剩

[①] 杨小凯. 经济学——新兴古典与新古典[M]. 北京：社会科学文献出版社，2003：429.

余的能力,说明契约虽然是企业产生和发展的条件,但企业的生产始终具有决定意义。

让企业回归生产本质,目的并不是否定科斯将交易费用纳入经济分析框架,使整个西方微观经济理论发生深刻的、极具意义的变化的伟大思想,而是希望在新自由主义经济学出现困惑的今天,能从经济学的本源中找到突破口。经济学需要一定程度地回归斯密和马克思,运用"个体—组织"对立统一方法论对企业本质进行探讨,至少在以下两个方面具有一定价值:

第一,将分工合作纳入企业理论分析当中,使企业理论能够更好地容纳报酬递增思想,从而更好地认识企业作为经济组织的作用。科斯的企业契约理论之所以大行其道,一个重要原因是拟合了新古典经济学基于"经济物理学"报酬递减的理论假设及其所论证的"看不见的手"的市场自由主义思想。但这种对分工、技术进步引致的报酬递增的舍弃显然背弃了人类社会发展的精华,如果我们将企业的本质回归生产,将契约看成是发展的条件,"经济生物学"报酬递增的思维便可以重回企业组织的理论视野。

第二,将个体与组织纳入一个对立统一的分析框架中,可以促进经济学研究体系的发展。人有两大基本追求:生存和自由。人的基本福利也就相应地包含生存福利与自由福利,二者的最佳结合点即为幸福最大化点。在笔者看来,人的生存福利水平源自参与社会组织获得的合作剩余的可能,人的自由福利水平源自非受强制的状态与参与组织的选择能力。一个有意思的事情是,由于受社会"原子化"哲学思维的误导,新古典主义号称自由主义,却未能真正地将自由本身纳入其分析框架,而是在物质主义分析的基础上用市场自由(契约自由)来代替"人"对自由的追求。如果我们将企业的本质回归生产,在对立统一的哲学层面上,将契约看成是平衡生存和自由的重要工具,经济学的研究视野将更为宽广。

3.2 企业的形成与发展

在新古典经济学的模式中,企业只是一个外生给定的"黑箱",这种企业外生的理论根本无法解释企业的兴衰,也无法说明企业制度本身的经济含义,对围绕企业发生的种种经济现象,如企业规模变化、企业核心竞争力、产业组织、电子商务等,则更是无从解释。杨小凯批评了新古典分析框架的企业外生给定假设,认为马歇尔做了一个非常不现实的假定,即社会分为两类人，一类是不事生产的纯消费者，另一类是不做消费决策的纯生产者，每个人不能选择其专业化水平，每个消费者必须从市场上购买一切产品，即分工水平和市场化程度是外生给定的，每个厂商必须在市场上卖出一切产品，厂商的存在也是外生给定的。于是，在这一假定下，主流经济学研究的重心，就从古典的经济组织问题转向了给定组织框架下的资源分配问题，从而偏离了社会经济发展的本质。

杨小凯将斯密的劳动分工论与科斯的交易费用理论结合起来，建立了企业分析的"斯密—科斯"框架。杨小凯和黄有光在新兴古典框架下发展的间接定价理论，在分工和专业化思想的统一内核下，将经济增长和企业制度等现象同时内生，不仅打开了斯密和杨格等人的理论中关于企业制度的"黑箱"，而且在科斯和张五常等人企业理论的基础上充分展现了企业制度之于经济增长的含义。"斯密—科斯"框架中，企业并不是外生给定的，而是从分工中内生的。企业组织是人们出于自利目的而选择的一种制度。企业制度之所以出现，是因为它能促进分工的发展，提高人们的真实收入（也即生产力水平）。企业制度是组织分工的一种特殊方式。它可能作为人们选择其专业化水平和组织交易的模式的结果而出现。如果劳动力的交易费用系数小于中间商品的交易费用系数，则企业制度会被选择来组织分工及促进经济发展，此时商品的交易和定价被相应的劳动力的交易和定价所取代。但是，仅仅是劳动力交易取代商品的交易还不足以构成企业。企业制度实际上是基于分工的一种交易结构，它必须满足三个条件，即不对称控制权、不对称剩余收益权以及雇主雇人生产是为了销售[1]。

"所谓新兴古典经济学，就是运用超边际分析的方法，将被新古典经济学遗弃的古典经济学的灵魂在一个现代躯体中复活。它比新古典经济学的思想更古老，但却比新古典经济学的身躯更年轻。新兴古典经济学并不是一场经济学的革命，而是在一个新的分析框架下，将现代经济理论进行重新组织，去掉新古典微观经济学中消费者与生产者绝对分离的假定，抛弃规模经济而改用专业化经济的概念，并考虑各种交易费用的一般均衡意义。"[2] 正是新兴古典经济学的这一立场，使得杨小凯认为经济发展的关键是劳动分工的演进，这一演进是由交易效率决定的，而宪政制度是减少国家机会主义造成的内生

---

[1] 张永生. 厂商规模无关论——理论与经济证据[M]. 北京：中国人民大学出版社，2003：157-158.

[2] 张永生. 厂商规模无关论——理论与经济证据[M]. 北京：中国人民大学出版社，2003：151.

交易费用的关键。因此，在他看来，发展中国家首先要做个学习先进制度的好学生，要以尊重专利、保护私人知识产权和私人企业剩余权为本，并在政治上实施英美的共和宪政体制，在一个"好"的制度中，私人企业家是有足够动力购买和利用发达国家技术的。而相反，如果发展中国家倾向于模仿发达国家的技术和管理而不去模仿其制度，虽然可以使发展中国家的经济在短期内获得快速增长，但会强化国家机会主义，给长期增长留下许多隐患，甚至使长期发展变为不可能[1]。

虽然杨小凯在批判新古典经济学企业外生假设的基础上强调了企业的内生性，但其分析结论还是与科斯一样建立在一个"无所不能的市场"之上。事实上，在市场发展的不同阶段，市场的能力是不一样的：一方面，任何人不要想当然地认为在一个社会的工业化发展之初，市场能很好地解决问题；另一方面，在全球化的经济背景下，市场的能力受到诸多局限，发展中国家的厂家不能企望发达国家主动供给一个大市场，而必须在国内创造市场，同外国的产品进行竞争。如果抛弃"无所不能的市场"假设，人们会发现企业的形成与发展是一个非常复杂的事情，很多时候，需要借助于政府力量来解决这一问题。

尽管如此，杨小凯关于企业形成的组织分析框架仍然具有不容置疑的高学术价值，特别是他的间接定价理论为企业的形成与发展确立了一个很好的分析模型。本书关于企业产生的分析，就建立在对间接定价理论模型进行扩展的基础上。

3.2.1 间接定价理论模型及其理论扩展

间接定价理论模型是由杨小凯和黄有光在科斯关于"企业是市场的替代"和张五常关于"企业是劳动市场对中间产品市场的一种替代"的思想基础上发展出来的。这一理论模型假定有很多天生相同的消费者—生产者，在这些消费者—生产者决策之前不存在企业，企业制度作为一种特殊的组织分工交易的形式，它的出现是个人选择其专业化水平和组织交易决策的一种后果。

杨小凯和黄有光假定，每个人都可以从事两种有专业化经济的活动，一种是生产最终产品的活动，另一种是生产中间产品的活动。人们用资源生产

---

[1] Jeffrey Sachs，胡永泰，杨小凯. 经济改革和宪政转轨 [J]. 经济学（季刊），2003（3）：961-988.

没有直接效用的中间产品，一定是因为中间产品的使用可以提高最终产品的生产效率，这是一种迂回经济效果。关于最终产品和中间产品生产如何组织，这一理论模型包含如图3-3所示的自给自足、产品市场组织、中间产品生产者享有剩余权利的企业组织、最终产品生产者享有剩余权利的企业组织四种结构。

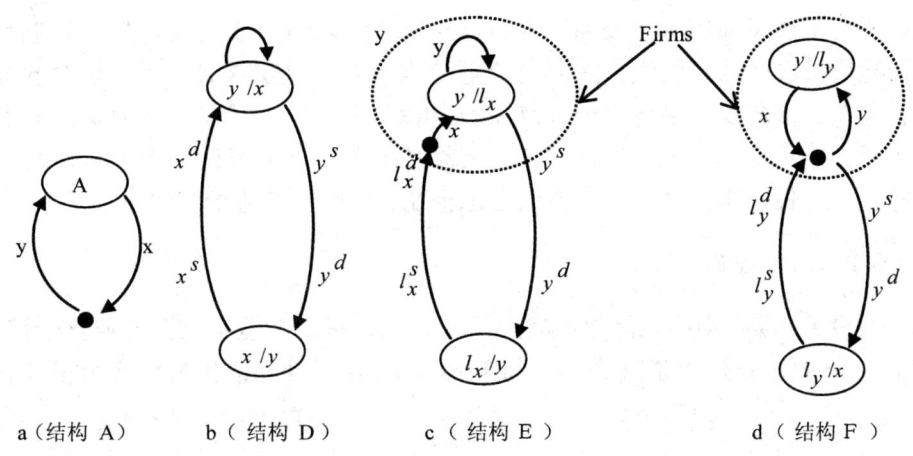

图3-3 最终产品和中间产品组织的四种结构

图3-3中的结构E（中间产品生产者享有剩余权利）与结构F（最终产品生产者享有剩余权利）就描述了企业如何在分工演进中出现，在这里，当劳动的交易成本系数小于产品的交易成本系数时，企业制度将被用来组织分工，此时产品的交易和定价被相应的劳动交易和定价所替代。其中，结构F比结构E要有效率得多，因为结构F只涉及交易效率较高的产品和劳动的买卖，而不涉及生产管理知识这类交易效率较低的劳动的买卖。企业与非对称剩余权利可以将交易效率相对低的活动卷入分工，以避免对这类活动的投入产出直接定价所形成的高昂交易费用，这类活动价值的大小由剩余收益来反映。这就是间接定价理论，这种理论认为企业是间接定价的工具。

只是，由于没有认清企业的生产本质，杨小凯和黄有光的间接定价理论没有考虑两个组建企业进行生产的重要前提条件，一个是技术条件，另一个是合作剩余产生的条件。如果说，在工业经济已经高度发展的今天，将一般企业形成的"技术条件"视为外生给定并不会影响分析结果的话，那么，没有考虑合作剩余生产过程中的风险问题则难以与现实相符，换句话说，杨小凯和黄有光的间接定价理论仍然只是考虑了企业是如何替代市场及最终的合作剩余是如何分配的,并没有完整地考虑企业合作剩余产生的真实过程以及在合作剩余生产目标下企业如何形成。

因此,假定社会的生产力已经达到了企业产生的条件,即通过企业生产合作剩余在技术条件上是没有问题的,那么,影响人们考虑建立企业的关键因素将是市场风险,这种风险可能会导致潜在的合作剩余没有办法实现,如果是这样,人们就不会选择去建立一个企业。因此,在考虑企业的形成过程中,需要引入风险因素。奈特(Knight,1921)认为企业制度就是一种典型的风险交换和分摊的组织,间接定价理论也包含了这层含义,因为剩余收益的正与负、多与少,最终要经过市场的"惊险跳跃"来确证,享有剩余权利的人承担了风险[①]。因此,接下来,笔者将在间接定价理论模型中考虑交易风险,对其做适当扩展,以完整地考虑企业合作剩余产生的真实过程。

3.2.1.1 理论假设

假设1:存在最终产品与中间产品的分工,每个专业都存在专业化经济。设 y、y^s、y^d、p_y 代表最终产品(如粮食)的自给量、销售量、购买量和价格,x、x^s、x^d、p_x 代表中间产品(如管理知识)的自给量、销售量、购买量和价格。

假设2:有 M 个事前相同的消费者—生产者,每个人有 1 单位的劳动资源禀赋。设 l_y、l_x 代表生产最终产品和中间产品的劳动投入份额,即生产的专业化水平。

假设3:存在交易费用。对购买者而言,如果不考虑与合同有关的任何成本,设 $1-k$、$1-t$ 分别为最终产品与中间产品的冰山交易系数,则 k 代表最终产品的交易效率,t 代表完成中间产品交换的交易效率。其中 k、t 与基础设施条件、城市化程度、运输条件和一般性的制度环境等有关。

假设4:存在购买生产中间产品劳动的交易风险。即生产最终产品的人面临着可能买不到生产中间产品劳动的风险,这种风险与一个社会的智识状态及生产中间产品劳动的交易效率 s 密切相关。如果买到生产中间产品的劳动,则最终产品生产可以顺利进行;如果买不到生产中间产品的劳动,则最终产品生产为 0,否则,就会退回至结构 A。设买到生产中间产品劳动的概率为 μ_{l_x},买不到生产中间产品劳动的概率为 $1-\mu_{l_x}$。

假设5:存在销售最终产品的交易风险。在现实生活中,最终产品和中

[①] Knight, F.. Risk, Uncertainty and Profit [M]. Chicago: Hart, Shaffner and Marx, 1921.

间产品交易都存在风险,这里为了使问题分析简化,同时又不影响分析结果,假定只有销售最终产品存在市场风险(这与一般企业的生产决策依据相符)。即生产最终产品的人面临产品可能卖不出去的风险,这种风险与市场需求及其交易效率密切相关。假设生产者面临的是完全竞争性市场,因此单个厂商只是价格的接受者,当单个厂商的平均生产成本与交易成本之和超过市场价格时,其销售量为0,并导致其最终产品生产为0,否则,就会退回至结构A;当单个厂商的平均生产成本与交易成本之和等于或低于市场价格时,其可以销售的数量可以是任意商品数量。设卖出最终产品的概率为 μ_y,卖不出最终产品的概率为 $1-\mu_y$。

假设6:劳动的交易效率考虑了组织成本的影响。通过企业形式组织的生产,没有产品交易风险,但有劳动的道德风险,为此需要支付一定的组织成本,假设这已包含在以 r、s 分别代表的生产最终产品、中间产品的劳动的交易效率中。

假设7:生产过程符合文定理①。每个人最多卖一种产品;不买并自给同种产品;如果他卖消费品,则他同时自给该消费品;除非他自给自足所有产品,否则他不自给中间产品。

3.2.1.2 基本方程

根据假设条件,可以设每个消费者—生产者有如下涉及迂回生产经济的效用函数和生产体系:

$$u = y + ky^d \qquad (3.4)(效用函数)$$

s. t.
$$y + y^s = (x + tx^d)^a l_y^a \qquad (3.5a)(生产 y 的专家的生产条件)$$
$$x + x^s = l_x^b \qquad (3.5b)(生产 x 的专家的生产条件)$$
$$l_x + l_y = 1 \qquad (3.6a)(禀赋约束)$$
$$l_{xd} = (\mu_{lx}, 1 - \mu_{lx}; R^+, 0) \qquad (3.6b)(购买到 l_x 的概率)$$
$$y_s = (\mu_y, 1 - \mu_y; R^+, 0) \qquad (3.6c)(卖出 y 的概率)$$

其中,a 和 b 是生产条件参数,a 为生产 y 的迂回经济程度和专业化经济程度参数,b 为生产 x 的专业化经济程度参数,且 $a \in (0.5, 1)$,$b > 1$。$x + tx^d$ 是用于生产最终产品的中间产品数量。这一数量以及雇用的劳动数量的指数加权平均数 $(x + tx^d)^{1/2} l_y^{1/2}$,被称为 y 的全要素投入。产出 $(y + y^s)$ 对全要素

---

① 关于有中间产品的文定理的具体证明,参见:杨小凯. 经济学:新兴古典与新古典框架[M]. 北京:社会科学文献出版社,2003:155.

投入的比率称为全要素生产率（TFP），给定 TFP $= (x+tx^d)^{2a} l_y^{2a}$。当 $a > 0.5$ 时，TFP 将随着中间产品 x 的使用数量以及生产产品 y 的专业化水平的提高而提高。

3.2.2 企业形成的条件

根据有中间产品的文定理与建立企业的可能性，结合图 3-3，最终产品和中间产品组织有四种基本结构：①结构 A（自给自足），如图 3-3（a）所示。②结构 D，由 (x/y) 和 (y/x) 组成（符号 x/y 表示生产—消费者卖 x 买 y，在本书中这类符号都以此类推），一部分人专门生产中间产品，另一部分人专门生产最终产品，在没有企业和相关劳动力市场的情况下，人们以产品换产品，如图 3-3（b）所示。③结构 E，由 (l_x/y) 和 (y/l_x) 组成，表示生产最终产品 y 的专家雇用工人在企业内专门生产中间产品 x，然后生产并出卖最终产品给生产中间产品的专家，如图 3-3（c）所示。④结构 F，由 (l_y/y) 和 (y/l_y) 组成，表示生产中间产品 x 的专家雇用生产最终产品 y 的工人组成企业，用中间产品生产最终产品，工人生产并购买最终产品，如图 3-3（d）所示。

由于本节的重点是考察企业形成的条件，为了使问题简化，可以假设其是最终产品生产专家基于效用最大化在自给自足（结构 A）、参与市场分工（结构 D 中的结构 (y/x)）、组建企业（结构 E 中的结构 (y/l_x)）三种活动之间进行选择，而不考虑生产中间产品的专家雇用生产最终产品的工人组成企业（结构 F）的情形。

3.2.2.1 结构 A：自给自足

在此结构中，每人 $x^s = x^d = y^s = y^d = 0$，没有市场风险，每人的决策问题是：
$$Max u_A = y = x^a l_y^a = l_x^{ab}(1-l_x)^a$$
其解为：$l_x = b/(1+b)$，$l_y = 1/(1+b)$，$x = [b/(1+b)]^b$，
$$u_A = y = [b^b/(1+b)^{1+b}]^a$$
此时，结构 A 中人均真实收入 u_A 也是最终产品生产专家人均消费品产出。

3.2.2.2 结构 D：参与市场分工

此结构由 (x/y) 和 (y/x) 组成。对于结构 (x/y)，有 $x = x^d = y = y^s =$

$l_y = 0$,它的决策问题是:

$$Maxu_{Dx} = ky^d$$

s. t. $\quad x^s = l_x^b$

$\quad\quad l_x = 1$ （禀赋约束）

$\quad\quad P_x x^s = P_y y^d$ （预算约束）

其解为:$l_x = 1$,$y^d = p_x/p_y$,$u_{Dx} = kp_x/p_y$。

对于结构(y/x),有 $x = x^s = y^d = l_x = 0$,由于卖出最终产品存在市场风险,它的决策问题是:

$$MaxEu_{Dy} = Ey$$

s. t. $\quad l_y = 1$ （禀赋约束）

$\quad\quad P_y Ey^s = P_x Ex^d$ （预算约束）

且 $y + y^s = \begin{vmatrix} (tx^d)^a, & \mu_y \\ 0, & 1-\mu_y \end{vmatrix}$

其解为:$Ex^d = \mu_y(at^a p_y/p_x)^{1/(1-a)}$,$Ey^s = \mu_y(at^a p_y/p_x)^{1/(1-a)} p_x/p_y$,

$Eu_{Dy} = Ey = \mu_y(1-a)(atp_y/p_x)^{a/(1-a)}$。

由市场出清条件 $M_x x^s = M_y Ex^d$ 与 $M_x y^d = M_y Ey^s$、效用均等条件 $u_{Dx} = Eu_{Dy}$ 以及人口规模等式 $M_x + M_y = M$(M_x 与 M_y 是结构 D 中售卖产品 x 和 y 的人数),可以解出结构 D 的角点均衡,即:

相对价格为:$p_y/p_x = a^{-a}(1-a)^{(a-1)} t^{-a} \mu_y^{(a-1)} k^{(1-a)}$

专家人数为:$M_x = akM/(1-a+ak)$;$M_y = (1-a)M/(1-a+ak)$

人均真实期望收入为:$Eu_D = a^a(1-a)^{(1-a)}(\mu_y^{(1-a)/a} tk)^a$

3.2.2.3 结构 E：组建企业

此结构由(l_x/y)和(y/l_x)组成。对于结构(l_x/y),若生产中间产品的工人工资为 w,则工人的预算约束为 $p_y y^d = w l_x^s$,其中 $l_x^s = 1$ 为劳动供给,该工人效用为:

$$u_{Ex} = ky^d = kw/p_y$$

对于结构(y/l_x),生产最终产品的专家作为雇主,由于购买工人与卖出最终产品均存在市场风险,设 N、EN 分别为无风险与有风险条件下雇主雇用的工人数,$1-s$ 为每个劳动力雇用的交易成本系数,它的决策问题是:

$$MaxEu_{Ey} = Ey$$

s. t. $\quad l_y = 1$ （禀赋约束）

$x^s = (sl_x)^b \quad l_x = 1$ （生产 x 的专家的生产条件）

$x^d = \begin{vmatrix} Nx^s, & \mu_{l_x} \\ 0, & 1-\mu_{l_x} \end{vmatrix}$ （被生产和运用的 x 的数量）

$y + y^s = \begin{vmatrix} (x^d l_y)^a, & \mu_y \\ 0, & 1-\mu_y \end{vmatrix}$ （生产 y 的专家的生产条件）

$P_y E y^s = w E N l_x$ （预算约束）

其解为：$EN = (s^{ab} a p_y/w)^{1/(1-a)} \mu_{l_x} \mu_y$

$Ey^s = (s^{ab} a)^{1/(1-a)} (p_y/w)^{a/(1-a)} \mu_{l_x} \mu_y$

$Eu_{Ey} = (1-a)(s^b a p_y/w)^{a/(1-a)} \mu_{l_x} \mu_y$

假设选择 (y/l_x) 的人数为 M_y，则对劳动的市场需求为 $M_y EN$，产品 y 的市场供给为 $M_y Ey^s$。假设选择 (l_x/y) 的人数为 M_x，则对产品 y 的市场需求为 $M_x y^d$。由市场出清条件 $M_x x^s = M_y Ex^d$ 与 $M_x y^d = M_y Ey^s$ 以及效用均等条件 $u_{Ex} = Eu_{Ey}$，可以解出结构 E 的角点均衡，即：

相对价格为：$w/p_y = (\frac{1-a}{k})^{(1-a)} (s^b a)^a (\mu_{l_x} \mu_y)^{(1-a)}$

专家人数为：$EN = ak/(1-a)$

人均真实期望收入为：$Eu_E = (a)^a (1-a)^{(1-a)} (\mu_{l_x}^{(1-a)/a} s^b \mu_y^{(1-a)/a} k)^a$

综上所述，对于生产最终产品 y 的专家来说，选择自给自足（结构 A）、参与市场分工（结构 D）、组建企业（结构 E）三种不同情况下的人均真实期望收入如表 3-1 所示：

表 3-1 人均真实期望收入

结构	A	D	E
真实期望收入	$[b^b/(1+b)^{1+b}]^a$	$a^a(1-a)^{(1-a)} \cdot (\mu_y^{(1-a)/a} tk)^a$	$(a)^a(1-a)^{(1-a)} \cdot (\mu_{l_x}^{(1-a)/a} s^b \mu_y^{(1-a)/a} k)^a$

3.2.2.4 超边际比较静态分析

三个市场结构中的人均真实期望收入取决于交易效率 t、s、k，交易成功的概率 μ_{l_x}、μ_y 以及专业化经济程度 b 和迂回生产经济程度 a 的大小。假设生产最终产品 y 的专家是根据人均真实期望收入的比较来进行市场选择的，则可以根据不同的情况展开讨论。

第一种情况：生产最终产品的专家选择自给自足，有 $u_A > Eu_D$，且 $u_A > Eu_E$。得：

$$\mu_y < b^{ab/(1-a)}(1+b)^{a(1+b)/(a-1)}(atk)^{a/(a-1)}/(1-a)$$
$$k < \mu_y^{(a-1)/a}(1-a)^{(a-1)/a}b^b/ta(1+b)^{(1+b)}$$

且 $\mu_{l_x}\mu_y < b^{ab/(1-a)}(1+b)^{a(1+b)/(a-1)}(as^bk)^{a/(a-1)}/(1-a)$

$$k < \mu_{l_x}^{(a-1)/a}\mu_y^{(a-1)/a}(1-a)^{(a-1)/a}b^b/s^ba(1+b)^{(1+b)}$$

第二种情况：生产最终产品的专家选择参与市场分工，有 $Eu_D > u_A$，且 $Eu_D > Eu_E$。得：

$$\mu_y > b^{ab/(1-a)}(1+b)^{a(1+b)/(a-1)}(atk)^{a/(a-1)}/(1-a)$$
$$k > \mu_y^{(a-1)/a}(1-a)^{(a-1)/a}b^b/ta(1+b)^{(1+b)}$$

且 $\mu_{l_x} < (t/s^b)^{a/(1-a)} \quad t > s^b\mu_{l_x}^{(1-a)/a}$

第三种情况：生产最终产品的专家选择组建企业，有 $Eu_E > u_A$，且 $Eu_E > Eu_D$。得：

$$\mu_{l_x}\mu_y > b^{ab/(1-a)}(1+b)^{a(1+b)/(a-1)}(as^bk)^{a/(a-1)}/(1-a)$$
$$k > \mu_{l_x}^{(a-1)/a}\mu_y^{(a-1)/a}(1-a)^{(a-1)/a}b^b/s^ba(1+b)^{(1+b)}$$
$$\mu_{l_x} > (t/s^b)^{a/(1-a)} \quad t < s^b\mu_{l_x}^{(1-a)/a}$$

令 $k_1 = (1-a)^{(a-1)/a}b^b/ta(1+b)^{(1+b)}$
$k_2 = (1-a)^{(a-1)/a}b^b/s^ba(1+b)^{(1+b)}$

综合以上分析，则对于生产最终产品 y 的专家来说，选择自给自足（结构A）、参与市场分工（结构D）、组建企业（结构E）的均衡结构如表3-2所示。

表3-2 各种可能的均衡结构

t 和 s 的值	$s^b\mu_{l_x}^{(1-a)/a} > t$		$s^b\mu_{l_x}^{(1-a)/a} < t$	
k 相对于 r、t、s、a 的值均衡结构	$k > \mu_{l_x}^{(a-1)/a}\mu_y^{(a-1)/a}k_2$	$k < \mu_{l_x}^{(a-1)/a}\mu_y^{(a-1)/a}k_2$	$k > \mu_y^{(a-1)/a}k_1$	$k < \mu_y^{(a-1)/a}k_1$
均衡结构	E	A	D	A

接下来，可以根据表3-2的均衡结构展开讨论：

第一，$s^b\mu_{l_x}^{(1-a)/a} < t$、$k < \mu_{l_x}^{(a-1)/a}\mu_y^{(a-1)/a}k_2$ 与 $k < \mu_y^{(a-1)/a}k_1$ 表明，当劳动与产品交易效率足够低时，自给自足是全面均衡；$s^b\mu_{l_x}^{(1-a)/a} < t$ 与 $k > \mu_y^{(a-1)/a}k_1$ 表明，当考虑风险之后的劳动交易效率比中间产品的交易效率低，并且产品

的交易效率足够高时,参与市场分工是全面均衡的。

第二,$s^b\mu_{l_x}^{(1-a)/a} > t$ 与 $k > \mu_{l_x}^{(a-1)/a}\mu_y^{(a-1)/a}k_2$ 表明,只有当劳动交易效率与产品交易效率足够高时,企业才会生成。

第三,讨论 $s^b\mu_{l_x}^{(1-a)/a} > t$ 中的风险因素。由于 $a \in (0.5,1)$,因此有 $0 < (1-a)/a < 1$,并且 $0 < \mu_{l_x} < 1$,因此有 $\mu_{l_x} < \mu_{l_x}^{(1-a)/a} < 1$,假设 t 不变,在劳动市场存在交易风险的情况下,显然比劳动市场不存在交易风险的情况(只要求 $s^b > t$)需要更高的劳动交易效率,并且,劳动市场交易风险越大($1-\mu_{l_x}$ 越大),需要的劳动交易效率越高,这可以理解为需要劳动的交易效率来"弥补"其交易风险。并且,当劳动市场交易风险足够大,大到无论多高的劳动交易效率都不能"弥补"其交易风险时,企业的生成便与劳动的交易效率无关。

第四,讨论 $k > \mu_{l_x}^{(a-1)/a}\mu_y^{(a-1)/a}k_2$ 中的风险因素。由于 $a \in (0.5,1)$,因此有 $-1 < (a-1)/a < 0$,并且 $0 < \mu_{l_x} < 1$ 与 $0 < \mu_y < 1$,因此有 $1 < \mu_{l_x}^{(a-1)/a} < 1/\mu_{l_x}$ 与 $1 < \mu_y^{(a-1)/a} < 1/\mu_y$,假设其他条件不发生变化即 k_2 不变,在劳动市场与产品都存在交易风险的情况下,显然比无风险的情况(只要求 $k > k_2$)需要更高的产品交易效率,并且,劳动市场与产品交易风险越大即 $1-\mu_{l_x}$ 或 $1-\mu_y$ 越大,需要的产品交易效率越高,这可以理解为需要产品交易效率来"弥补"劳动与产品市场的交易风险。并且,当劳动或产品市场交易风险足够大,大到无论多高的产品交易效率都不能"弥补"其交易风险时,则企业的生成不受劳动与产品的交易效率的影响。

3.2.2.5 基本结论

从企业生成的角度看,如果不考虑劳动与产品的交易风险,则随着劳动与产品交易效率的提升,企业会在社会的分工演进中出现,在新古典主义经济学证明了市场"看不见的手"的有效性之后,市场机制理论被极力推崇,直至"撒切尔主义"[①]与"华盛顿共识"导致新自由主义在全球泛滥。可是,"自新自由主义在全球泛滥以来,世界经济增长不是加快了而是减速了。新

---

① 撒切尔主义是英国政治家玛格丽特·撒切尔的一套经济、社会、政策主张,也可描述她本人的行事风格。撒切尔夫人在 1975~1990 年任保守党党首,并在 1979~1990 年担任英国首相。所谓撒切尔主义是指撒切尔夫人上台后在保守党内出现的一股占统治地位的"新右派"势力的意识形态,是当代西方"新自由主义"与"保守主义"的混血儿。它一方面坚持新自由主义的自由市场经济理论,另一方面却又主张新保守主义的文化右翼纲领政策。它反对建立在凯恩斯经济学和对福利国家的支持之上的"共识政治",是更为广泛的,从某种程度上说是国际性的反对平等主义和集体主义倾向的一部分。

自由主义时期的世界人均国内生产总值平均增长率与前一个时期（1951～1980年）相比下降了一半"①。

同时，新自由主义在全球泛滥之后，发展中国家也未像自由主义经济学家所预期的那样，在全球化的背景下迅速地缩短与发达国家之间的差距。新自由主义在发展中国家的失灵，一个重要的原因是这些国家在全球竞争的市场环境下，企业难以大面积地"自然"生成：一方面，相比于发达国家的成熟的劳动力市场，发展中国家由于劳动者智识、交通硬件设施落后等原因，劳动力市场面临的风险要比发达国家大得多；另一方面，由于产品的竞争力较差，发展中国家的交易风险也远比发达国家要大得多。

因此，当考虑劳动与产品的交易风险时，就有必要对政府的作用重新定位。可以说，在巨大的市场风险条件下，自由市场使一些国家和地区无法建立起与自身经济发展要求相适应的合作生产组织（工业社会主要指企业），从而生产足够多的合作剩余，是自由市场最大的失灵。也正是因为如此，在市场体制尚待完善，市场体系尚未健全的情况下，政府的宏观调控尤为重要，发展中国家必须通过政府干预，降低企业生成的风险，使企业能够生成并参与全球竞争。

3.2.3 企业发展的条件

"发展"这一概念的英文是 Growth，中文可译为生长、发育、发展、成长、增长、增加、增大等。本书所说的企业发展，重点不在于分析单个企业的成长过程，而是基于一个国家或地区的经济增长目标，考量发展中国家的企业在国际市场竞争环境下数量和质量的增长问题。虽然影响一个国家或地区的企业数量和质量增长的原因是多方面的，但对于一个发展中国家来说，其最为重要的原因是技术进步，或者说，发展中国家的企业要取得发展与进步，并形成国际竞争力，需要这个国家或地区在技术上实现对发达国家的"追赶"乃至"赶超"。这与熊彼特的理解是一致的，"生产就是把所能支配的原材料和力量组合起来，以此来生产不同的东西或用不同的方法生产相同的东西，也就是以不同的方式把这些原材料和力量组合起来。那些通过对旧组合进行小的调节而产生的新组合，可能会带来一些产量的变化，也可能是增长，但它不会带来经济发展。我们所说的发展，包括以下五种情况：①引

---

① 朱安东，蔡万焕. 新自由主义泛滥的恶果 [J]. 红旗文稿，2012 (11)：15–19.

进新产品或一种产品的新特性；②采用新技术，即新的生产方法；③开辟新市场；④政府或控制原材料或半成品的新的供给来源；⑤实现企业的新组合"①。

关于发展中国家能否实现对发达国家的技术"赶超"问题，许多坚持自由主义思想的学者认为国际贸易的技术扩散和外溢会导致技术收敛，因而这一过程可以通过全球化得以实现。波斯纳（M. V. Posner）在《国际贸易与技术变化》一文中提出了国际贸易的技术差距模型②。认为技术是独立于劳动和资本的第三种生产要素，不同国家之间技术差距的存在可以使在技术上处于领先地位的国家在出口技术密集型产品上具有比较优势，并在一段时间内垄断出口。由于技术外溢示范效应的存在，技术逐渐被进口国掌握、模仿，并自行生产该产品、减少进口，从而使技术差距收敛，比较优势逐步消失，以技术差距为基础的国际贸易也随之消失。克鲁格曼（Paul Robin Krugman, 1979）提出较大技术差距的贸易模型③，毛瑞恩（Maureen Lankhuizen, 1998）、戴雷（Daniel Kirchert, 2001）和卡斯特拉奇（F. Castellacci, 2002）等众多学者的技术追赶模型，也对发达国家与发展中国家的技术差距收敛观点持乐观态度④。

如果仅仅是从贸易开放与经济增长之间的关系看，诸多跨国样本的实证估计显示，国际贸易确实存在明显的技术外溢效应，并且在一定程度上导致技术差距的收敛效果。但是，如果从社会发展的宏观角度来看，技术收敛与"赶超"并非是一个全球现象，因为众多发展中国家的技术水平与经济发展并没有表现出与发达国家的趋同之势。在人类的工业文明史上，也只有少数落后国家在技术上实现了对先发国家的"赶超"：19世纪末的德国和美国，在激进的技术变迁时期，实现了对英法等国的"赶超"，飞速地成为世界的领先者；20世纪下半叶的日本和韩国，实现了对欧美国家局部的技术"赶超"。而绝大多数发展中国家，技术上与发达国家之间仍然存在巨大"鸿沟"。

---

① [美] 熊彼特. 经济发展理论 [M]. 孔伟艳等译. 北京：北京出版社，2008：38.

② Posner M. V.. International Tradeand Technical Change [M]. Oxford Economic Papers, October, 1961, No. 13：323 - 341.

③ P. R. Krugman. A model of innovation, Technology Transfer and the World Distribution of Income [J]. Journal of Political Economy, 1979 (87)：253 - 2661.

④ Maureen Lankhuizen. Catching Up, Absorption Capability and the Organisation of Human Capital [EB/OL]. MERIT/Infonomics research memoranda, 1998；Daniel Kirchert. The Impact of Knowledge Diffusion and Absorptive Capacity on Regional Economic Development in China [EB/OL]. 1978 - 1998；Castellacci, F.. Technology Gap and Cumulative Growth：Models and Outcomes [J]. International Review of Applied Economics, 2002 (16).

为了解释这一现象，本书关于发展中国家技术进步的讨论，将在杨小凯关于技术内生进步的理论假设的基础上，运用超边际方法进行分析。

3.2.3.1 基本模型

模型包括两个国家，一个处于技术领先地位的发达国家，另一个处于技术落后地位的发展中国家，在完全竞争的开放市场经济中有 M 个生产者—消费者，他们需要消费最终产品 z。z 的生产除劳动投入外，还需要两种中间产品作为投入，一种是包含非核心技术的中间产品 x，另一种是包含核心技术的中间产品 y。其中，核心技术是企业据以确立行业技术标准，主导行业技术发展，在竞争环节起最关键作用并获取行业竞争优势的一种或多种先进技术，如飞机制造中的航空发动机技术、汽车制造中的汽车发动机技术、手机与电视机生产中的微电子芯片技术、液晶电子产品生产中的液晶面板技术等；而非核心技术往往是指容易被竞争者模仿，在行业竞争环节不起关键作用的技术。核心技术具有难以模仿、技术领先、投入大、周期长、风险高、商业价值高等特点，因而是企业的"生命线"和企业在市场竞争中立于不败之地的"杀手锏"。

由于存在技术差距，因此可以假定在相同技术获取的过程中，发展中国家需要付出更大的代价，为了简化分析，这里只考虑技术创新的风险，不考虑产品市场与劳动力市场风险，并且是着重从发展中国家企业技术获取的角度来进行分析，即只考虑发展中国家选择通过自主创新或购买获取技术，不考虑发展中国家的技术出口问题。因而可以假定最终产品的生产函数为：

$z^p = z + z^s = \left[(x + tx^d)^b(y + ty^d)^{1-b}\right]^a l_z^a$ $b \in (0, 0.5)$ $a \in (0.5, 1)$

$x^p = x + x^s = max\{0, l_x - A\}$

$y^p = y + y^s = max\{0, l_y - B\}$

$A = min\{l_A \mu_A, p_A\}$ ①

$B = min\{l_B \mu_B, p_B\}$

其中，$z^p, z, z^s \geq 0$ 为最终品的产量、自给量和供应量；$x^p, x, x^s, x^d \geq 0$ 为非核心技术中间产品的产量、自给量、供应量和购买量；$y^p, y, y^s, y^d \geq 0$ 为核心技术中间产品的产量、自给量、供应量和购买量。b 与 a 为描述最终产品生产过程中，中间产品和实际劳动投入的柯布—道格拉斯生产函数中的技

---

① 此处 $A = min(l_A \mu_A, p_A)$，意味着当 $A = l_A \mu_A$ 时，有 $l_A = A/\mu_A$，说明进行技术开发所需要的劳动力成本与成功的概率是成反比的，成功的概率越小，风险越大，则进行技术开发所需要的劳动越多，这与现实是相符的。

术参数,因而 ba、$(1-b)a$、a 分别反映用于最终品生产的非核心技术中间产品、核心技术中间产品、劳动力三种投入的相对份额,进一步假定这一生产函数呈现规模报酬不变,即 $ba+(1-b)a+a=1$。$1-t$ 为中间产品的市场交易费用系数。A、B 分别表示获取非核心技术与核心技术的成本;μ_A、μ_B 分别为进行非核心技术与核心技术自主创新的成功率,相应地,$1-\mu_A$、$1-\mu_B$ 分别为进行非核心技术与核心技术自主创新的风险系数;P_A、P_B 分别为购买非核心技术与核心技术的价格。由于整个过程包括非核心技术与核心技术的研发、中间产品与最终产品的生产,因而个人的时间禀赋为:

$$l_x + l_y + l_z + l_A + l_B = 1$$

预算约束条件为:

$$p_x(x^s - x^d) + p_y(y^s - y^d) + p_z(z^s - z^d) = 0$$

其中,p_x、p_y、$p_z \geqslant 0$ 分别为非核心技术中间产品、核心技术中间产品和最终产品的交易价格。生产者—消费者的效用函数为:

$$u = z + kz^d$$

其中,z、$z^d \geqslant 0$ 分别为最终产品的自给量和市场需求量,$1-k$ 为最终产品的市场交易费用系数,因此最终产品的需求方从市场实际得到的量为 kz^d。

为了突出研究的主题,同时也是为了简化分析,这里仅仅选择从发展中国家的企业立场来思考问题。假设社会是完全分工的,并且发展中国家的所有企业只生产一种产品,因此不考虑结构自给自足与生产两种及以上产品的情形,所以,对于发展中国家的企业来说,存在三种生产结构:①无技术的分工结构 D(z/xy),发展中国家企业不掌握任何技术,通过购买中间产品生产最终产品,并出口最终产品,这与一些发展中国家通过进口主要部件、承担最后加工装配生产工序的生产模式相类似。②掌握非核心技术的分工结构 D(x/z),发展中国家的企业掌握了非核心技术,专门生产非核心技术中间产品并购买最终产品。③掌握核心技术的分工结构 D(y/z),发展中国家的企业掌握了核心技术,专门生产核心技术中间产品并购买最终产品。

3.2.3.2 结构 D(z/xy):无技术的分工

在此结构中,发展中国家企业不掌握任何技术,通过购买中间产品生产最终产品,其结构为(z/xy),此时有:$A = B = x = x^s = y = y^s = z^d = 0$,它的决策问题是:

$$Maxu_{D(z/xy)} = z = [(tx^d)^b(ty^d)^{(1-b)}]^a l_z^a - z^s$$

s.t.　　$l_z = 1$　　　　　　　　　　　　　　　　　　(禀赋约束)

$$P_z z^s = P_x x^d + P_y y^d \qquad \text{（预算约束）}$$

从而解得：

$$x^d = b p_z z^s / p_x$$
$$y^d = (1-b) p_z z^s / p_y$$
$$z^s = \{a [t b^b (1-b)^{1-b} p_z / (p_x^b p_y^{(1-b)})]^a\}^{1/(1-a)}$$
$$Max u_{D(z/xy)} = z = a^{-1} [t b^b (1-b)^{1-b} p_z / (p_x^b p_y^{(1-b)})]^{a/(1-a)}$$

3.2.3.3 结构 D（x/z）：掌握非核心技术的分工

在此结构中，发展中国家企业掌握了非核心技术，专门生产非核心技术中间产品并购买最终产品，其结构为（x/z），其技术的获得有两种情况，一种情况是买进技术，另一种情况是自主创新。

第一种情形：当 $l_A \mu_A > p_A = A$ 时，企业将通过购买获取非核心技术，此时有：$B = x = y = y^s = y^d = z = z^s = 0$，它的决策问题是：

$$Max u_{D(x/z)}^1 = k z^d$$

s.t. $\quad l_x = 1 \qquad$ （禀赋约束）

$x^p = x + x^s = max\{0, l_x^a - A\} \quad$（生产中间产品 x 的专家的生产条件）

$$P_z z^d = P_x x^s \qquad \text{（预算约束）}$$

从而解得：

$$x^p = x^s = 1 - p_A \qquad z^d = (1 - p_A) p_x / p_z$$
$$u_{D(x/z)}^1 = k z^d = k (1 - p_A) p_x / p_z$$

第二种情形：当 $l_A \mu_A = A < p_A$ 时，企业将通过自主创新获取非核心技术，此时有：$B = x = y = y^s = y_d = z = z^s = 0$，它的决策问题是：

$$Max u_{D(x/z)}^2 = k z^d$$

s.t. $\quad l_x + l_A = 1 \qquad$ （禀赋约束）

$x^p = x + x^s = max\{0, l_x^a - A\} \quad$（生产中间产品 x 的专家的生产条件）

$$P_z z^d = P_x x^s \qquad \text{（预算约束）}$$

从而解得：

$$l_A = A/\mu_A \quad l_x = 1 - A/\mu_A \quad x^p = x^s = (1 - A/\mu_A)^a - A$$
$$z^d = [(1 - A/\mu_A)^a - A] p_x / p_z$$
$$u_{D(x/z)}^2 = k z^d = k [(1 - A/\mu_A)^a - A] p_x / p_z$$

3.2.3.4 结构 D（y/z）：掌握核心技术的分工

在此结构中，发展中国家企业掌握了核心技术，专门生产核心技术中间产品并购买最终产品,其结构为(y/z),其技术的获得有两种情况,一种情况是买进技术,另一种情况是自主创新。

第一种情形:当 $l_B\mu_B > p_B = B$ 时,企业将通过购买获取核心技术,此时有:$A = x = x^s = x^d = y = z = z^s = 0$,它的决策问题是:

$Maxu^1_{D(y/z)} = kz^d$

s.t.　　　$l_y = 1$　　　　　　　　　　　　　　　(禀赋约束)

$y^p = y + y^s = max\{0, l_y^a - B\}$　　(生产中间产品 y 的专家的生产条件)

$P_z z^d = P_y y^s$　　　　　　　　　　　　　(预算约束)

从而解得:

$y^p = y^s = 1 - p_B$　　$z^d = (1-p_B)p_y/p_z$

$u^1_{D(y/z)} = kz^d = k(1-p_B)p_y/p_z$

第二种情形:当 $l_B\mu_B = B < p_B$ 时,企业将通过自主创新获取非核心技术,此时有:$A = x = x^s = x^d = y = z = z^s = 0$,它的决策问题是:

$Maxu^2_{D(y/z)} = kz^d$

s.t.　　　$l_y + l_B = 1$　　　　　　　　　　　(禀赋约束)

$y^p = y + y^s = max\{0, l_y^a - B\}$　　(生产中间产品 x 的专家的生产条件)

$P_z z^d = P_y y^s$　　　　　　　　　　　　　(预算约束)

从而解得:

$l_B = B/\mu_B$　　$l_y = 1 - B/\mu_B$　　$y^p = y^s = (1-B/\mu_B)^a - B$

$z^d = [(1-B/\mu_B)^a - B]p_y/p_z$

$u^2_{D(y/z)} = kz^d = k[(1-B/\mu_B)^a - B]p_y/p_z$

以上分析说明,对于发展中国家的企业来说,在掌握不同技术水平的情况下,分别选择无技术的分工结构 $D(z/xy)$、掌握非核心技术的分工结构 $D(x/z)$、掌握核心技术的分工结构 $D(y/z)$ 进行生产,其最大化效用如表 3-3 所示:

表 3-3　不同技术水平分工的最大化效用

结构	$D(z/xy)$ 无技术 ($u_{D(xy)}$)	$D(x/z)$ 购买技术 ($u^1_{D(x/z)}$)	$D(x/z)$ 自主研发 ($u^2_{D(x/z)}$)	$D(y/z)$ 购买技术 ($u^1_{D(y/z)}$)	$D(y/z)$ 自主研发 ($u^2_{D(y/z)}$)
效用	$a^{-1} \cdot \left[\dfrac{tb^b(1-b)^{1-b}p_z}{p_x^b p_y^{(1-b)}}\right]^{a/(1-a)}$	$k(1-p_A) \cdot p_x/p_z$	$k[(1-A/\mu_A)^a - A] \cdot p_x/p_z$	$k(1-p_B) \cdot p_y/p_z$	$k[(1-B/\mu_B)^a - B] \cdot p_y/p_z$

3.2.3.5 超边际比较静态分析

在不同技术水平分工的情况下,发展中国家企业的效用取决于中间产品与最终产品的交易效率 t、k,获取非核心技术与核心技术的成本 A、B,非核心技术与核心技术自主创新的成功率 μ_A、μ_B,中间产品和实际劳动投入的技术参数 b、a 的大小,相关产品与技术的相对价格 p_x/p_z、p_y/p_z、p_A、p_B。

由于这里主要考虑技术差距对企业发展的影响,所以可以将中间产品与最终产品的交易效率、中间产品和实际劳动投入的技术参数、相关产品的相对价格视为既定,而仅仅考虑掌握技术的成本变化对发展中国家企业市场分工选择的影响。假设发展中国家企业是根据效用的比较来进行市场选择,则可以根据不同的情况展开讨论。

第一种情况:当 $u_{D(z/xy)} > u^1_{D(x/z)}$,且 $u_{D(z/xy)} > u^2_{D(x/z)}$,且 $u_{D(z/xy)} > u^1_{D(y/z)}$,且 $u_{D(z/xy)} > u^2_{D(y/z)}$ 时,发展中国家企业选择无技术分工。此时,要求有 $p_A > 1 - Qp_z/kap_x$、$\mu_A < A/[1 - (Qp_z/kap_x)^{1/a}]$、$p_B > 1 - Qp_z/kap_y$、$\mu_B < B/[1 - (Qp_z/kap_y)^{1/a}]$ 同时成立,其中,$Q = \left[\dfrac{tb^b(1-b)^{1-b}p_z}{p_x^b p_y^{(1-b)}}\right]^{a/(1-a)}$。这种情况表明,对于发展中国家的企业来说,由于获取技术的成本很高(即购买技术的价格 p_A、p_B 高,同时自主研发的成功率 μ_A、μ_B 低),使得"两头在外"的出口加工模式成为效用最大化的一种选择,购买中间产品生产最终产品并出口最终产品是其理性选择。

第二种情况:当 $u^1_{D(x/z)} > u_{D(z/xy)}$,且 $u^1_{D(x/z)} > u^2_{D(x/z)}$,且 $u^1_{D(x/z)} > u^1_{D(y/z)}$,且 $u^1_{D(x/z)} > u^2_{D(y/z)}$ 时,发展中国家的企业通过购买获取非核心技术,选择掌握非核心技术的分工。此时,要求有 $p_A < 1 - Qp_z/kap_x$、$p_A < 1 + A - (1 - A/\mu_A)^a$、$p_A < 1 - p_y(1 - P_B)/p_x$、$p_A < 1 - p_y[(1 - B/\mu_B)^a - B]/p_x$ 同时成立。这种情况表明,对于发展中国家的企业来说,由于通过购买获取非核心技术的成本较低,使得通过购买技术进行非核心技术产品生产成为效用最大化的一种选择,因此生产非核心技术中间产品是其理性选择。

第三种情况:当 $u^2_{D(x/z)} > u_{D(z/xy)}$,且 $u^2_{D(x/z)} > u^1_{D(x/z)}$,且 $u^2_{D(x/z)} > u^1_{D(y/z)}$,且 $u^2_{D(x/z)} > u^2_{D(y/z)}$ 时,发展中国家企业通过自主研发获取非核心技术,选择掌握非核心技术的分工。此时,有 $\mu_A > A/[1 - (Qp_z/kap_x)^{1/a}]$、$\mu_A > A/[1 - (1 + A - p_A)^{1/a}]$、$\mu_A > A/\{1 - [(1 - p_B)p_y/p_x + A]^{1/a}\}$、$\mu_A > A/\{1 - [((1 - B/\mu_B)^a - B)p_y/p_x + A]^{1/a}\}$ 同时成立。这种情况表明,对于发展中国家的企业来说,由于通过自主研发获取非核心技术的成功率非常高,使得通过自主研发进

行非核心技术产品生产成为效用最大化的一种选择，因此生产非核心技术中间产品是其理性选择。

第四种情况：当 $u^1_{D(y/z)} > u_{D(z/xy)}$，且 $u^1_{D(y/z)} > u^1_{D(x/z)}$，且 $u^1_{D(y/z)} > u^2_{D(x/z)}$，且 $u^1_{D(y/z)} > u^2_{D(y/z)}$ 时，发展中国家企业通过购买获取核心技术，选择掌握核心技术的分工。此时，要求有 $p_B < 1 - Qp_z/kap_x$、$p_B < 1 - p_x(1-P_A)/p_y$、$p_B < 1 - p_x[(1-A/\mu_A)^a - A]/p_y$、$p_B < 1 + B - (1 - B/\mu_B)^a$ 同时成立。这种情况表明，对于发展中国家的企业来说，由于通过购买获取核心技术的成本较低，使得通过购买技术进行核心技术产品生产成为效用最大化的一种选择，因此生产核心技术中间产品是其理性选择。

第五种情况：当 $u^2_{D(y/z)} > u_{D(z/xy)}$，且 $u^2_{D(y/z)} > u^1_{D(x/z)}$，且 $u^2_{D(y/z)} > u^2_{D(x/z)}$，且 $u^2_{D(y/z)} > u^1_{D(y/z)}$ 时，发展中国家企业通过自主研发获取核心技术，选择掌握核心技术的分工。此时，有 $\mu_B > B/[1 - (Qp_z/kap_y)^{1/a}]$、$\mu_B > B/\{1 - [(1-p_A)p_x/p_y + B]^{1/a}\}$、$\mu_B > B/\{1 - [((1-A/\mu_A)^a - A)p_x/p_y + B]^{1/a}\}$、$\mu_B > B/[1 - (1+B-p_B)^{1/a}]$ 同时成立。这种情况表明，对于发展中国家的企业来说，由于通过自主研发获取核心技术的成功率非常高，使得通过自主研发进行核心技术产品生产成为效用最大化的一种选择，因此生产核心技术中间产品是其理性选择。

综合以上分析，对于发展中国家的企业来说，不同技术水平条件下各种不同理性选择的结构如表3-4所示：

表3-4 不同技术水平下发展中国家企业各种可能的理性选择

创新效率	p_A、p_B、μ_A、μ_B 的值				
	p_A 与 p_B 值大、μ_A 与 μ_B 值小	p_A 值小	μ_A 值大	p_B 值小	μ_B 值大
理性选择	无技术 $D(z/xy)$	购买技术 $D(x/z)$	自主研发 $D(x/z)$	购买技术 $D(y/z)$	自主研发 $D(y/z)$

由此可见，发展中国家企业在不同技术水平下的理性选择，与获取技术的成本有直接关系，关于这一点，在国际技术扩散的过程中表现得极为明显。

3.2.3.6 基本结论

全球化可以在一定程度上实现技术差距的收敛，但却难以实现发展中国家对发达国家的技术"赶超"，并且，绝大多数发展中国也没有缩小与发达国家的人均收入差距（Romer，1994①；Easterly and Levine，2001②）。这一"悖论"产生的原因可能在于相关分析并未很好地区分高技术行业与低技术行业，未考虑到核心技术与非核心技术在产品生产中的不同作用。刘明兴等（2003）指出，"落后经济中企业所采取生产技术大多比较成熟，基本上不需要独立开发和复杂的员工培训。由于这些企业并不处于其所在行业的国际技术前沿，因而产品换代升级也主要靠对发达国家的模仿，通过学习来分享国际技术外溢。与科技资本投资或人力资本投资相比，这无疑是一种成本最低廉的方式"③。阿西莫格鲁（Acemoglu，Daron）等的研究表明，由于发展中国家所利用的前沿技术都是由发达国家发明的，且发达国家发明的技术是与其熟练劳动力较多的要素禀赋相匹配的，因此，熟练劳动力相对较少的发展中国家就不能与发达国家一样有效地利用前沿技术，因为与世界前沿的技术相距甚远，发展中国家的最优选择是模仿发达国家的现有技术④。而对于具有追赶意义的核心技术，"发达国家总是出口高新技术产品与发展中国家生产的标准化的劳动密集型产品相交换。那些有持续较快的创新速率的国家将趋向于出口技术先进的产品到那些创新速率较慢、出口标准化的或劳动密集型产品的国家"⑤。

由此可见，技术差距不是影响国际技术流动的唯一因素，不同类型的技术在国际间的流动实际上是不一样的。特别是在复杂技术生产背景下，核心技术越来越难以定价，这就使得全球化的国际市场并不能很好地解决技术收敛问题。从发展中国家的工业化演进路径来看，在工业化之初，受益于国际技术溢出的效果是较为明显的，不论是"两头在外"的出口加工，还是为了保护民族工业发展而实施的"进口替代"，大多数国家都能够通过"市场换技术"、"干中学"、"技术模仿"或者以较低的价格等方式获得发达国家较为成熟的非核心技术，从而实现初步的工业化。但一旦到了进一步的工业化阶段，核心技术的定价困难、发达国家对核心技术优势的维护等，使得发展中

---

① Romer, Paul M.. The Origins of Endogenous Growth [J]. Journal of Economic Perspectives, 1994 (8): 3-22.

② Easterly, W. & R. Levine. It's Not Factor Accumulation: Stylized Facts and Growth Models [C]. World Bank Economic Review, 2001 (15): 177-219.

③ 刘明兴, 陶然, 章奇. 制度、技术和内生经济增长 [J]. 世界经济文汇, 2003 (6): 64-80.

④ Acemoglu, Daron and Fabrizio Zilibotti. Productivity Differences [R]. NBER Working Paper, No. 6879, 1999; Acemoglu, Daron, Philippe Aghion and Fabrizio Zilibotti. Distance to Frontier, Selection and Economic Growth [J]. Journal of European Economic Association, 2006, forthcoming.

⑤ Posner M. V.. International Tradeand Technical Change [C]. Oxford Economic Papers, October, 1961, No. 13: 323-341.

国家很难通过购买从国际市场上获取核心技术，同时，发展中国家通过技术模仿再实现非核心技术的自主创新成功率往往较高，但对于复杂技术特性的核心技术来说，发展中国家的企业实现自主创新的成功率是很低的。最终的结果是，一般情况下，如果仅仅依赖于市场，发展中国家的企业只能实现对发达国家企业的"追赶"，但很难超越。这也是很多国家通过建立国家创新体系来实现核心技术"攻关"的原因。

即使是发达国家的技术进步，政府的作用也不能低估。一方面，发达国家往往通过建立国家科研机构与投入规模庞大的资金从事前沿技术研发来实现技术的占优策略，"美国在20世纪上半叶的领先地位得益于丰富的自然资源和大而同质的国内市场。但在第二次世界大战之后，美国又拥有了一种新的存在于高技术产业的领导地位，这种领导地位源于美国在更高层次上的教育和研究开发方面所做出的远高于当时其他国家的投资"[①]。特别是发达国家将大量的研发资金投入到军工领域，在开发出一些新兴技术后通过"军转民"来激发企业进行深层次研发，在发达国家的技术进步当中有着十分重要的作用，美国人从局域网到互联网的发明过程就是一个很好的例子。另一方面，一个国家的技术进步往往需要有相应的市场规模作为支撑，"英国的技术进步主要依靠政府主导的国际市场规模；美国的技术进步主要依靠政府主导的国内市场规模。英美两国都具有政府主导的市场规模，这让技术进步与产业升级具有可持续性。日本的技术进步依赖美国提供的国际市场规模，自身没有主导权。当美国提供这一市场的意愿下降时，日本的技术与产业发展也就难以为继了。技术大国地位的取得离不开政府主导的市场规模"[②]。

综上所述，不论是发达国家还是发展中国家，技术的进步离不开政府的积极干预，那种认为企业是市场创新主体因而过度迷信市场在推动技术创新方面的作用的认识是有局限性的。世界大国的技术进步史表明，正是由于政府在核心技术研发方面发挥着主导作用，才有了核心技术的不断突破，从而大大提高了各国技术进步的速度。

---

① [美] 纳尔森. 经济增长的源泉 [M]. 北京：中国经济出版社，2001：307.
② 黄琪轩. 技术大国起落的历史透视——政府主导的市场规模与技术进步 [J]. 上海交通大学学报，2003（2）：17-26.

3.3 企业契约的作用

通过对企业形成和发展过程的分析,我们可以更深刻地认识到企业作为合作生产组织的本质,那么,契约在这一过程中到底起什么作用呢?从历史上看,人们宣扬契约精神的原初动力,在于契约的公平性格。通过契约对平等的人们之间自愿协议的强调,使人们对等级制与统治权产生了怀疑,于是,人生而平等的信念得以主张。当科斯将企业的本质定义为契约的时候,一方面确实延续了这一精神,但同时,也犯了一个契约论者最容易犯的错误,就是以"原子"社会经济观为假设前提,从而忽视了组织在人类社会中的核心价值。事实上,如果不能创造合作剩余,就不会有企业,契约就失去了存在的基础,因此,企业存在的根本原因是创造合作剩余,而不是市场的替代。只是契约的公平性确实可以帮助参与者在获取生存福利与自由福利减损之间找到平衡点,当获取的生存福利不能够弥补自由福利减损的损失时,参与者将通过解除契约来避免这种损失,因此契约可以在很大程度上避免企业主对企业员工不公平强制行为的发生,以充分发挥工人的主观能动性,使企业良性地发展。在一个动态的过程中,一旦现有的契约未能找到这个平衡点,或者企业的发展导致现有的平衡点被打破,必须产生新的契约,否则就有可能导致企业的衰亡。

契约有企业契约与市场契约,从人类社会发展的过程看,它们是互补关系而不是替代关系,企业契约的目的在于减少企业内部的机会主义行为并最终减少内生交易成本,市场契约的目的在于构筑市场理性并最终减少外生交易成本,因此,企业与市场交易成本是共同成长的。沃利斯和诺思通过测算发现,1870~1970年,美国交易费用占GNP的比重从24.19%~26.09%升至46.66%~54.71%,上升了整整1倍。企业契约由于减少了企业内生交易成本,其是否与企业合作剩余的创造、分配、发展相适应,是企业成功的重要条件,但契约的根本作用在于激励人们更好地进行合作生产,而不是企业的合作生产本身,从契约激励人们进行合作生产的效果看,契约的优劣体现在实现企业合作剩余的三大效应:产出效应、分配效应与发展效应。

一是产出效应。不同的契约会形成不同的企业组织结构,不同的企业组织结构会影响到合作剩余的生产过程,并最终影响合作剩余的产出水平,形成合作剩余的产出效应。比如在"2×2"企业生产结构中,"好"的契约会使得分工落入 EFG 生产可能性集内，从而创造正的合作剩余，并且更"好"的契约会使生产更接近 F 点，创造的合作剩余也更多；相反，"差"的契约会使得分工落入 EHG 生产可能性集内，从而创造负的合作剩余，而更"差"的契约使生产更接近 H 点，损失的合作剩余也更多。

二是分配效应。合作剩余的分配是各个不同要素所有者相互协调与合作的基础，同时合作剩余的分配又会通过影响要素所有者事前的投资激励和事后的努力水平而影响企业合作剩余的创造，形成合作剩余的分配效应。合作剩余分配的核心内容体现在"剩余控制权"（Residual Rights of Control）与"剩余索取权"（Residual Claim）两种权利的分配上，而这两种权利的分配主要是通过契约来实现的。根据新古典主义的观点，合作剩余可以根据要素的"边际生产力理论"按要素贡献进行分配，但现实中，契约生成的复杂性与"要素贡献"的难以计量会使企业合作剩余的分配变得不再简单。如果不同要素所有者通过谈判能够找到一个剩余分配中的合作博弈解，从而能使每个参与者获得的合作剩余都至少能弥补各自的自由福利减损，就会极大地激励参与者。

三是发展效应。在企业发展阶段，随着合作剩余创造的不断变化，需要不断通过调整契约，实现"剩余控制权"与"剩余索取权"两种权利分配的适应性改变，使合作剩余分配适应企业发展的内在要求，有力地推动企业的长期发展，进而创造出更多的合作剩余。如若不然，则如马克思的"剩余价值论"所证明的，在契约不能够对"剩余控制权"与"剩余索取权"两种权利分配进行适应性调整的情况下，资本主义企业的发展就会出现问题，当这些问题累积上升为资产阶级和无产阶级两个阶级的关系时，无法调和的阶级矛盾将会导致资本主义的灭亡。

契约对企业的参与者来说有十分重要的作用，因为契约可以形成相对"公平"的合作剩余分配机制，也可以为他们自身在获取生存福利与自由福利减损之间找到平衡点。但说契约是企业的本质却犯了虚拟语境下"非此即彼"的形而上学主义的错误，在工业文明以来，我们看到的是企业与市场的共同成长，而不是相互替代。契约广泛地存在于人类社会的每一个角落，只要有组织的地方，就会有契约，契约是构筑人类社会秩序的汪洋大海，而企业只不过是在汪洋中航行的一叶叶小舟，大海可以决定小舟的航线，也可以通过治理来延长小舟的航程，但永远决定不了小舟的品质以及这种品质带来的命运，正如大海永远不能使木帆船变成钢甲铁船，契约本身也不能使小作坊变成大企业，合作剩余增长引致的规模扩张与技术进步才是问题的实质。

第4章 国家与合作生产

4.1 推动合作生产组织生成和发展的国家

建立合作生产组织，获取生产合作剩余，是人类解决生存与发展问题的核心要义。只不过，在人类社会发展史上，各种合作生产组织的建立是一个错综复杂的进程，很多时候，合作生产组织并不能自然生成，这一方面可能是由于人类个体追求自由的本性，另一方面可能是由于"霍布斯丛林"中潜藏的巨大风险不易于人们之间进行合作。① 这就需要在合作生产组织之外，建立一个更为权威的社会组织，来限制个体对自由的无限追求，同时降低"霍布斯丛林"中的巨大风险，这就使国家的产生成为必要。

4.1.1 国家本质理论的基本逻辑

虽然已有文献没有提出一个公认的国家定义，但关于国家本质的认识主要有三条基本思路，一是阶级统治工具思路，二是社会契约思路，三是"综合"思路。

4.1.1.1 国家的阶级统治工具本质

马克思主义就是从经济生产和阶级冲突的角度来认识国家性质的。虽然马克思与恩格斯在很大程度上承认国家"公共权力"作为平衡阶级利益、缓和阶级矛盾的力量而存在，马克思曾说："正是由于特殊利益和共同利益之

---

① 霍布斯丛林假说认为在没有国家制度时，每个人都是其他个人的敌人，他想尽办法偷抢人家的财产，也想尽办法不被别人偷抢，在这种没有国家制度的条件下，大量资源被用于从事偷抢和防止被偷抢的活动，因此生产活动不可能发达起来，而偷抢在结成人群的团体之间发生时，就是战争。

间的这种矛盾,共同利益才采取国家这种与实际单个利益和全体利益相脱离的独立行使,同时采取虚幻共同体的形式。"① 恩格斯也认为,"社会创立一个机关来保护自己的共同利益,免遭内部和外部的侵犯。这种机关就是国家政权"②。但是,在"公共权力"的使用上,国家并非中立的,而是代表着统治阶级的利益。因此在国家的本质上,马克思与恩格斯都认为国家是阶级矛盾不可调和的产物,阶级性是国家的本质属性,马克思认为,"国家无非是有财产阶级即土地所有者和资本家用来反对被剥削阶级即农民和工人的有组织的总权力"③。恩格斯认为,国家"在一切典型的时期内毫无例外都是阶级统治的国家,并且在一切场合在本质上都是镇压被压迫被剥削阶级的机器"④。

国家阶级统治工具本质论强调了国家的掠夺性或剥削性,认为国家是某一集团或阶级的代理者,它的作用是作为统治集团或阶级向其他集团或阶级的成员进行剥削和压榨的工具而存在。掠夺性的国家虽然偶尔会顾及"公共利益",但社会整体福利并不是掠夺性国家的根本追求,即使顾及"公共利益"也只不过是出于权力集团的利益目的。因此,掠夺性国家的产权制度并不能促进整个社会效率的提高,从长期来看,必然演变成无效率产权。

4.1.1.2 国家的契约本质

在坚持国家契约论的众多学者中,霍布斯是一个具开拓意义的人物。基于其消极自由理念,霍布斯构建了一个逻辑非常严密的、具有反消极自由主义特征的国家理论。他认为在国家之前存在一种不同于现在生活状态的状态,即自然状态,在这里,没有什么东西是"我的和你的",人们之间没有分界,没有法律,没有惯例。在这种想象的状态下,每个人的生活都是"贫穷、孤独、肮脏、残忍和短命的",人类社会处于一个没有政府、缺乏安全的"霍布斯丛林"之中。由于对和平、安全与秩序的渴望,人们便相互出让自己的一部分权利给一个人或者一个组织,这个人或者组织可以保护他们的安全并维持秩序,最终这一权力被赋予了国王统治下的具有绝对权力的国家。由此可见,和平的实现需要人们达成让出权利的契约,通过信约与授权,人与人之间达成了契约协议,把自我保护的权利与力量让渡给一个公共的第三

---

① 马克思恩格斯选集(第3卷)[M].北京:人民出版社,1965:37-38.
② 马克思恩格斯选集(第21卷)[M].北京:人民出版社,1965:347.
③ 马克思恩格斯选集(第3卷)[M].北京:人民出版社,1995:191.
④ 马克思恩格斯选集(第4卷)[M].北京:人民出版社,1995:176.

方——国家。因此，成为结果的国家或主权者它本身是契约的产物。

霍布斯之后，为数众多的学者受其影响，从洛克到卢梭，他们都认同霍布斯国家是公民达成契约的结果的基本观点。并且，他们试图进一步论证国家是人们为了满足自身需要而创立的，国家只是一个保护公民权利的工具而已。但是，由于缺乏理论分析工具，同时完全中立的国家在历史上也从来没有出现过，这一过于乐观的理论不断地遭受质疑，黑格尔就指出它回避国家政权的阶级性、压迫性，捍卫资本主义私有制的真实目的，"国家的本性也不在于契约关系中，不论它是一切人与一切人的契约还是一切人与君主或政府的契约……它们都把私有制的各种规定搬到一个在性质上完全不同而更高的领域"①。

直到20世纪90年代之后，新古典经济学在逻辑上拓展了交换定理，认为国家在其中起着使社会福利最大化的作用，以新制度经济学为代表，这一理论得以复兴。在新制度经济学看来，市场经济从某种强度上讲就是一种契约经济，国家被看成是契约第三方实施的执行者，国家的存在有利于契约制度的建立和契约的实施，假设没有国家，那么契约实施的交易费用将相当高，过高的交易费用将使任何契约都失去意义。其中，做出理论创新贡献的包括诺思与巴泽尔等。

诺思认为，统治者也是一个具有福利或效用最大化行为的"经济人"。他们也面临着生存和发展的问题，他们也面临着潜在竞争对手的竞争，他们与选民是一种"交换关系"。诺思建立了一个简单的国家模型来考察统治者与选民之间的交换关系，并揭示了一个具有福利或效用最大化的统治者的国家模型的三个基本特征：①国家为取得收入而以一组被称之为"保护"与"公正"的服务作为交换。由于提供这些服务存在着规模经济，因而作为一个专门从事这些服务的组织，它的社会总收入要高于每一个社会个体自己保护自己拥有的产权的收入。换言之，国家为选民提供"保护"与"公正"，选民交纳税收维持国家正常运转，从某种程度上讲，这就是一种"交换关系"。②国家为使收入最大化而为每一个不同的集团设定不同的产权。在这里，国家实际上是一个"带有歧视性的垄断者"。③面临其他国家或潜在统治者的竞争。国家并不能"高枕无忧"，它面临着强有力的外在竞争压力。"统治者垄断权力的程度是各个不同选民集团替代度的函数"。不过，诺思认为，政府一旦接管了产权保护职能并成为唯一合法使用暴力的组织，它就有

---

① [德] 黑格尔. 法哲学原理 [M]. 范扬等译. 北京：商务印书馆，1979：82.

可能凭借其独一无二的地位索取高于其提供服务所需的租金，甚至有可能剥夺个人产权。对政府潜在的侵权行为，诺思悲观地认为"国家的存在是经济增长的必要条件，而国家也是人为经济衰退的根源"①，这就是著名的"诺思悖论"②。

巴泽尔也将国家视为契约执行的终极第三方。"国家包括以下两个部分：第一，一群个体，这些个体臣服于一个使用暴力执行合约的单一的终极第三方；第二，一个疆域，这是这些个体居住的地方，也是实施者权力所及的范围"③。与诺思对国家可能利用它们控制的权力谋求自身利益的悲观态度不同，巴泽尔相信，存在某种抗拒"利维坦"怪兽的社会秩序，可称其为"集体行动机制"，这类机制可以将寻租活动降低到使社会成员的日常交易显得合算的程度。他在评价奥尔森的时候明确了这一点，"奥尔森是研究寻租转移的最杰出的专家之一。他认为这些问题是阻碍经济增长的主要障碍。他却忽略了人们在最大化观念下，可能使用集体行动机制，来对公共领域的行动施加约束，他也没有注意到人们所设计的某些'宪法'限制，就是要防止此类转移。他也忽略了一个事实，即个体在消除私人部门和公共部门的代价高昂的现存转移，一定要得到收益"④。为了实现这种"集体行动机制"，臣民与政府之间需要达成契约以"捆住攫取之手"，这就是以宪政为基础的"法治政权"，这是"自然国家"与"法治国家"的根本区别，如果找不到这样一种"集体行动机制"，人类社会要么停留在自由国家状态，要么长期沦为利维坦独裁统治下的机制。

4.1.1.3 "综合"观点

不论是国家阶级统治本质论，还是国家契约本质论，都能在历史和现实中找到佐证，说明国家极有可能是这两者相结合的产物。新制度经济学将这两种理论有机地统一起来，认为国家是一个具有合法使用暴力和强制提供法律、秩序的组织以及其拥有垄断权，最终要对造成经济的增长、衰退或停滞

---

① [美]诺思. 经济史中的结构与变迁 [M]. 陈郁，罗华平译. 上海：上海三联书店，上海人民出版社，1994：23—24、20.

② 诺思悖论是他人的总结，诺思本人并没有提出这一概念，参见：卢现祥. 新制度经济学 [M]. 武汉：武汉大学出版社，2004：210.

③ [美]巴泽尔. 国家理论：经济权利、法律权利与国家范围 [M]. 上海：上海财经大学出版社，2006：7.

④ [美]巴泽尔. 国家理论：经济权利、法律权利与国家范围 [M]. 上海：上海财经大学出版社，2006：177.

的产权结构的效率负责的制度安排,因此国家具有"契约"和"掠夺"的双重属性。

诺思认为,国家的契约论与掠夺论都是片面的。因为国家的契约理论可以解释为什么国家提供一个经济地使用资源的框架,从而促进福利的增加。然而,国家既是每一个契约的第三者,又是强制力的最终来源,它成为为控制其决策权而争斗的战场。各方都希望按有利于自己集团的方式再分配福利和收入。尽管契约论解释了最初签订契约的得利,但未说明不同利益成员之后的最大化行为。而掠夺论忽略了契约最初签订的得利而着眼于掌握国家控制权的人从其选民中榨取租金。基于这一理解,诺思综合"掠夺论"和"契约论"各自的优点提出了"暴力潜能"理论,他的"暴力潜能"是个具有丰富内涵的范畴,既包括军队、警察、监狱等暴力工具,也包括权威、特权、垄断权等"无形资产"。在诺思看来,国家的"暴力潜能"类似于企业拥有资金、劳动力、技术等生产要素后所具备的"生产能力",是保证正式制度实施的基础,因为非正式制度一般可以通过人们的相互作用而自觉实施,正式制度则不同,它是离不开强制实施机制的,而强制实施则是无论如何也离不开暴力的。

在国家未产生以前,这些暴力资源都分布在"社区"或"庄园"之类的组织者手里,在国家产生之后,国家成为在暴力方面具有比较优势的组织。一般情况下,国家暴力的使用应该受到合理限制:①国家暴力是对付暴力的暴力,即对付非法暴力的合法暴力,这种合法性起源于每个人捍卫自己利益,抵御别人侵害的合法权利。②国家暴力只有在能够实现某种社会合作,并且比其他制度如市场或其他组织更有效时,才被采用。

只是,由于很多时候,国家也具备"理性经济人"的特征,所以国家很容易成为个人权利最大和最危险的侵害者,在国家的侵权面前,个人往往是无能为力的。在诺思看来,解决这一问题的一种可行方法就是对"暴力潜能"进行合理分配:若暴力潜能在公民之间进行平等分配,便产生契约性的国家;若这样的分配是不平等的,便产生了掠夺性的国家,由此出现统治者和被统治者,即掠夺者和被掠夺者。"不过,这两种理论并不矛盾,正是暴力潜能分配理论使两者统一起来。契约论假定主体间暴力潜能的平等分配,而掠夺论假定不平等的分配"[①]。

---

① [美]诺思. 经济史中的结构与变迁 [M]. 陈郁,罗华平等译. 上海:上海三联书店,上海人民出版社,1994:22.

4.1.2 理解国家本质的不同视角

要正确理解关于国家本质认识的差异性，同样有必要进一步明确不同学者分析国家本质的不同视角：一是社会正义视角；二是人类社会发展视角。

4.1.2.1 社会正义视角

"掠夺论"和"契约论"虽然在理解国家的本质上并不一致，但在思考问题的视角上，却有着共同的特点，就是都强调国家的社会正义性。马克思的国家阶级统治本质论强调了国家的非正义性，认为国家仅仅是"一种虚幻的共同体"，属于"统治阶级的各个个人借以实现其共同利益的形式，是该时代的整个市民社会获得集中表现的形式"。国家会经常被处于统治地位的阶级说成是"社会中介"，从而把自己的利益说成是普遍的利益，而事实上"国家不外是资产者为了在国内外相互保障各自的财产和利益所必然要采取的一种组织形式"[1]。因此，国家从本质上讲具有非正义的劣根性，非正义的国家在人类的历史中必将消亡，这在马克思的著作中时有表述，例如，"在真正的民主制中政治国家就消失了"。在资产阶级社会被消灭后，"从此再不会有任何原来意义的政权"。到共产主义社会，当阶级差别消灭后，"公众权力就失去政治性质"[2]。

而通过批判中世纪封建社会的神创国家理论形成的国家契约论，突出的则是社会契约基础上的国家正义观。中世纪的神学家们认为，国家在起源上乃是恶的，它是人的原罪和人堕落的产物。在他们看来，政府之所以必要，是因为人遭到了上帝的离弃，又因其同类之间的仇恨而陷入了种种迷惑和混乱，尽管国家本身无价值可言，但它在自身范围内起着积极的、不可缺少的作用。君主的权威直接来源于上帝，一切反对君主的举动便成了对上帝意志的公然反叛，因而便是死有余辜的罪恶。即使不正义的统治者也仍是上帝的代理人，因此对他们必须俯首听命。国家契约论者反对神造国家的理念，主张从人类自身出发来探究国家诞生的根源，他们认为，国家不是神创造的，而是社会大众通过达成契约（同意、认同、被迫接受）的方式组建的、维护各自利益的"公共组织"，在国家创建的过程中，个体处于主导地位，因此，国家也不是少数统治者独揽大权和不平等地分配经济资源的"统治工具"，

---

[1] 马克思恩格斯选集（第1卷）[M]. 北京：人民出版社，1995：132-133.
[2] 马克思恩格斯选集（第1卷）[M]. 北京：人民出版社，1995：194、294.

而是超越人们彼此利害关系的、利益中立的"第三方"。国家契约论把政权合法性与正义性建立在人们普遍同意的基础上,不仅说明了国家起源问题,而且说明了国家正义的本质和标准问题,即保护公民的自然权利。国家契约论者宣称,凡是不能保护公民权利、无法让人民满意的政府都是非法政府,因其违背了契约立国的精神,人民有权利重新订立契约,建立能代表人民利益的新政府。在国家契约论的思维下,国家正义的内容,由《圣经》的教义转变为保护现实中人的自然权利。

只是,从社会正义视角来理解国家,不论是国家阶级统治工具论还是国家契约论,更多的是从政治意义上来理解国家本质,是关于人们创建政治国家的理论分析,而不是关于社会生活中国家为什么存在的理论分析。从政治意义上来理解政治社会或国家产生的过程,旨在阐明国家正义就是保护个人权利、创造人人自由平等的秩序。马克思主义者和社会契约论者似乎都在追求一个理想的、符合社会正义的国家,这样的国家只代表着公共意志和利益,不对任何正当的私利产生侵害,同时也不容许任何个人或利益集团侵害他人利益,国家始终捍卫着社会公正。只不过,马克思主义者源于历史唯物主义的解读,而社会契约论者则源于理想化的思维构想。

4.1.2.2 人类社会发展视角

如果从人类社会发展的角度进行考虑,国家是否正义将有可能变得无足轻重,因为,可以设想的是,假如在解决人类生存与自由两大基本追求方面不起作用,国家这种组织是不可能长期存在的。在国家出现之前上百万年的时间里,人类只是像许多动物一样,在大地上漫游着,从事狩猎和采集植物的活动。国家的出现极大地改变了这一状况,在短短数千年当中,人类从农业社会发展到工业社会、信息社会,并将生存的触角伸展到宇宙深处。在历史长河中,因国家机器而产生的争斗、杀伐与战争是那么微不足道,国家指引的文明或许曲折,但最终不会偏离人类社会发展的方向。

在新制度经济学家看来,国家之所以能够在人类社会的发展中起重要作用,在于其能够作为权威的第三方界定并保护私人产权。正如诺思所指出的那样,国家理论"关键的问题是解释由国家界定和行使的产权类型以及行使的有效性。最富有意义的挑战是,解释历史上产权结构及其行使的变迁"[1]。新制度经济学家相信,对排他性产权的保护具有重要意义。因为一个社会如

---

[1] [美]诺思. 经济史中的结构与变迁[M]. 上海:上海三联书店,上海人民出版社,1994:21.

果不建立对资源利用的排他性权利体系,就不会有任何经济秩序,社会通行的将是霍布斯的"丛林规则",即"一切人反对一切人的战争"。巴泽尔认为,"人们对资产的权利(包括他们自己的和他人的)不是永久不变的,它们是他们自己直接努力加以保护、他人企图夺取和政府予以保护程度的函数,最后这点主要通过警察和法庭奏效"①。对产权利益的保护需要通过一定的机制,虽然学者们发现即使在一个无政府社会中也存在"武力复仇"、"补偿"、"横向忠诚"等一些产权的自我保护机制,但这解决不了人类复杂的生产系统的根本问题,只有国家以及它的制度和对产权的支撑性组织,才能真正承担起这一重任。"与法律、公正和防卫的设计相关的规模经济是文明的基本源泉。"② 简单地说,个体所有者希望得到可以促进经济增长和充分利用先进技术的各种资源,这种愿望直接依赖于社会的各种规则结构,比如获得相对稳定且公正的第三方仲裁,而往往只有政府才能提供此种服务。

认为国家的作用在于界定并保护私人产权显然夸大了私人财产权的社会价值,因为从人类社会的发展角度看,私有产权并不是人类合作生产的必要条件,很多时候,私有产权虽然能够提高合作生产组织产生之后的生产效率,但却不能够自动产生合作生产组织。由于新古典经济学将企业和国家都视为外生变量,认为产权的排他性激励能很好地推动社会生产,因而难以真正地理解人类合作生产组织的产生过程。人类可以在大规模群体中与非亲属成员从事合作生产活动,这是人类解决生存问题的关键所在,但对于这一现象的解释却并不容易,对此,韦倩从进化视角进行过阐释,"从进化的视角看,这种现象非常令人困惑,因为合作的个体需要自己承担成本但却给非亲缘的群体成员带来收益。这种现象吸引了生物学、社会学、人类学、经济学等领域众多学者关注的目光,他们基于重复交互作用、声誉效应与群体选择效应等机制提出了许多理论对此进行解释。但是这些通常被用来解释这种现象的任何一种机制都不允许利他性合作行为在大规模群体中演化。重复交往可以支持二元关系之间的合作,但是,如果交往个体的数目超过少量的话,这种机制便不能维持;声誉机制和群体选择只有在群体规模非常小并且迁移很少发生时才会导致利他行为的演化"③。

如果说人性只能解释合作生产的一小部分,那么,对于人类复杂的合作

---

① [美]巴泽尔. 产权的经济分析 [M]. 上海:上海三联书店,上海人民出版社,2002:2.
② [美]诺思. 制度、制度变迁与经济绩效 [M]. 上海:上海三联书店,上海人民出版社,1994:27.
③ 韦倩. 人类合作行为与合作经济学理论分析框架 [D]. 山东大学博士学位论文,2009:61.

生产体系中的绝大部分，则需要通过国家的作用加以解释。人类社会的合作从基于血缘关系的家庭，到靠血缘与裙带关系维系的部落，然后进入以地域和财产等为基础的宗教和国家范围内的合作，直到近代才扩大到全人类的水平，其规模是不断扩大的。在这一过程中，国家的出现最为关键，通过构建惩罚与激励机制，国家能够有效地激励、组织以至于强制人们进行生产合作。

需要特别引起注意的是，由国家主导的合作生产在人类历史上有着无可替代的作用，这种作用远非市场制度所能解释。原因在于：①生产合作并不需要以私有产权为前提。昌明指出，"合作行为是产生于公认的私人财产出现之前很久，所以我们没有充分的理由为合作行为的产生添加一个自利的心理背景。因为倘若自利是人类的本性，那么人们围猎大型动物的动机就非常奇怪了，这就是博弈论中合作捕猎的困境。即便牵强地认为施惠者是在为自己的利益进行某种投资，也很难解释作为受惠方的食腐者的行为，因为他在吃白食的时候完全没有意识到自己正在参与一个交易"①。②生产合作也不必然以互惠为前提。奴隶社会就是一个典型的例子。在奴隶社会中，奴隶主在社会中居于绝对的主导地位，他们占有奴隶并对他们实行超经济奴役，奴隶从事劳动，无报酬，且无人身自由，因此对奴隶来说，这很难说是互惠式的生产方式。但奴隶制度却有效地打破了原始社会氏族部落关系的狭隘性，奴隶主占有大量生产资料和大量奴隶，将他们集中在自己的庄园和作坊中，强迫他们合作生产，这在当时的生产力水平下，反而有利于社会生产规模的扩大，有利于人类合作生产组织的建立，因而提高了生产效率，为整个人类物质文明和精神文化的进一步发展创造了条件。

4.1.3 国家是推动合作生产组织生成和发展的暴力组织

绝大多数经济学家没有从人类社会发展的角度来理解国家本质，从而难以客观地揭示国家在人类社会发展中的作用。在人类社会发展过程中，国家确实是暴力的统治工具，但更重要的是，由于合作生产组织不能自发生成，国家是推动合作生产组织生成的极为重要的力量，合作生产组织难以自发生成的原因可能有以下三个方面：

4.1.3.1 个体的智识缺陷

对于合作生产的好处，个体由于受认知的局限，很多时候并不能有清晰

---

① 昌明. 合作行为与经济学中的互补性研究 [D]. 浙江大学博士学位论文，2006：35.

的认识。信息经济学告诉我们,个体掌握的信息往往是有限的,这就使得大多数个体只能就简单的合作行为作出理性判断,而对于那些复杂的、涉及长远利益的合作行为,个体的判断有可能悖于事实而导致合作失败。社会选择理论三大不可能性定理,即阿罗不可能性定理①、防策略投票不可能性定理②以及森的个人主权不可能性定理③则证明,即使在信息完备的情况下,民主制度也不一定能够达成符合人类社会发展要求的合作生产规模。在一个"自由"的环境中,如何保证每个人的观念是一致的,至少是不互相冲突的,从而形成合作,是一个非常复杂的问题,个体的智识缺陷进一步使这一问题复杂化,最终导致合作行为流产。

4.1.3.2 人的自利倾向

奥尔森从理性的"经济人"出发,论证了由于个人的自利倾向,使得集体行动的实现其实非常不容易。"除非一个集团中人数很少,或者除非存在强制或其他某些特殊手段已使个人按照他们的共同利益行事,有理性的、寻求自我利益的个人不会采取行动以实现他们共同的或集团的利益"④。这中间的原因主要有两个:一是"搭便车"动机的普遍存在。作为理性的"经济人",在集体行动中,理性选择是分享集体行动的成果,同时却不分担集体行动的成本,从而实现"搭便车",集团越大,就越难克服集体行动中的"搭便车"行为。因为在人数众多的大集体内,要通过协商解决如何分担集

---

① 阿罗的不可能性定理是指,如果众多的社会成员具有不同的偏好,而社会又有多种备选方案,那么在民主的制度下不可能得到令所有人都满意的结果。阿罗不可能定理说明,依靠简单多数的投票原则,要在各种个人偏好中选择出一个共同一致的顺序,是不可能的。这样,一个合理的公共产品决定只能来自于一个可以胜任的公共权力机关,要想借助于投票过程来达到协调一致的集体选择结果,一般是不可能的。

② 防策略投票不可能性定理又被称为"吉伯—萨德伟定理",根据这一定理,只要投票者可在三个或以上的项目中作出选择,那么他们必定有办法通过策略性配票去操控结果,而这种操控是符合他们利益的。投票程序的"可操纵性"和投票人的策略行为是普遍存在的,这意味着所有的选举都可能受到操控。

③ 森通过对非独裁性条件的修正,扩展了个人权利范围,将自由与权利纳入社会选择函数中,提出森个人主权不可能性定理。他认为非独裁性条件没有明确规定最低限度的个人自由权力,因而应该修改为在对一组状态进行选择时,社会偏好应该反映至少两人的个人偏好。这一修改后的条件被他称之为"最低限度的自由主义"。并进一步论证指出,如果该公理性假设修改为最低限度的自由主义的条件,那么,也不可能找到一个社会选择规则同时满足于这一条件和帕累托原则。这就是被一些学者称为森的著名的帕累托自由悖论。这一论断揭示了个人自由与帕累托原则之间的矛盾与冲突这一深刻的问题。

④ [美]奥尔森. 集体行动的逻辑[M]. 陈郁等译. 上海:上海三联书店、上海人民出版社,1995:2.

体行动的成本十分不易；而且人数越多，人均收益就相应减少，"搭便车"的动机便越强烈，"搭便车"行为也越难以发现。二是"不公平"感觉的普遍存在。在自利动机下，不是每个人都能准确地评估自己在合作过程中所发挥的作用，因为"经济人"往往对他人与自身之间的区别看得非常重要，对于他们不存在除了私人的行为收益以外的收益，他们在坚持私有财产神圣不可侵犯的同时，把集体的财富视作是与无主的果实一样的可直接掠为己有的资源，同时有可能习惯于高估自己而低估他人在合作生产过程中的作用，如果他们认为分配制度并不有利于自己，便会产生"不公平"的感觉，而群体成员的"不公平"感觉在很大程度上会降低群体的合作能力。

4.1.3.3 人的风险意识

生存的风险规避意识很可能是人类产生合作行为的原因，因为在人类社会的早期，采集食物和其他生存所必需的资源的效率很低，以至于单个个体的生产效率很难满足个体的生存需要，所以至少要有一定数量的个体联合起来，产生合作剩余才能达到规模以上的效率，从而满足族群生存下去的需要。但需要注意的是，因生存的风险规避意识产生的合作行为存在"边际递减效应"，这也可能是氏族部落瓦解和家庭出现的重要原因，在人的生存得到基本满足之后，人的风险规避意识很可能转变为合作行为的阻碍而不是动力。因为人的风险规避意识使人们在合作之前就希望事先能很容易地预测合作的前景，并对合作的风险进行严格的控制，这当然会极大地限制可能的合作范围。Russell Cooper等（1992）设计的一个协调博弈的实验就证明了这一观点，在他们的实验设计中，高收益的纯策略均衡是一个帕雷托最优的均衡，但同时也是支付占优策略而不是风险占优策略，他们观察了100余组的对阵情形，在所有的结果中97%的行为人选择了回避风险，而没有人冒险选择支付占优策略。这一实验表明，如果没有足够的信息用于说服人们放弃风险意识，参加博弈的行为人很少会选择有风险的帕雷托最优的均衡策略[①]。

除了人们的智识缺陷、自利倾向与风险意识，可能还存在多种其他的原因导致合作行为难以生成，但不管怎么样，这都说明"合作行为是人类自由选择的结果"这样的观点是需要进一步分析的[②]。诚然，在一定程度上，这种观点是正确的，因为确实没有一个人类以外的强制力量，比如说上帝来强

---

① Cooper Russell W.. Communication in Coordination Games [J]. Quarterly Journal of Economics, 1992（107）：739-771.

② 韦倩. 人类合作行为与合作经济学理论分析框架 [D]. 山东大学博士学位论文，2009：90.

迫人们采取合作行为，从这个意义上讲，合作行为是人类的而不是别的东西的"自由选择"。但是，如果因此认为合作行为完全是源于人类的个体自由选择，那肯定是值得商榷的，合作行为是人类社会发展的产物，在这个发展过程中，当然包括个体选择，但就推动人类进行合作生产的动力强度而言，国家的集体意志比个人的自由意志作用显然要大得多。

纵观人类发展过程，国家的集体意志之所以能够推动人类进行合作生产，主要有以下两个方面的原因。

（1）降低合作的成本。如果任由人们自由地讨价还价，高昂的交易成本将使许多有利的合作变得不可能。众多的研究表明，"依靠惩罚威胁可以维持人类大规模的合作。由于背叛行为会引致更严厉的惩罚使得背叛的成本超过合作的成本，合作者就会比背叛者具有更高的适应性，从而惩罚机制可以维持群体合作的演化"。因此，惩罚威胁能抑制群体中的背叛、逃避责任和"搭便车"行为，从而可以维持群体较高的合作水平。只是惩罚是有成本的，而且惩罚者与被惩罚者的力量越是相当，这种成本就越高。试想一下：一个伤心欲绝的失恋者有可能怎样去惩罚背叛他的恋人？毁容还是杀人？两个势均力敌的国家如何惩罚对方的挑衅？战争抑或种族灭绝？这些惩罚成本都太高了。"很明显，如果人们不能够以低成本的代价施加严厉的惩罚，依靠惩罚行为来维持群体内部合作的信念将很难再被坚持，一个值得进一步思考和探索的问题将是：到底是什么机制来保证惩罚行为在人类社会中的有效性？人类社会存不存在可以有效增强惩罚能力的若干安排呢？"对此，韦倩认为，人类存在着若干增强惩罚能力的社会机制，可以使惩罚者以更低的成本对背叛者进行更严厉的惩罚，其中最为重要的三种社会机制分别是规范的内化、缔结同盟、第三方介入[①]。

规范的内化在人类演化的历史进程中可能具有非常重要的适应性价值，且惩罚成本较低，但其对于合作行为本身来说并不具有必然的有效性。缔结同盟能够降低不合作行为发生的概率，但由于力量相当，在很多情况下，成员间的机会主义行为经常使得同盟并不稳定。要实现惩罚的低成本，并且高效，强势的第三方介入是最佳途径，这种现象在现实生活中也十分普遍，老师、长者、领导、黑社会等都经常充当强势的第三方的角色，对他们所能影响的人群实施惩罚行为。但不论谁充当第三方的角色，都不及国家合法有效，不同于个人和其他组织，国家是因拥有合法暴力而在暴力方面有比较优势的

---

① 韦倩. 人类合作行为与合作经济学理论分析框架［D］. 山东大学博士学位论文，2009：61、63、64-66.

组织，任何个人和其他组织与国家相比，力量差距悬殊，这就使得国家可以借助法律、警察、军队等的威慑作用，以最低的成本（更严格地说是平均成本）实现对非合作者的惩罚。有些时候，国家甚至强迫不合作者实施合作行为。因此，国家有实现合作的低成本优势。

只是，国家存在的目的并不是追求合作，而是统治阶级的利益，但统治阶级的盈利是建立在合作生产而不是战争的基础上，如果没有合作生产产生合作剩余，统治阶级也不可能获得更多的利益。统治阶级只会在特殊的情况下才采用武力手段：来自竞争者的挑战或镇压反抗者，一般情况下，战争与敌对不是均衡解，合作才是。

（2）降低合作参与人的风险。不论是建立或参与合作生产组织的个体都会面临风险，当风险过大时，合作生产将不会在自由选择的条件下生成。合作生产组织生成的风险，如果粗略地进行划分，可以分为非系统风险和系统风险两大类。非系统风险往往是由合作生产组织自身原因引起的，如由生产组织管理经营不善引发的风险，这种风险理应由合作生产组织自己负责，它只会影响个体但不会影响社会整体，因此并不能构成整个社会生产组织难以生成的原因。系统风险往往是由社会系统原因引起的，如由于基础设施落后导致交易效率低下、核心生产要素不足导致生产落后等，这种风险是单个合作生产组织无法规避的，因而是整个社会生产组织难以生成的重要原因之一。

正常情况下，合作生产组织生成的系统风险与社会的发展阶段和发展程度成反比。在农业文明时期，土地是核心生产要素，围绕土地开发与农业生产的系统风险在农业文明开始之初是巨大的，这一方面源于个体难以单独完成巨大的开发工程，另一方面源于农业生产成果被掠夺的危险。但随着奴隶制国家的建立，这些风险由于奴隶主强迫奴隶集体劳动与对农业生产成果的武装保护而大大降低了，随着国家制度的演化，大面积的土地被开发出来，农业生产成果的安全性也越来越高，农业文明在社会中得到了越来越广泛的认同，围绕土地开发与农业生产的系统风险不断下降。在工业文明时期，资本是核心生产要素，围绕企业组建、技术进步与工业生产的系统风险在工业文明开始之初也是巨大的，因为一个国家在工业化之初，往往基础设施落后，生产要素的交易效率低下，社会对工商业较低的认同度也往往导致社会对工商业生产成果的保护不足。特别是对于发展中国家来说，在全球化背景下，难以与发达国家形成良好的工商业分工体系，技术上也很难赶超发达国家，如果没有国家的保护性措施，工业化的生产合作组织——企业很难在工业化之初广泛地建立起来，即使建立起来也难以获得长足的发展。但随着工业化的推进，企业得以建立，技术不断进步，工业生产成果的安全性也越来越高，工业文明在社会中得到了越来越广泛的认同，围绕企业组建、技术进步与工业生产的系统风险才会不断下降。

正是国家有降低合作成本与降低合作参与人风险尤其是系统风险的功能，使得"在第一次经济革命以后的1000年间所创造出来的国家，乃是以后一切经济发展的必要条件。尽管定居农业出现后的1万年，在历史上追溯起来，出现过一幕幕大多由国家统治者或其代理人所导演的战争、杀戮、剥削（不过是有限的）、奴役乃至大规模的屠杀，但仍必须着重指出，一个国家对于经济的进步是至关重要的。在整个历史上，个人在国家——虽然它可能是剥削的——和无政府状态之间所作的选择对国家是有利的"[1]。在这里，国家虽然有阶级统治之嫌，但在客观上却大大推动了人类合作生产的进程，因此，国家是推动合作生产组织与发展的暴力组织。

4.2 国家的形成与发展

4.2.1 习俗威权组织

美国文化人类学家E. R. Servise在《原始社会的组织》（Primitive Social Organization）和《国家与文明的起源》（Origins of the State and Civilization）中认为，人类社会的政治组织经历了四个连续发展的阶段，即游群、部落、酋邦、国家。在游群与部落时期，人们已经通过合作生产来降低生存风险，彼时的人们，在独立部落阶段，氏族之间是平等的，不存在分层，人们之间的生产合作主要依靠习俗。酋邦作为国家的近亲，在E. R. Servise看来，有四个特点：一是"集中的管理"；二是"世袭等级制"，这使得酋邦社会与前此阶段平等的游团社会和部落社会根本地区别开来；三是神权权威；四是"非暴力的组织"，或者换句话说，无正式而合法的强制性的暴力镇压工具，这是酋邦与国家的根本区别[2]。

在酋邦之类社会里缺乏国家社会里那种强制性的约束力，那么，又是依靠什么来维持社会秩序的呢？E. R. Servise认为，酋邦社会拥有一种非正式

---

[1] 诺思. 经济史上的结构和变革 [M]. 商务印书馆，2007：30.
[2] E. R. Servise. Profiles in Ethnology [M]. New York：Happer & Row, Publishers, 1971：497.

第4章 国家与合作生产

的公共约束力,处于制度化的现代法院与原始的家族习惯之间①。这种非正式的公共约束力包括消极的约束力,比如舆论指责、朋友不友好、互惠关系被取消等。同时,酋邦之类社会也并不是完全没有自己正常的"强制"方式;在酋邦社会中,祭司与酋长是可敬畏的人物,而往往祭司职位和世俗酋长职位都由同一家族传承,有的时候,祭司与酋长就是同一个人。酋长在所有有关团体的事务中,包括在祭祀、裁决、战争和对外事务中,都拥有最终决定的权力,而酋邦社会通常相信"神即祖先,祖先即神"。祭司与酋长超自然的力量,往往因为已经成为神灵的祖先的力量而扩大。在大多数酋邦那里,不服从命令即是对酋长的冒犯,因此也就是对神灵也即祖先的冒犯。由此可见,在酋邦社会,所谓公共"法律"典型的惩罚手段就是宗教的超自然的惩罚,比如祭司权威所发出的诅咒或者公开指责。

很显然,作为"非暴力的组织",酋邦虽然"在所有的古代文明和历史上著名的酋长领地以及原始的国家中,官僚政治的产生和扩张也就是统治阶级或贵族的产生。'分层'主要分为两个阶级:统治者和被统治者——这是从政治上划分的阶级,而非从所有制集团划分的阶级。假如是这样的话,我们就发现不了那种在普通百姓之上的用于维持统治阶层地位的强权。至少在历史事实中没有记载,在考古材料中也看不到。换句话说,显然没有由于武力压迫而引起的阶级冲突"②。但就是这种非强制性的权威,在经济上已经实质性地承担起组织合作生产的职能。一般说来,在酋邦中,酋长有能力规划、组织与部署劳动力,开垦梯田,修筑灌溉系统。E. R. Servise 认为,像这一类世俗劳动,通常认为是国家社会的政府使用强制力量来强迫人们进行的,然而实际上,在酋邦社会里,这类劳动却是人们自愿进行的③。对此,一种可能的合理解释是因为只有通过合作生产才能解决酋邦公众的生存问题,并且,随着生产力的发展,个体的生存技能越来越高,这种"非暴力的组织"在促进合作生产的约束能力方面显得越来越弱,并最终导致暴力组织——国家的产生。

---

① E. R. Servise. Primitive Social Organization: An Evolutionary Perspective [M]. New York: Random House, 1971: 151.

② E. R. Servise. Origins of the State and Civilization: The Process of Cultural Evolution [M]. New York: W. W. Norton & Company, 1975: 285.

③ E. R. Servise. Origins of the State and Civilization: The Process of Cultural Evolution [M]. New York: W. W. Norton & Company, 1975: 296-297.

4.2.2 自然国家

国家的产生是生产力发展的结果。特别是当更为先进的生产工具使私人或家庭掌握了独立生存的技能之后,个体脱离酋邦寻求"自由"的动力可能会加强,这对酋邦的领导阶层来说可不是好消息,因为这意味着合作生产解体的危险会来临且他们能够占有的财物可能会因此减少,此时,建立一种有强制性的暴力组织来维持合作生产就显得极为必要了。不过,国家的产生可能存在不同的演进方式,Kristian Kristiansen 就把人类早期社会组织的演进划分为两种基本情形:一种是从分散的部落发展到以奢侈品财政为基础的酋邦,后来演进为分权的分层社会,最后发展成为城邦。这是一条从分散的部落发展到个别化的酋邦,再发展到分权的分层社会,又发展到封建国家的道路。另一种是从领土部落发展成以一般经济产品财政为基础的酋邦,然后演进为集中管理的分层社会,最后发展到帝国。这是一条从领土部落发展到集体性质的酋邦,再发展到集中管理的分层社会,又演进为官僚制度国家的道路①。

Kristian Kristiansen 的划分似乎为"民主国家"与"独裁政权"的衍生提供了理论依据,但其实并不完善。巴泽尔认为,"城邦拥有两个基本特征:对交易的依赖性和那里普及的法治处于先进状态。第一个特征基本上是不可避免的。因为腹地很小或没有腹地,城邦的不能生产所有食物、织物和其他他们所需要的土地密集型商品,因此他们必须通过贸易来获取这些东西……对于跨越国家当前边界的贸易问题,有一种激烈的解决方法,就是开拓边界。'开拓'边界的一种方法是征服邻国,最终可能建立一个帝国……许多城邦——在某些时候——成为了帝国"②。由此可见,在国家产生之初,"独裁政权"是更适应社会发展要求的一种国家形态,民主的城邦制度并不是一种稳定的国家结构。原因可能在于:一方面,除了大型工程项目,农业生产对合作生产的要求并不高;另一方面,在农业文明时期,合作生产对于统治者和被统治者来说有不同的评价标准,由于农业生产所产生的合作剩余相对有限,扣除统治者占有的部分,被统治者从中得到的好处与独立生产相比并不十分明显。正因为如此,使得被统治者在"生存—自由"的选择中更愿意选

---

① Kristian Kristiansen. Chiefdoms, States and Systems of Social Evolution, in Timothy K. Earle, ed., Chiefdoms: Power, Economy and Ideology [M]. Cambridge: Cambridge University Press, 1991: 16 - 43.

② [美] 巴泽尔. 国家理论:经济权利、法律权利与国家范围 [M]. 上海:上海财经大学出版社, 2006: 283 - 285.

第4章 国家与合作生产

择自由，如果不是统治者采取独裁方式，并以武力相威胁，合作生产组织的建立可能会变得极为困难。

"独裁政权"类似于汪丁丁所说的"自然国家"，而"民主国家"则相应地被称为"法治国家"[①]。从历史的角度来看，自然国家存在的时间比较长，经历了从奴隶制国家到封建制国家的数千年时间，而法治国家是工业革命之后才逐渐形成的，前后不过两三百年。奴隶制国家是人类历史上出现最早的"自然国家"类型。在公元前40世纪形成的埃及王国，公元前30世纪在幼发拉底河和底格里斯河流域形成的苏美尔、巴比伦、亚述国家，公元前20世纪形成的印度和中国，都是古老的奴隶制国家。奴隶制国家的统治主要是极端残酷的暴力方式，此外还使用宗教迷信的方式统治奴隶和自由民。奴隶制国家极大地限制了奴隶的自由，但在人类生存问题的解决方面却取得了巨大的进步：由于大批奴隶集中在奴隶制国家或个别奴隶主手中，因而也就有可能广泛地采用合作生产方式，甚至出现了脑力劳动和体力劳动的分工，这种合作生产方式是奴隶社会提高劳动生产率的重要源泉，从而可以创造出大量的合作剩余。

生产力的发展特别是铁器的推广使用，不仅提高了个体解决生存问题的能力，也加深了奴隶和奴隶主因显而易见的剥削而产生的矛盾，当奴隶不是战争中的俘虏而是世袭产生时，在奴隶主残酷的野蛮剥削和压迫下，奴隶为了争取人身的自由和生存的权利，不断地大逃亡，或者是组织起来用暴力反抗奴隶主，最后形成大规模的奴隶起义。于是，被统治者自由度空前提高的新的"自然国家"——封建制国家形成了。封建制国家为人类在生存与自由之间找到了一个适合农业文明的契合点——社会由大量的以家庭为单元的相对比较自由的农民组成，人类的合作生产主要体现在社会分工上，这样的社会结构促进了手工生产体系的形成和发展，使农业、畜牧业、副业有了很大发展，手工业生产规模和技术水平也有了显著的扩大和提高。

但农业文明始终缺乏摆脱自然国家建成法治国家的基础，同时这也是"民主制"的城邦主要出现在以商业为主的区域的原因：一是在经济上，农

[①] 在汪丁丁为巴泽尔《国家理论》中译本序《权利与权力的共生演化》一文中，有一段话是这样表述的，"巴泽尔更进一步相信，正是因为找到了这样一种集体行动机制，某些人类社会得以从传统的'自然国家'过渡到现代的'法治国家'，并且，正是因为没有找到这样一种集体行动机制，其余的人类社会要么仍停留在自然国家状态里，要么长期沦为利维坦独裁统治下的臣民。这就是巴泽尔所谓'独裁政权'与'臣民控制的政权'之间的差异，或者，也是代表强权者利益的'法制国'与代表大众利益的'法治国'之间的差异"（[美]巴泽尔. 国家理论：经济权利、法律权利与国家范围[M]. 上海：上海财经大学出版社，2006：6.）。

业生产的剩余太少了，民主的结果很有可能导致统治阶级无法获得合意的剩余；二是封建割据和自然经济阻碍了人们之间的交流，使得民主只能在狭小的地理范围内实施，大区域或全国的民主是不现实的。缺乏民主，生存与自由之间的平衡有可能经常被破坏，有时，出于加强剥削的目的，封建地主阶级有可能对农民进行残酷的经济剥削，从而导致农民的生存福利面临困境，这会不断地激化地主与农民之间的矛盾，迫使农民通过抗捐税、抗租甚至武装起义等各种斗争形式，反抗地主的统治。

4.2.3 法治国家

关于"法治国家"，一般认为是在德语中最先使用的。早期的法治国家是指中世纪欧洲的某种国家形式，尤其是德意志帝国，当时被认为是"和平与法律秩序的守卫者"。现代意义上的法治国家，其基本含义是国家权力，特别是行政权力必须依法行使，所以，法治国家有时又称法治政府。因此，法治国家实质上是法律与权力交互作用时人们对这一关系所选择的价值标准和持有的稳定心态，其核心是坚持法律至上，国家权力要以公民权利为运行界限，而两权界限由法律明确规定，法治国家要求对政府的权力加以严格的限制。

就西方历史而言，现代法治国家是17~18世纪的产物，是伴随着工业文明的兴起而出现的。由于要求对国家权力加以严格限制，法治国家很容易让人想起斯密的政府"守夜人"定位，在《国民财富的性质和原因的研究》中，斯密论述了一个现代国家所应具有的三个方面的职能：第一，国防职能，即保卫本国安全，使之不受其他独立社会的暴行与侵略；第二，司法职能，即为了保护每个国家成员不受其他成员的欺辱或压迫，为了保障市场经济的主导性地位，国家应该积极地维护一套特定的法律制度并设立一个严正的司法行政机构；第三，国家应该建立一些对社会有利的公共机构和公共工程。[①]除了这些最低限度的职能外，政府的适当角色就是尽可能地远离经济生活，扮演好社会"守夜人"的角色就可以了。

在新古典经济学的自由主义范式下，斯密的政府"守夜人"定位得以进一步确立，新自由主义经济学家主张"小政府"和"有限政府"，主张最大限度地限制和缩小政府的经济职能，主张通过私有化和市场化让政府从竞争

---

① [英] 斯密. 国民财富的性质和原因的研究（下册）[M]. 郭大力，王亚南译. 北京：商务印书馆，1972：254、272、284.

性产业领域退出,甚至从许多公共产品领域退出,从投资办教育事业和资助学术研究的领域退出。在新自由主义看来,法治国家制度的建立是一个约束社会经济发展的外生条件,一个国家要实现现代化必须先建成法治国家。在对发展中国家与转型国家进行"休克疗法"的过程中,这一法则被运用于社会实践,效果并不理想。

一个现代意义上的成功国家必然是一个法治国家,这一点或许没有错。"休克疗法"效果不明显的关键原因在于法治的限度,很多时候,法治对个体的自由民主强调得更多,自由民主是法治的灵魂,是法治国家的基本精神,没有自由民主必然没有法治,也必然没有法治国家。只是,法治国家的建立是有条件的,或者说人类对自由民主的追求是源于"生存—自由"对立统一选择的结果,因为"在自然经济条件下是产生不了法治国家的。法治国家必须以商品经济或者市场经济作为其经济基础"①。

法治国家之所以在工业文明中产生,是因为工业文明与农业文明有着完全不同的一些特点:一是在生产资料所有制上,与农业社会存在大量的不需要通过合作生产就能够独立生存的"自由民"不同,工业社会有一个为数众多的"无产者"阶层,这些人不需要政府强制而是必须参与工业化合作生产才能满足生存需要,这大大降低了政府独裁的必要性;二是在经济上,工业化合作生产能够创造大量的合作剩余,民主既能有效发挥工人的劳动积极性,也能保证统治阶层获得合意的剩余;三是便利的交通和信息技术使得人们能够轻而易举地进行交流,使大范围的民主有了实施的可能。

但是,法治国家的推行,以市场经济条件下大量的合作生产组织的形成为前提,而自由主义经济学家往往忽略了这一点。正如诺思所指出的,"持有自由主义信念的经济学家一段时间以来在某种错觉之下辛勤耕耘。这种错觉就是:存在某种叫自由放任的东西;一旦'有效率'的产权和法制就位,经济就会运行良好而无须进一步调整"②。从发达国家的实践过程来看,民主制度与法治的推行是一个不断演进的过程,"有效率"的产权和法制就位在不同的经济条件下其实并不完全一样,当发达国家的经济学家先入为主地为发展中国家设计出一步到位的民主化进程的时候,显然忘记了巴泽尔的忠告——"使用暴力的实施者会对臣民形成使用权力没收他们财产的威胁。臣民可以团结起来,建立一套机制来约束实施者,但仍然允许他有足够的权力

---

① 卓泽渊. 论法治国家 [J]. 现代法学, 2002 (10): 12-23.
② [美] 诺思. 理解经济变迁过程 [M]. 中国人民大学出版社, 2008: 108-109.

去有效地实施合约"①。巴泽尔认为，集体行动机制能有效控制国家，防止出现独裁国，但又不能因此将国家权力缩小到无法有效实施合约的地步。对于发展中国家而言，由于没有建立起足够多的合作生产组织，市场经济体制还不完善，其有效实施合约所需要的政府权力显然要比发达国家大得多，因此，虽然法治国家是任何工业文明国家发展的目标所在，但相比而言，发展中国家需要一个比发达国家更为强大的政府才能确保社会更加有序地运行，在发展中国家实施与发达国家一样的民主与法制制度可能会带来混乱，这种混乱有可能源于过多的自由限制了发展中国家的民众进行合作生产的意愿，并最终导致他们难以获取合意的生存福利。

4.3 民主法治的作用

在人类社会发展的过程中，很长一个时期人们对国家的评价体现着一种矛盾心态：一方面，人们需要国家通过暴力手段来推动合作生产行为的发生并维护合作生产的秩序；另一方面，人们又担心统治阶级控制的国家政权借助暴力手段来对自己进行伤害，这种伤害，既可能是对人们生存福利的侵犯，也可能是对人们自由的控制。对于国家作用的"本质两难"（Fundamental Dilemma），Barry Weingast 曾有深刻的认识：一方面，国家需要足够强大，才有足够的强制力去完成它该做的事，即执行合同；另一方面，国家又不能过分强大，以至于它可以不受约束，滥用自己的强制力，任意侵犯公民的财产和权利②。

要解决国家作用的"本质两难"，必须对国家权力进行控制，"把权力关进制度的笼子里"。在制度的"笼子里"，国家侵犯公民权利的情形会较少发生，反而在公民权利受到侵犯时通过公民权利救济程序会更加有利于公民权利的实现与保障。这一制度"笼子"，主要是指良好的法治环境，只是，历史经验同时表明，法治归根结底要以民主制度为基础，要靠民主制度来保证，因为民主制度有利于形成合理的社会心智结构或信念体系，没有真正的民主，

---

① ［美］巴泽尔. 国家理论：经济权利、法律权利与国家范围［M］. 上海：上海财经大学出版社，2006：77.

② Barry Weingast. Self-Enforcing Federalism: Solving the Two Fundamental Dilemmas ［R］. Working Paper, Hoover Institution, Stanford University , 1997：117.

法治始终无法建立,菲律宾和拉丁美洲的历史就说明了这一点。当然,民主法治的根本目的,不仅仅是对权力进行约束,更重要的是构建公平的社会环境来激励人们更好地进行合作生产,同企业契约一样,从民主法治激励人们进行合作生产的效果看,民主法治也具有实现社会合作剩余的三大效应:产出效应、分配效应与发展效应。

(1)产出效应。民主政治与经济增长之间的相互关系一直难有定论。一些经济学家(Apter、Sirowy & Inkeles、Kaplan)观察到,"二战"之后,实施政治威权管治的发展中国家的经济增长速度普遍快于民主国家,因此认为政治民主会阻碍经济增长。但更多的学者坚信,民主政治和经济增长二者可以相互促进,尽管在特定条件下政治威权治理可以在短期获得更快的经济增长速度,但民主政治可以获得长期可持续、均衡和公平的增长。其实,这些信念都可以从合作生产的角度进行解释:既然国家有降低合作成本与降低合作参与人风险尤其是系统风险的功能,在一个国家发展之初,政治威权政府能够起到推进合作生产的作用,但随着合作生产组织的建立与市场经济的形成,人们在提高了生存福利之后,会对自由福利提出更高要求,政治威权政府对经济可能存在的不公平干预最终会与市场经济秩序格格不入,民主法治构建的社会公平性格有助于公民的自由保障和个性解放,相比于政治威权社会,民主政治能为公民找到"生存—自由"的合理平衡,因而可以更好地激发公民进一步参与合作生产的积极性,这也是一些威权经济在经历了短暂繁荣之后,陷入困境的根源所在。

(2)分配效应。政治威权治理很容易产生利益集团,同时导致很多人成为"弱势群体"。"社会中一些人群如消费者、纳税者、失业者以及贫民不可能组成任何团体,因为他们既不具备选择性刺激手段又不是人数很少的个体集合;这样他们很可能被排除在社会协商之外。"[1] 权力制衡机制的缺失极易导致权力的滥用,形成"权贵资本主义"(Cronycapitalism),社会财富的分配将按照权力的大小进行分配,并最终导致贫富差距极为悬殊。相对而言,在民主法治国家中,政府官员会受到政府内部(包括自上而下的监督和其他政府机构的制约)与政府外部的有力监督和控制,尽管政府官员仍然是理性人,但由于受到众多选民和中立的司法机构的广泛监督,政府官员的理性选择仍会是将政府的收入尽可能运用于公众的福利,人们可以通过选举与司法机构约束政府行为,同时纠正市场经济下财富分配的自然不平等倾向,从而

---

[1] [美]奥尔森. 国家兴衰探源[M]. 北京:商务印书馆,2001:44.

找到一个剩余分配中的社会合作博弈解，形成相对"公平"的社会分配制度，减小贫富差距，实现社会公正。

（3）发展效应。在工业社会，政治威权政府都最终遇到了长期进行社会管治的难题，由于社会不公的存在，一些公民参与合作生产的积极性大大降低，如果不能按照社会发展需要及时进行社会改革，当公民参与合作生产的积极性降低到某一临界值时，社会发展的停滞趋势会迫使这些国家进行重大的政治调整，重塑公民参与合作生产的信心将使社会付出沉重的代价。在民主法治国家，权力的更迭、政府的替换常常比较平稳，从而能够使社会相对平稳地朝前发展。

民主法治在国家治理当中的重要作用并不能证明国家的契约本质。民主政府与政治威权政府的区别在于，民主法治可以形成整个社会相对"公平"的合作剩余分配机制，有利于公民个体在获取生存福利与自由福利减损之间找到平衡点，而政治威权政府则经常性地排斥这种社会公平性格的生成。如果国家的核心作用是为了降低人们建立合作生产组织的系统风险，那么，政治威权政府或神权组织是有效的组织形式。但在神权时代结束以后，特别是在工业化发展到一定程度之后，国家想要促进合作生产组织与社会的持续发展，为社会注入民主法治的公平性格则显然是一个重要的条件，因为只有这样，才能更好地彰显人们所追求的"自由"，并反过来促进他们的合作生产。

第5章 基于合作生产的宏观产权结构理论分析框架

5.1 合作生产、国家与产权制度

西方现代产权经济学家对产权问题的关注主要集中在两个方面:一是在立宪层次上探讨产权的界定与资源配置效率的关系(R. Coase,1960;Alchian,1965;Demsetz,1967,1988;Barzel,1989;等等)。二是研究企业内部的产权安排与企业绩效之间的关系(Jensen,1976;Fama,1983;Demsetz and Lehn,1985;Grossman and Hart,1986;Hart and Moore,1990;等等)。所有这些关于产权的理论或模型都暗含一个政府行为外生的假设前提,主要考虑的是产权配置的微观生产效率,而未论及合作生产的巨大风险及国家因此介入产权的必要性。事实上,当社会合作生产面临着较大的风险时,国家通过介入产权降低合作生产的风险是社会发展的重要条件之一,苏联、东亚、南非等的发展就部分地证实了这一点。因此,有必要进一步在合作生产视角下,重新审视国家介入产权的必要性与合理性及其不同国民经济条件下的发展规律性。由于产权经济学家对政府侵权行为的批评,很大程度上是以公共地悲剧理论与寻租理论为依据进行论证的,因而对这两大理论进行反思是重新审视国家与产权关系的重要切入点。

5.1.1 "公共地悲剧"的再思考

哈丁的"公共地悲剧"(The Tragedy of the Commons)描述了这样的场景:一片公共草地向 n 户牧民完全开放,每户牧民都可以在这片草地上自由地放牧,同时也可以自主决定放牧的数量 $g_i(i=1,2,\cdots,n)$,由于牧民 i 在私利的驱动下存在增加 g_i 的偏好,最终结果是这片草地上的实际放牧量 $G = \sum_{i=1}^{n} g_i$ 远远大于其最佳放牧量 G^*。该理论说明,如果没有产权约束,公共事物中的自由会给人们带来毁灭性的影响,有限的公共资源与无限的个人欲望必然会导致资源的过度使用。新制度经济学根据科斯定理对此提出的解决方案是:防止"公共地悲剧"发生的办法就是明晰产权关系或对产权人建立约束机制,以优化资源配置,提高资源使用效率。在新制度经济学看来,只要明确地界定产权关系,私人成本和社会成本就不可能发生背离而一定会相等,也就不会存在公共资源的过度使用。从科斯定理出发,新制度经济学家把私有产权拔高为经济发展的首要因素,"私有产权神话"由此而生。

只是极端的"私有产权神话"在如下一些方面遇到了难题:①在一些情况下,私有产权可能导致交易成本增加从而使一些资源难以得到符合全社会需要的使用,甚至出现闲置未用的情形,而相反,若产权模糊反而能降低交易成本使整个社会受益。比如,中国改革开放以来大规模的基础设施建设就是在产权模糊的背景下实现的。②从历史的过程看,工业化初期往往需要"公共领域"的广泛存在。比如,苏联是在计划经济体制下实现了阶段性的高速经济增长,东亚国家是在"强政府"模式下创造了人类历史上最高的经济增长速度,英国与美国在发展之初也实行了强有力的国家干预主义。③私有产权难以保证社会公正,政府干预下的"公共领域"是实现社会公正最重要的途径之一,发达国家的福利政策实施就是政府通过各种"权利束"的使用,形成"公共领域"再分配的结果。

事实说明,在一定范围内,"公共领域"是实现人类社会发展的重要条件。因此,从正面研究"公共领域"对经济行为的激励作用理应是产权经济学的重要研究内容,因此,有必要对"公共地悲剧"进行重新思考。

与以往学者主要思考科斯定理能不能解决"公共地悲剧"不同,笔者在此主要考虑的是:"公共地"是否必然就是"悲剧"?考虑整个社会生产的情形,在一个社会中,如果存在一些产权界定不清的"公共地"使公共资源被置于"公共领域",按照新制度经济学的观点,这种"公共领域"的存在将由于公共资源的过度使用而导致社会生产最终崩溃。很显然,新制度经济学家在这里只考虑到社会生产达到甚至超出最佳产量 $y^* = \sum_{j=1}^{k} G_j^*$ (假设 G^* 为某生产集体的最佳产量,社会有 k 个生产集体)的情形①,而没有考虑另一

---

① 社会的最佳产量 y^* 会随着生产技术的进步、社会需求的变化等因素而不断发生变化。

第5章 基于合作生产的宏观产权结构理论分析框架

种情况,即社会生产远未达到最佳产量 y^* ,其实这种情形在许多后发国家广泛存在。

为了分析简便,假设社会生产 y 由投资量 K、技术水平 A 以及产权制度 R 决定,即 $y = f(K, A, R)$。其中,$R \in [0,1]$ 表示私人与生产性资源的疏离程度,若 $R = 0$,说明是完全的私人产权制度,私人控制了所有生产资料并能支配社会生产出来的所有产品;若 $R = 1$,则是纯粹的"国有"制度,资源完全被置于"公共领域";若介于二者之间($0 < R < 1$),则说明部分资源被置于"公共领域"。由于现实中 $R = 0$ 与 $R = 1$ 这样的极端情况实际上并不存在,可以通过约定 $\underline{r}$、$\bar{r}$ 分别表示私人与生产性资源的疏离程度较低与较高时的两种产权安排,进一步假定产权制度安排存在三种近似形态:① $0 \leq R < \underline{r}$ 为私有制形态,这时,由于 $\underline{r}$ 相对较小,产权制度安排更接近于 $R = 0$;② $\bar{r} < R \leq 1$ 为公有制形态,这时,由于 $\bar{r}$ 相对较大,产权制度安排更接近于 $R = 1$;③ $\underline{r} \leq R \leq \bar{r}$ 为"公共领域"形态。

在社会生产没有达到最佳产量 y^* 的常态情况下,若采取严格的私人产权 $0 \leq R < \underline{r}$ 来排斥"公共领域",社会生产可能会出现以下情形:①拥有 $0 \leq R < \underline{r}$ 产权的私人将通过 K 与 A 的自我积累来扩大生产规模,使社会生产最终达到最佳产量 y^*。但这一过程将会是曲折而复杂的,在这个过程中,既有可能出现类似于中国漫长封建社会由于 A 上升缓慢而使社会生产陷于"停滞"状态的"李约瑟之谜"(Needham Thesis),也有可能由于自我积累 K 与 A 需要足够长的时间使得一个社会需要相对更长的时间才能从低级社会演变至高级社会,如英国实现工业化的情况①。②拥有 $0 \leq R < \underline{r}$ 产权的私人处于封闭状态,并且满足于目前的产出 $y(y < y^*)$,对技术进步与扩大生产既缺乏信心也缺乏兴趣,则社会长期停留于低生产水平阶段,陷入低生产水平的"陷阱",类似于撒哈拉以南非洲部分国家(或部落)的情况。③为了使社会生产 y 在较短的时间内达到 y^*,需要引进外资和技术,但外资和技术拥有者通过比较发现,产权制度 $\underline{r} \leq R \leq \bar{r}$(公共领域)的社会比产权制度 $0 \leq R < \underline{r}$(私人产权)的社会生产成本与交易成本更低②,出于资本逐利的本性,更多

---

① 英国是世界上最早实现工业化的国家,尽管这一过程是在资本能够通过殖民掠夺进行原始积累的基础上完成的,但由于技术积累需要时间,其实现工业化花了100多年(从18世纪30年代工业革命至19世纪40年代),比法国(60多年)、美国(50多年)、德国(30多年)要长,比后来所有实施"赶超战略"的国家所花的时间都要长。

② 这两种低成本往往是政府提供的,比如中国地方政府在引资竞争过程中往往提供各种各样的优惠与便利,这种恶性竞争的结果甚至导致出现了一些以获得不同地方政府优惠政策带来的超额利润为目的,而不断搬迁的"候鸟式"企业。

的外资与技术选择流向前者,导致后者的社会生产扩大相对缓慢。这或许可以在一定程度上解释一些亚、非、拉国家虽然实施私人产权制度,但经济社会发展一直比较落后,工业化进程相对缓慢,而中国由于产权制度处于"公共领域"状态,却可以长达30多年获得总量居世界第二位的外商直接投资(FDI)。

进一步分析,如果在社会生产远没有达到最佳产量 y^*,或者社会生产还没有实现工业化的情况下,社会存在"公共地"使 $\underline{r} \leqslant R \leqslant 1$,这时候社会部分资源($\underline{r} \leqslant R \leqslant \overline{r}$)或全部资源($\overline{r} < R \leqslant 1$)被置于"公共领域",社会生产出现的情形可能有:①"公共领域"+"丛林规则"。在这种情况下,社会处于一种无序状态,社会生产会经常遭到破坏,生产不可能达到 y^*,这实际上是一种极端的情况,当下社会并不存在。②"公共领域"+"计划机制"。在这种情况下,生产性资源的产权安排为 $\overline{r} < R \leqslant 1$,社会资源能被迅速地集中用于增加 K 与提高 A,社会生产在较短的时期内会迅速增长。但由于私人没有任何产权,其利益的获得完全取决于计划者的意愿,利益分割不公正必然挫伤私人参与合作生产的积极性进而阻碍生产的进一步扩大,并且,由于计划制定者信息不完全及其特殊偏好,所制定的生产计划很可能与社会的实际需求不符,结果导致社会生产与需求之间结构失衡,最后造成社会生产难以持续。这种情形可以较好地解释苏联的短期成功与最终失败。③"公共领域"+"市场机制"。在这种情况下,生产性资源的产权安排是 $\underline{r} \leqslant R \leqslant \overline{r}$①。社会资源部分地被置于"公共领域",其比重的大小与市场化的程度相关。从一般意义上说,市场越发达,被置于"公共领域"的社会资源就越少,反之亦然。黄少安、赵建(2009)认为,由于投资处于市场环境下,主要是由"看不见的手"来指挥的,同时社会生产性资源又部分地被政治制度置于"公共领域",生产者完全可以通过"寻租"来获取资源,因而使置于"公共领域"的资源成为有成本优势的交易方攫取的财富②。与产权制度 $0 \leqslant R < \underline{r}$ 相比,通过"寻租"可以获得低价格的生产性资源(生产要素价格扭曲),同时还可以有效地降低与私人讨价还价等不确定性而产生

---

① R 不能大于 $\overline{r}$ 的原因在于全社会完全共有的产权制度与市场机制是不相容的,市场机制存在的前提条件是必须存在不同的利益主体。即使是在哈丁的"公共地"里,也只是说草地是公共的,但每户牧民放牧的数量 $g_i(i=1,2,\cdots,n)$(或者是每户牧民的投资量)是属于私人的,其利益主体的不同才会最终导致私利驱动下的"公共地悲剧"。

② 黄少安,赵建. 转轨失衡与经济的短期和长期增长:一个寻租模型[J]. 经济研究,2009(12):80-92.

第5章 基于合作生产的宏观产权结构理论分析框架

的高昂的交易成本。因此，K 的规模会迅速扩大，社会生产会迅速地从 y 向 y^* 增长。这种情形可以较合理地解释中国改革开放以来的高速经济增长。

具体分析"公共领域" + "市场机制"的社会生产情况。如果社会生产资源的产权安排为 $0 \leq R < \underline{r}$，那么生产者只能按正常的市场价格（w）获取资源，在利润最大化目标下，生产者的生产由式（5.1）决定，即：

$$\max_{w} \pi_1 = p(y_1(k(w)))y_1(k(w)) - c(y_1(k(w))) \tag{5.1}$$

但在社会生产性资源产权安排为 $\underline{r} \leq R \leq \bar{r}$ 时，一方面，生产者要向"公共领域"控制者（往往是政治家）提供 vy 的租金用于"寻租"（v 为政治家凭借对"公共领域"控制权获得的社会产出分成）；另一方面，可以获得低价的（价格为 $\underline{w} < w$）生产性资源，在利润最大化目标下，生产者的生产由式（5.2）决定：

$$\max_{\underline{w},v} \pi_2 = p(y_2(k(\underline{w})))y_2(k(\underline{w}))(1-v) - c(y_2(k(\underline{w}))) \tag{5.2}$$

s.t. $\underline{w} < w, 0 < v < 1$

假设 $d_y/d_\pi > 0$，即产出是利润的增函数，则要知道 y_2 与 y_1 之间的关系，只需要比较 π_1 与 π_2 之间的关系，只要 $\pi_2 - \pi_1$，则厂商就会选择"寻租"并扩大生产。

比较式（5.1）与式（5.2），可得：

$$\begin{aligned}\pi_2 - \pi_1 &= p(y_2(k(\underline{w})))y_2(k(\underline{w}))(1-v) - c(y_2(k(\underline{w}))) \\ &\quad - p(y_1(k(w)))y_1(k(w)) + c(y_1(k(w))) \\ &= p(y_2(k(\underline{w})))y_2(k(\underline{w})) - p(y_1(k(w)))y_1(k(w)) \\ &\quad + c(y_1(k(w))) - c(y_2(k(\underline{w}))) - vp(y_2(k(\underline{w})))y_2(k(\bar{w}))\end{aligned} \tag{5.3}$$

由式（5.3）可知，在"公共领域"的产权制度下，利润的变化取决于生产性收入 py、生产性成本 c、寻租成本 vpy 三者的变化情况：

（1）第一部分 $p(y_2(k(\underline{w})))y_2(k(\underline{w})) - p(y_1(k(w)))y_1(k(w)))$，这部分反映了厂商由于扩大生产以及扩大生产后产品价格降低导致利润变化的情况，其实质是需求弹性对厂商利润的影响：社会生产越低于 y^*，产品的需求弹性越大；生产越接近 y^*，产品需求弹性越小。一般情况下，厂商在需求富有弹性的阶段会扩大生产，而在需求缺乏弹性的阶段会控制生产规模。

（2）第二部分 $c(y_1(k(w))) - c(y_2(k(\underline{w})))$，这部分反映的是厂商生产性成本变化导致利润变化的情况：在社会生产规模较小时，由于生产要素的稀缺程度不高，政府向厂商配置"公共领域"会使厂商生产性成本大大降低，从而使厂商选择扩大生产；随着社会生产规模的扩大，政府配置的"公共领域"占厂商生产性成本的比重会不断降低,而市场上生产要素的价格会因为稀缺程度的增加而不断提高,结果是厂商生产性成本增加,厂商会选择控制生产规模。

(3) 第三部分 $vp(y_2(k(\underline{w})))y_2(k(\overline{w}))$,这部分反映的是厂商寻租成本导致利润变化的情况,其大小取决于政府生产性偏好与政府强度(政府干预或索取租金的强度):政府的生产性偏好越强,厂商的寻租成本越低,厂商会选择扩大生产;反之,政府强度越大,厂商的寻租成本越高,厂商会选择控制生产规模。对于后发"赶超"国家而言,在工业化的初始阶段,由于政府的生产性偏好相对较强,厂商寻租成本相对较低,但随着生产的扩大,政府的生产性偏好不断减弱,政府强度加大,厂商的寻租成本也随之上升。

综合以上分析,"公共领域"是否能促进社会生产扩大,主要取决于产品的需求弹性、厂商的生产性成本和寻租成本的综合影响。在短期内,产品需求富有弹性、生产性成本的降低与政府的强生产性偏好会导致厂商生产的扩大,但在长期,由于产品的需求弹性与生产性成本导致的产出增长均存在"公共领域"产权制度衰减效应,寻租成本也不断上升,生产的扩张会受到抑制。因此,在其他条件相同的情况下,若社会生产没有达到 y^*,产权安排 $\underline{r} \leq R \leq \overline{r}$ 比产权安排 $0 \leq R \leq \underline{r}$ 在短期内能更有效促进社会生产,长期则不然。

因为在产权安排为 $\underline{r} \leq R \leq \overline{r}$ 的情况下,随着社会生产日益向 y^* 靠近,由于制度的边际效率递减、生产要素边际报酬递减、产品的边际效用递减三大规律的共同作用,"公共领域"产生的社会边际效用会越来越小;相反,社会生产规模的扩大会导致"公共领域"条件下的个人机会主义与政府机会主义不断加剧[1],从而提高"公共领域"的社会边际成本,最终使得"公共地悲剧"体现得越来越明显。基于以上分析可以得出一个结论,即"公共领域"的存在并不必然导致"公共地悲剧"。如果与市场机制有机结合,"公共领域"在短期内还有利于扩大生产使 y 更快接近 y^*,在由农业社会向工业社会变迁的过程中能够缩短时间,更快地实现工业化。除此之外,"公共领域"广泛存在的原因可能正如 Darviel W. Bromley 所论证的,在存在社会交易成本的情况下,有时经济剩余的水平使得"公共领域"的公有产权成为一种最有效的制度安排,只有在私人的社会交易成本大大降低到能产生足够经济剩余

---

[1] 在这里,个人机会主义源于无限个人欲望下自由进入"公共领域"的权力,政府机会主义主要源于政府将产权置于"公共领域"的偏好。当然,除个人机会主义与政府机会主义外,诸如技术、信息等原因也有可能引起"公共地悲剧",本书暂不考虑。

的情况下，私有产权才是有效率的制度结构①。

这一结论与我们关于合作生产的思路相吻合：私有产权与经济增长之间并不是必然的正相关关系，在一定的历史条件下，"公共领域"的存在反而有利于合作生产组织的建立，并推进经济增长。这种情况下，私有产权有时会导致资源被闲置，在由农业社会向工业社会转变的过程中尤其如此。而由政府配置"公共领域"则会推动合作生产组织的建立，从而降低资源闲置的程度，这与政府的宏观经济政策类似，但效果更加明显。

5.1.2 "租"的再思考

产权的界定和维护职能最后由国家来承担，产权主体向国家纳税来购买保护性服务，国家通过向产权主体收税组建强制力量并向产权提供保护。初看起来，这与其他平等主体的契约关系并没有什么不同。但是，现实中产权的完备性只是一种理想状态，实际生活中的任何产权不可能是完备的，这种不完备性或所有权残缺大体可分为两种情形：一种是产权的主体因界定、保护和实现权利的费用太高而自动放弃一部分权利束；另一种是外来的干预（或侵犯），如国家的一些管制等造成的所有权残缺。由此产生了"公共领域"及其"租"。

如果没有国家介入，"租"可能源于哈丁提出的"公共地"，即一项资源或财产由于产权界定不清楚而有了许多拥有者，他们中的每一个都有使用权，但没人有"阻止其他人使用"的权力，其结果会导致资源的过度使用和枯竭形成"公共地悲剧"。当国家介入经济之后，政府对经济的干预和管制必然引起产权利益在不同主体间的调整，最终的结果必然是社会资源配置的变化，亦即生产要素利益关系的变化。此时，"租"可能源于两个方面：一是获得某种特权，比如垄断的权利；二是直接获得来自他人的财富转移。

"租"的存在会使"寻租"成为一种社会经济现象。自从克鲁格 1974 年提出"寻租"这一概念以来，寻租理论作为产权理论的一个扩展得到了迅速的发展②。其代表人物有 Tullock、James M. Buchanan、Robert D. Tollison、Charles K. Rowley、Richard A. Posner、David C. Colander、Fred S. Mc-Chesney、Ronald Findlay、Stanislaw Wellisz、Jagdish N. Bhagwati、Dennis C.

---

① Darviel W. Bromley. Economic interests and institutions: the conceptual foundations of public policy [M]. Oxford: Basil Blackwell, 1989: 12 – 30.

② 朱巧玲. 寻租理论——产权理论的一个扩展 [J]. 中南财经政法大学学报, 2006 (4): 12 – 17.

Mueller、Mancur Olson 等。绝大多数经济学家认为，政府介入产权导致生产要素产权利益关系偏离自由竞争将是社会的不幸，这种不幸不仅仅表现在社会经济福利的损失，也表现在其后果有悖社会伦理。

寻租活动会导致社会资源的浪费和福利水平的下降。因此，Buchanan, Tollison and Tullock（1980）认为寻租是对"个人通过政府庇护为寻求财富转移所作的浪费资源的行为加以描述"[1]。Robert D. Tollison（1982）则认为"寻租是花费稀缺资源攫取人为创造出来的转移支付"[2]。本森（Benson, 1984）把寻租看作是个人或团体对既有产权的一种重新分配方式。他主张政府在处理产权时采取保守慎重的态度。因为用行政手段改变产权，会诱使寻租活动，从而造成社会资源的浪费；而且，某个利益团体追求一种产权的改变，会引发其他团体的形成和对抗，由于社会对产权改变的要求越来越多，政府机构也相应地越来越膨胀，造成更多浪费。所以，只有当产权的改变仅仅涉及产权当事人的时候，产权的界定才较有效率，政府作为第三者的介入往往会耗费不必要的资源[3]。

更为复杂的是，由于国家与利益集团的原因，那种国家干预主义的产权制度在利益驱动下极有可能被"锁定"。诺思等（1999）认为，国家往往会为了自身利益最大化而维持有利于某一集团的产权制度，一些产权制度尽管是低效的，但却因为有利于财政收入的增长和统治者对经济的控制而长期存在，有两个因素制约着国家对低效产权的变更，一是统治者眼前利益与长远利益的矛盾，二是统治者的寿命是有限的，历史上不少产权制度的变迁都与统治者的寿命周期有关。另外，利益集团不仅会改变产权变革的方向，也可能拖延产权制度的变革，使一个社会长期陷于非效率制度均衡中。罗兰（2002）认为，改革的进行要放松四条政治约束：①建立一揽子方案补偿受损者；②局部改革减少反对；③建立制度使补偿转移更加可信；④等待现状恶化使改革更具吸引力。制度非中性意味着同一制度对不同的人有不同的效用，有人获益有人受损，受损的利益集团得不到补偿就可能成为改革的阻力。只有当改革的收益足够大，或固守现状会威胁到政府统治的合法性时，这种有效的产权才是可能的[4]。

---

[1] Buchanan, James M., Robert D. Tollison and Gordon Tullock (eds.). Toward a Theory of the Rent-Seeking Society [M]. College Station: Texas A&M University Press, 1980: ix.

[2] Tollison, Robert D.. Rent Seeking: A Survey [J]. Kyklos, 1982, 35 (4): 575-602.

[3] 卢现祥. 转型时期导致政府官员腐败的因素分析 [J]. 理论月刊, 2006 (2): 5-12.

[4] [美] 热若尔·罗兰. 转型与经济学：政治、市场与企业 [M]. 北京：北京大学出版社，2002：85.

第5章 基于合作生产的宏观产权结构理论分析框架

当然,并不是说没有人认为政府介入产权有可能存在增进效率的一面。例如,马歇尔、熊彼特、威廉姆森等就从不同角度阐述了垄断有可能增进效率的一面。Baumol、Panzar and Willig 的可竞争市场理论认为,在自由进入和退出无成本的条件下,垄断不存在效率损失。潘泽与威利格、伯格与奇尔赫特在用成本部分可加定义自然垄断的新的理论中,弱自然垄断也不存在效率损失。另外,奥尔森认为,如果理性地追求自身利益的个人和集团能获得产出增长额中的相当大的部分,并且会因为社会产出的下降而遭受巨大损失,那么这时是有"共容利益"(Encompassing Interests)的,就会推动经济增长,"共容利益"诱使这些集团关心全社会生产率的提高,与之对应的是"狭隘利益"(Narrwo Interests),即个人或组织的利益对社会的产出增加和社会产出的下降只是占有微不足道的份额,那么,他们既没有激励扩大社会产出,也没有动力阻止产出下降,他们主要是通过再分配来获得更大的产出份额。阿西莫格鲁与维迪尔甚至发现,允许一定程度的腐败和不完全实施的产权制度对经济体来说是有益的,发展中国家大多倾向于弱产权保护和一定程度的腐败,并且一些国家因此取得了不错的经济效果。

对此可能的解释是,由于人们的智识缺陷、自利倾向与风险意识等原因,导致企业(合作生产组织)[①] 难以自发生成与发展,此时,需要国家作为"第三方"介入产权,借助其暴力潜能并通过法律歧视等来分配"公共领域"中的"租",从而降低企业生成与发展的风险,推动企业生成。这种背景下,国家的两个基本目标可以得到暂时的解决,产权弱保护(存在大量的"公共领域")与经济增长将并行不悖。

新制度经济学的国家模型认为,国家最基本的目标有两个:一是界定形成产权结构的竞争与合作的基本规则,这可以使统治者的租金最大化;二是在第一个目标框架中降低交易费用以使社会产出最大化,从而使国家增加税收。在新制度经济学看来,国家的这两个基本目标之间存在着旷日持久的冲突(如图 5-1 所示)。虚线 U_1 表示国家的目标及其冲突,如果统治者寻求更大的租金,必然使产出最大化受到影响。但在企业难以自发生成与发展的情况下,国家可以通过分配"公共领域"中的"租",做大"蛋糕"(产出)来获取更多的"蛋糕"(税收),同时创设出更多的"租",从而暂时地解决国家目标间的冲突,使政府两个目标之间的关系由图 5-1 中的虚线 U_1 表示转变成由实线 U_2 表示。这时,政府的租金最大化与产出最大化之间呈现出一

[①] 由于本书中所讲的合作生产组织主要是指企业,因此,在很多时候,笔者往往用"企业"替代"合作生产组织"进行表述,请细心的读者予以甄别。

种正相关关系,政府通过"公共领域"的配置为合作生产组织快速生成创造了条件,合作生产组织的快速生成将产出迅速推向经济的技术性生产边界,因而使经济出现了高速增长,同时为政府获取更多"租"创造了条件。

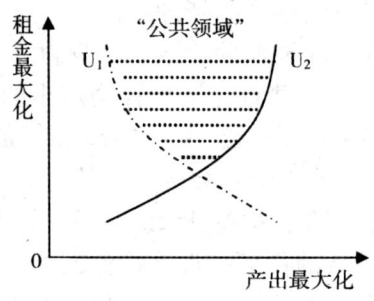

图 5-1 转型期地方政府的目标及其冲突暂时得到解决

只是从长期看,大规模地创造"公共领域"并设置"租"不可能产生适宜经济长期发展的产权结构,当人们对自由福利提出更高要求时,不公平的寻租都可能造成社会混乱,租值由此被大量耗散。因此,在资本稀缺的情况下,尽管经济高速增长提高的社会福利水平(主要是生存福利)会超过租值耗散产生的社会福利损失(主要是自由福利),但随着资本日益丰富,租值耗散产生的社会福利损失在将来的某一时点会超过经济增长提高的社会福利水平。根据历史经验,这时社会的产出水平离经济的技术性生产边界还存在相当的距离。

5.1.3 重新认识国家与产权之间的关系

对"公共地悲剧"与"租"的反思说明,在合作生产视角下,需要重新认识政府权力、产权与经济增长之间的关系。在西方,萨缪尔森的"两分法"为政府介入社会生产的范围提供了基本的理论依据,即将产品划分为两种不同的类型:具有排他性和竞争性的私人物品以及具有非排他性和非竞争性的公共物品,并将产品的生产相应地分为两种形式——由私人(通过市场)提供私人物品与由政府(通过国有企业)提供公共物品,产权也因此被界定为市场背景下交换的私人财产和公共等级组织下的政府所有权。虽然这种"两分法"在一定程度上反映了将市场与政府视为两类最优组织形式的历史传统,但是存在以下缺陷:①威廉姆森在一系列文献中坚持认为,"两分

第5章 基于合作生产的宏观产权结构理论分析框架

法"不能很好地解释私有企业的内在动力。②奥斯特罗姆对政策分析家习惯于将简单的数学模型用于现实环境分析提出了批评,认为"两分法"虽然给出了一个政府介入社会生产的简单模型,但现实情况要复杂得多:一方面,政府不仅仅介入公共物品的社会生产,有时还通过各种政策手段干预私人物品的生产,甚至直接组建国有企业;另一方面,20世纪六七十年代,新自由主义经济学对政府作为公共物品唯一供给者的合理性提出质疑,Demsetz、Auster and Staaf 等人相信,在长期均衡中,公共物品的竞争性生产方式恰恰能够实现此类物品的最优供给。③"两分法"局限了政府干预社会生产活动的范围,而这与政府在社会生产中实际扮演的角色并不相符。

巴泽尔的"三分法"提出了准公共物品的概念,进而将产品分成公共物品、混合物品和私人物品三大类。布坎南与奥斯特罗姆的"四分法"进一步将"混合物品"区分为两类:一类是具有排他性和非竞争性的物品,即俱乐部物品或自然垄断物品;另一类是具有非排他性和竞争性的物品,即公共池塘资源(Common-pool Resources)或共有资源,从而将产品分为私人物品、收费(Toll)物品、公共池塘资源与公共物品四大类。虽然"三分法"、"四分法"较"两分法"更符合现实情况,但并没有从"两分法"所遵循的"产品属性—财产制度—生产组织类型"的思维路径中摆脱出来,从而坚守了"两分法"将政府与私人物品严格隔离开来的固有立场,并且由于在市场与政府两类最优组织之外还"发现"了"群体性组织"①在提供公共产出方面的重要作用,从而在某种意义上相比于"两分法"而言进一步缩小了政府干预社会生产的范围。

划分产品属性对于产品的微观供给效率来说或许是个精巧的设计,但一定要将这种划分与财产权利组合起来思考只会在一定程度上强化"私有好、公共坏"的传统观念,并最终导致被当今经济学正统观点支持者们所推崇的"私有化"。对于宏观经济分析来说,这种分析包含着一定的误区,因为容易掩盖政府在财产权利方面存在的一个非常重要的真实原因——推动合作生产组织的形成与发展,从而在解释宏观经济发展方面陷入了困境。微观、宏观经济分析的一个巨大差异在于:微观经济学分析的往往是社会生产性资源充分利用条件下的生产效率问题,而宏观经济学分析的则往往是社会生产性资源闲置或过度使用条件下生产规模扩张或收缩问题。对于宏观经济发展来说,需要解释的不是公有制与私有制谁更有效率,而是社会的生产规模如何扩张

---

① "群体性组织"是本书使用的名词,泛指不同于政府或私人生产而联合供给的组织或社会团体,比如"俱乐部"(J. M. Buchanan)、"自主组织"(Elinor Ostrom)等。

或收缩，对于微观、宏观经济学的这一差异，可以通过引入工具生产可能性曲线来进行分析（如图 5-2 所示）。

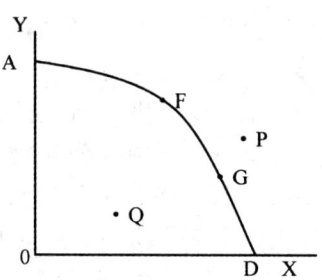

图 5-2 生产可能性边界

图 5-2 描绘了生产可能性边界，AD 线为生产可能性曲线。根据经济学的相关知识可知，生产可能性曲线是用来说明和描述在一定的资源与技术条件下可能达到的最大的产量组合曲线，它可以用来进行各种生产组合的选择，如图 5-2 中 F 点和 G 点，就是两种不同的生产组合。那么，一个国家关于消费品和资本品这两大部类的生产，到底是选择 F 点还是 G 点，或者是 AD 线上的任何其他一点？这就是微观经济学所面临和必须回答的问题，换句话说，微观经济学很大程度上就是研究假定在社会生产处于生产可能性边界上时个体的经济选择行为。而且只有生产可能性曲线之上的点，才是资源配置最有效率的点。这时，一个社会的全部资源都得到了充分利用，不存在资源闲置和失业，社会经济达到了充分就业状态。

但现实中，社会生产一般并不处于生产可能性边界上，因此，生产可能性曲线还可以用来说明生产潜力与过度问题。生产可能性曲线以内的任何一点（如 Q 点），说明生产是有扩张潜力的，即还有资源未得到充分利用，存在资源闲置；而生产可能性曲线之外的任何一点（如 P 点），则是现有资源和技术条件所不能达到的。于是有了宏观经济学，宏观经济学以一国的宏观经济运行作为主要研究对象，主要研究宏观经济的增长和波动，并揭示一国宏观经济运行规律。在图 5-2 上，当一国经济处于 Q 点或 P 点时，宏观经济学往往要考虑为什么是这样的，在找到原因之后，宏观经济学往往要考虑通过实施何种政策能使社会生产向 AD 线逼近。

由于现代产权理论遵循的是微观分析方法，因而总是强调公有制的低效率，而对公共领域在生产规模扩张方面的巨大作用视而不见，错误地依据微观分析方法来解决宏观经济问题,从而导致理论分析难与社会发展事实相符。由于市场在企业生成与发展方面有时会出现"失灵",而政府的强制性职能使其在生产战略选择能力与资源集中能力方面具有较强的比较优势,因而与市场组织相比,政府能够迅速组织并扩大某种有目的性的社会生产。因此,改变"产品属性—财产制度—生产组织类型"的思维路径,重新定位政府作用对于宏观经济分析来说是十分必要的:公共物品与私人物品的划分不再是政府与市场参与社会生产的分界线,政府可以参与供给私人物品,市场也可能参与供给公共物品,关键在于谁能更好地满足合意的社会需求,推动合作生产组织生成和发展使社会生产向生产可能性边界靠拢。为此,有必要引入产权的宏观分析方法。

5.2 完整的产权激励:微观机制与宏观机制

人类社会进步的历史就是产权激励不断改进的历史。"应当设计某种机制使社会收益率和私人收益率相等。"① "为有效率的资源配置提供激励的所有权结构将是重要的。"② 在《西方世界的兴起》与《经济史中的结构与变迁》两本书中,诺思特别强调了促进经济增长的关键是作出使私人收益率接近于社会收益率的产权制度安排,从而形成人们从事合乎社会需要的活动的激励机制。因此,"狩猎的公有产权与农业的排他性公有产权的差异是解释第一次经济革命的关键"③。

于是在漫长的人类历史长河中,人类社会的产权激励的机制在不断重构,从而构成了各生产要素利益关系的变迁历程。奴隶社会在客观上使土地的产权得到了充分的保护,但劳动力产权却无从谈起,直到封建社会将奴隶转变成农民,劳动力产权才部分地有了现实意义。在这之后,中国"官僚体制"式的封建社会由于缺乏对资本产权的利益保护,于是形成了"工业革命为什么没有发源于中国"的"李约瑟之谜",而欧洲"贵族式封建体制"有利于

---

① [美]诺思,托马斯. 西方世界的兴起 [M]. 北京:华夏出版社,1999:7.
② [美]诺思. 经济史中的结构与变迁 [M]. 上海:上海三联书店、上海人民出版社,1994:185.
③ [美]诺思. 经济史中的结构与变迁 [M]. 上海:上海三联书店、上海人民出版社,1994:95.

形成重商主义的产权制度，从而存在使资本产权利益得以实现的可能，最终导致现代经济增长最早出现于荷兰和英国。"17 世纪兴起的欧洲各民族国家之间出现不同增长率的原因可以从每个国家建立的产权性质中找到……在两个成功的国家里，所建立的产权（制度）激励人们更有效地使用资源，并把资源投入到发明与创新活动之中。在不太成功的国家里，税收的绝对量和取得财政收入的具体形式刺激个人做相反的事情。"①

人类社会进步的历史提供了足够的证据，人类正追求一个在个人自由、文明的基础上所有生产要素的产权都能完全实现的理想社会。马克思曾科学地预测这种理想社会就是未来的共产主义社会，只不过苏联与中国的实践证明建立这种理想的社会需要一个漫长的历史过程，原因在于，由于交易成本、信息等问题的存在，在目前甚至将来很长的一段时间里，建立一种机制让所有生产要素的所有者"社会收益率和私人收益率相等"是不可能的。人类社会仍然只能通过调整市场与政府之间的作用边界来调整各生产要素之间的产权利益关系，这就产生了现代产权激励的两个层面，一个是市场的层面，另一个是政府的层面。

西方现代产权理论倾向于分析产权的微观机制，产权和政府被处理为两个独立的要素，产权的形式一旦被给定，似乎就是一种不变的东西，政府被视为一种环境因素，它们外在于产权，这种处理方式使得西方产权在解释经济增长和政府职能上显得困难重重。但从对"公共地悲剧"与"租"的再思考中可以看出，政府并不是外在于产权的环境因素，更多时候政府权力与产权是紧密融合在一起的，对"公共领域"的分配是政府推动合作生产组织生成和发展的重要条件。因此，有必要进一步研究政府介入产权的内在机理，探究政府权力在多大程度上影响产权并形成宏观产权激励。

5.2.1 市场、政府与产权制度

由于从历史的角度看，产权关系构成了人们最为核心的利益关系，因此，可以从广义的角度来定义产权，即"产权就是受制度保护的利益"②。当某人对某物拥有产权，意味着某人因该物而形成了与他人的利益关系，要想充分地获得这一利益，必须具备两个条件，一是这种利益能够度量，二是这种利

---

① [美] 诺思. 经济史中的结构与变迁 [M]. 上海：上海三联书店、上海人民出版社，1994：90.

② 盛洪. 现代制度经济学（上卷）[M]. 北京：北京大学出版社，2003：8.

第5章 基于合作生产的宏观产权结构理论分析框架

益不会因受到他人的侵犯导致受损。只有这两个条件均具备时，才能构成完整意义上的产权，才能够"造成一种激励，将个人的经济努力变成私人收益率接近社会收益率的活动"①，促使人们去从事有利于经济增长的活动。

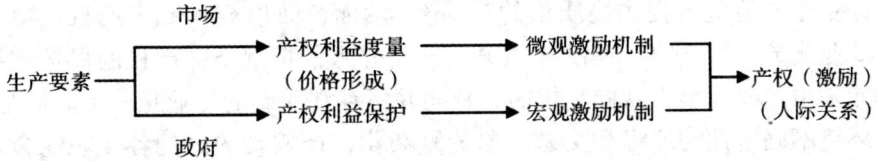

图 5-3 人与人之间的产权利益关系

如图 5-3 所示，产权利益的度量是通过市场机制来完成的。通过"看不见的手"，市场形成的价格将使各种生产要素都得到公平的报酬，产品分配净尽定理（欧拉定理）证明，如果产品市场和要素市场都是完全竞争的，而且厂商生产的规模报酬不变，那么在市场均衡的条件下，所有生产要素实际所取得的报酬总量正好等于社会所生产的总产品。如果市场真正能符合产品分配净尽定理的假定，那么，市场就完全可以形成精美的（微观）产权激励机制，政府仅仅需要做好"守夜人"就可以了，不需要过多地干预产权。但由于交易成本与信息问题的存在，市场从来就不是完美的，因此，对于我们这个时代的人来说，市场似乎只是"次优"选择。但人们很难找到一个比市场更优的选择，社会主义国家试图用行政与计划来替代市场的努力最后证明是徒劳的，因为行政性组织虽然可以部分地替代市场从而降低"交易"的成本，但却无法解决信息与微观激励问题，经济在短暂的高增长之后立即陷入困境当中，把社会主义等同于计划经济只不过是一条"通往奴役之路"。正是这个原因，"次优"的市场仍然是微观产权激励机制形成的基础性方式。

但市场毕竟是有缺陷的，存在所谓的"市场失灵"，所以需要有政府干预。政府介入产权的起点其实不仅仅是"市场失灵"，而是产权自我维护机制的不完善。具有自由主义倾向的经济学家大都主张依靠市场的力量，通过把个人惩罚条款加于交易对手，以保证产权契约的自我履行。威廉姆森提出"以抵押品支持交易"的主张，旨在通过扩大交易的内容和范围，在各交易

---

① [美] 诺思，托马斯. 西方世界的兴起 [M]. 北京：华夏出版社，1999：9.

方之间构造更多的相互依赖性来实现产权的保护和契约的自我执行①。克莱因和莱弗勒认为，由于个人拥有一定的履约资本如声誉、专用性投资等，因此产权的私人维护是可行的，他们通过一个"价格贴水"（Price-premium）模型证明，即使没有政府执行机制的存在，依靠市场机制和专用性投资也可以保证企业向消费者提供高质量的产品②。然而，政府介入私人产权，遵循的是专业化分工的规律，在没有"第三方"介入的情况下，产权的保护和执行职能是由产权当事人共同承担的，其间并不存在明确的专业化分工。但是，随着环境不确定性的增强和交易对象的复杂化，产权契约内的各项职能会发生分化，其中，执行规则的职能由外在于契约的第三方来承担可能更有效率③。一种产权制度的建立相当大的程度上取决于政府意愿和政府所追求的目标（刘志国，2005）。就主要内容而言，政府介入产权的过程就是暴力的转移和集中过程。当政府介入产权并且成为暴力的合法垄断者以后，强制执行的职能便从产权当事人那里剥离出去，产权的当事人便不再拥有合法的强制执行的权力了。产权的界定和维护职能最后由政府来承担，产权向政府纳税来购买保护性服务，政府通过向产权收税组建强制力量并向产权提供保护。在这个过程中，政府有可能对所有权进行侵害，从而造成德姆塞茨所说的"所有权残缺"问题。因此，从这个意义上讲，政府界定和维护产权的过程其实是一种利益分配过程，产权的改革过程其实就是政府在各生产要素的利益保护上作出新的取舍。

正是由于市场与政府在产权制度中的不同作用，才有了划分微观产权激励机制与宏观产权激励机制的可能与必要。

5.2.2 产权激励的微观机制

微观经济学主要研究一个社会既定的生产要素总量，在生产技术既定的条件下，将怎样有效率地被分配使用于各种不同的途径。所以，产权激励的微观机制主要分析在市场环境中，产权如何对生产要素主体形成激励并实现生产要素的有效配置。其内涵主要包括构建各生产要素主体的产权激励机制

---

① Williamson, Oliver E.. Credible Commitments: Using Hostages To Support Exchange [J]. American Economic Review. 1983, 73 (9): 519-546.

② [美] B. 克莱因, K. 莱弗勒等. 企业制度与市场组织 [M]. 上海：上海三联书店、上海人民出版社, 1996: 169-204.

③ 陈国富. 国家与产权：一个悖论？[J]. 南开大学学报（哲学社会科学版），2004 (6): 77.

与实现各生产要素产权利益度量两个方面。

5.2.2.1 构建各生产要素主体的产权激励机制

产权最主要的功能是能够给产权主体以激励。新制度经济学认为，产权的激励功能主要源于两个方面：一是产权能够减少不确定性和降低交易费用；二是产权能够将外部性内部化。具体来讲，产权激励就是企业如何进行有效的权利安排使土地得到地租，工人得到工资，资本得到利息，企业家得到利润，从而保持有效的协调和激励使这些生产要素的主体从事有利于经济增长的事情。特别是专利制度建立以后，发明创新者的知识产权得到明确，就会给发明创新者以极大的激励作用。所以诺思说："一套鼓励技术变化，提高创新的私人收益率使之接近社会收益率的系统的激励机制仅仅随着专利制度的建立才被确立起来。"[①] 因此，通过产权的界定和维持，各生产要素主体能够对自己所从事的经济活动后果有较为准确的预期，同时将正的外部性内部化也会给经济主体带来巨大的激励，从而达到以企业权利的合理安排（尤其是剩余索取权的安排）实现社会产权主体积极地进行合作生产。

5.2.2.2 各生产要素产权利益度量

产权关系归根结底是一种物质利益关系，不仅如此，产权关系作为一种利益关系，它又是整个利益关系的核心和基础。产权常常是利益分配的依据，无产权或产权模糊，经济活动主体均不能得到相应的利益，产权激励也就无从谈起。生产要素的利益获得需要以其贡献为依据，否则就会出现"剥削"或"不公正"，从而扭曲资源有效配置，导致出现哈伯格三角形（Harberger Triangle）与塔洛克四边形（Tullock Quadrangle）的潜在损失[②]。在社会化大生产的过程中，一生产要素到底能作出多大贡献，只有在市场交换的过程中才能得到较好地度量，任何人为设计度量标准的主观努力注定是徒劳的，计划经济的实践充分地说明了这一点。因此，产权的交易只有在产权市场中进行，充分发挥市场的基础性配置作用，才能实现资源的有效配置。

在微观产权激励机制分析的视角下，形成了关于各种生产要素的产权理论，包括企业产权结构理论、人力资本产权理论、专利制度理论、土地产权理论等。

---

① ［美］诺思. 经济史中的结构与变迁［M］. 上海：上海三联书店、上海人民出版社，1994：185.
② 所谓哈伯格三角形指社会福利净损失，塔洛克四边形指消费者损失。

5.2.3 产权激励的宏观机制

宏观经济学更多地关注一个国家既有的各种生产要素实际上会有多少被投入于各生产部门的问题，也就是会不会出现生产资源被"闲置"未用的情况。所以，关于产权激励的宏观机制主要分析国家介入产权并影响合作生产组织的生成与发展，从而对经济增长可能产生的影响，或国家配置"公共领域"对社会产出可能产生的影响。其内涵主要包括政府对产权利益的保护与构建各生产要素之间的产权利益关系两个方面。

5.2.3.1 政府的产权利益保护

事实证明，新制度经济学所宣扬的"私有产权神话"是不准确的，模糊的产权有时更有利于经济增长。要理解这一点，有必要从产权保护的宏观角度来理解产权：政府给定（或改变）产权保护模式→激励机制发生变化→各生产要素在新的利益关系下组合生产→社会生产发生变化。在宏观分析视角下，我们可以在历史长河中找到产权制度与经济增长关系的蛛丝马迹：在奴隶社会，土地产权受到严格保护，劳动力产权处于弱保护地位，劳动者经常被强迫劳动；到了封建社会，土地产权与劳动力产权有了趋于均等的保护，劳动者变得相对自由；在资本主义工业化时期，资本产权受到严格保护，土地与劳动力等其他要素的产权处于弱保护地位；到了后工业化时期，政府往往对各生产要素进行趋于均等的保护，土地与劳动力的所有者的产权得到更好的体现。因此，对于具有供给产权所需的比较优势的政府来说，在不同的历史时期，出于推动合作生产进程的需要，对不同要素主体的产权保护程度是不一样的。可以说，理解政府在产权保护方面的决策，是理解产权制度与长期经济增长关系的钥匙。

5.2.3.2 构建各生产要素之间的产权利益关系

政府介入产权后，除了保护功能外，还有可能侵犯产权，这就是政府作用于产权的两面性。"当统治者、王权或政府强大到有效运用暴力保护私有产权的时候，它也同时可以通过任意惩罚和税收对私有产权进行侵犯，这被温加斯特称之为经济制度的一个根本性的政治悖论。"[①] 一旦政府接管了产权

---

① [日]青木昌彦. 比较制度分析 [M]. 上海：上海远东出版社，2001：86.

保护职能并成为唯一合法使用暴力的组织，它就有可能凭借其独一无二的地位索取高于其提供服务所需的租金，甚至有可能剥夺个人产权。结果是，由于政府介入，产权利益在不同的要素所有者之间进行了"重新分配"，从而形成各生产要素之间的新的产权利益关系，这种利益关系的改变会进一步影响到人们合作生产的方式与程度，并最终影响社会经济发展水平。

30多年前，产权经济学家菲吕博滕与配杰威齐就指出，"如果没有一个关于国家的理论，也不可能真正完成关于产权的理论，而令人遗憾的是到现在还没有这一方面的理论成果"①。30多年来，尽管巴泽尔、诺思和温加斯特等经济学家为之付出了不少心血，但由于没有很好地理解政府权力与产权利益的关联性，关于产权激励的宏观机制方面的研究依然严重缺失。

5.3 宏观产权结构理论的分析模型

对"公共地悲剧"与"租"的反思给我们这样的启示：私有产权与经济增长之间并不是必然的正相关关系，在一定的历史条件下，"公共领域"的存在反而是经济高速增长的源泉。这是因为，政府可以通过配置"公共领域"推动合作生产组织的生成与发展，从而降低资源闲置的程度。由于新制度经济学的产权分析主要基于微观视角，无法说明社会资源"公共领域"配置的宏观经济增长效应，因而有必要引入宏观产权结构分析。相对于新制度经济学产权理论的微观分析，宏观产权结构分析保持着与宏观经济学研究的一致性，关注的主要不是产权的微观制度效率，而是改变社会生产水平的宏观效率。

由于在现实经济过程中，政府往往选择性地对生产要素进行保护，因此，关于宏观产权结构理论与现代产权理论的区别可以简单地概括为：偏重于微观与效率分析的西方现代产权理论主要研究的是"产权是否明晰"，而宏观产权结构理论则主要分析"政府权力与产权利益产生了何种关联，或者在某些明确情况下，政府到底保护了何种生产要素的产权，这种政府权力与产权利益的组合又是如何推动社会经济增长的"。

---

① [美]菲吕博顿，配杰威齐. 产权与经济理论：近期文献的一个综述[M]//财产权利与制度变迁. 上海：上海人民出版社，1972：206.

5.3.1 公共领域与宏观产权结构

为了分析的方便,首先假定政府与"公共领域"之间的关系符合以下假设:

假设1:政府有将产权置于"公共领域"的偏好(生产性偏好与寻租偏好的总和),其偏好的满足程度源于权力大小。罗必良(2011)认为,"控制政府权力的个体或集团运用政府合法的强制性权力来追求自身的利益,它通过将私人物品界定为国有或集体所有,把一部分有价值资产属性的权利放置到'公共领域'中,通过自己所拥有的资源禀赋去获取'公共领域'中的租金","其边界将直至官僚集团和特殊利益集团的边际成本等于边际收益为止,作为控制权力的个人或集团的政府有使产权模糊化倾向",并且"政府的产权模糊化倾向与政府规模的扩张有直接的联系"①。这种偏好或者是为了刺激社会供给的增加,或者是从中获取更多的租金(如地方政府将土地置于"公共领域"获得土地租金),有时是为了社会公益。

假设2:政府能够决定"公共领域"资源的配置(决定将何种资源置于"公共领域"并配置给"委托人"以保证"委托人"的利益)。相对于其他组织而言,政府具有更大的组织优势,因此"公共领域"内的资源往往是由政府进行配置的。在理想状态下,政府在进行"公共领域"的资源配置时必须保持公正性,但由于存在"身份幻觉",政府或者被视为劳动者利益的代表或者被视为资本利益的代表,从而导致政府往往将更多的"公共领域"利益配置给"委托人",并通过强制手段来维护"委托人"的利益。

假设3:政府能够决定"公共领域"的范围(决定将多少资源置于"公共领域"或决定私人与生产性资源的疏离程度)。一般来说,私人与生产性资源的疏离程度越大,资源被置于"公共领域"的比重就越大,即产权被置于"公共领域"的程度与 $R \in [0,1]$ 正相关。

假设4:政府有权决定"公共领域"的变动(取决于政府的强度与偏好)。由于一些存在于"公共领域"中的利益往往被内部化在某些生产要素的产权制度当中,因此,厂商所使用的不同生产要素的产权制度不同其实就包含了部分"公共领域"的利益。从这个意义上讲,纯粹意义上的私有制厂商是很少的,政府的一些经济政策措施都有可能导致厂商进入的"公共领

---

① 罗必良. 农地产权模糊化:一个概念性框架及其解释[J]. 学术研究,2011(12):48-56.

第5章 基于合作生产的宏观产权结构理论分析框架

域"发生变化,进而影响其产出水平,而这种变化是由政府的强度与偏好决定的。

上述假设决定了国家在通过配置"公共领域"资源扩大社会生产方面具有比较优势,因此,可以从推动合作生产组织生成与发展的角度来理解政府宏观产权制度的实施。假设在一定的时期内,受社会生产可能性边界的制约,一个社会存在优化的消费需求空间 $C_\phi = \Phi$(产品,服务,环境),那么,政府宏观产权制度的取向将是如何配置"公共领域"来促进社会生产最大限度满足消费空间 C_ϕ。而要制定理想的政策并付诸实施必须满足以下条件:①政府能够准确了解消费空间 C_ϕ,并通过比较确定社会供给不足的程度与产品结构[①];②政府知道不同行业或不同厂商对"公共领域"的反应函数;③政府能够针对不同行业或不同厂商进行完全歧视的"公共领域"资源配置。

但在现实中,由于信息不对称与权力限制等原因,以上三个条件都只能得到部分的满足,政府不可能制定完美无缺的关于产权的公共政策。因此在短期内,政府只能在一些基础性的产权制度不变的前提下,通过产权的边际调整实现相关政策。这些产权制度往往为不同的生产要素确定一种相对稳定的产权形态,即某一生产要素的基础性产权制度往往是 $0 \leq R < \underline{r}$ 或 $\underline{r} \leq R \leq \overline{r}$ 或 $\overline{r} < R \leq 1$,而产权的边际调整则是在政府的政策目标下通过各种经济政策部分地改变某些生产要素的产权形态。最终的结果是,社会总产出取决于各生产要素的产权结构(f),或各生产要素获得"公共领域"资源的能力(f'),或各生产要素产权受保护的程度(f''),具体为:

社会产出 =f(资本的产权结构,土地的产权结构,劳动力的产权结构,环境的产权结构,知识的产权结构,其他生产要素的产权结构);

=f'(资本获得"公共领域"资源的能力,土地获得"公共领域"资源的能力,劳动力获得"公共领域"资源的能力,环境获得"公共领域"资源的能力,知识获得"公共领域"资源的能力,其他生产要素获得"公共领域"资源的能力);

=f''(资本产权受保护程度,土地产权受保护程度,劳动力产权受保护程度,环境产权受保护程度,知识产权受保护程度,

---

① 这里的社会供给不足不仅仅指产品或服务数量的不足,也包括人们生存环境、生活自由度、可持续等方面的供给不足。比如,一家高投资、高消耗、高污染的厂商,虽然充足地提供了某种工业产品,但造成了大量的污染,浪费了大量的能源,因而在环境与可持续方面带来了社会的供给不足,同样需要政府通过调整"公共领域"来进行干预。

其他生产要素产权受保护程度)。

社会产出由 f 或 f' 或 f'' 决定,描述的正是宏观产权结构所决定的社会产出过程。

因此,政府权力、产权制度及与之相对应的分配问题并不是市场自由主义者所认为的那样可以轻易忽略掉,经济危机频发、市场失灵的广泛存在证实市场效率并不是决定经济结果的唯一深层原因。有一种现象必须引起足够重视,那就是在政府与市场结合影响社会生产的过程中,发达国家呈现出一定的规律性:在发达国家发展之初,政府实施了广泛的生产干预,并且这种生产干预随着工业经济的日渐发展逐渐减弱,相应地,政府对社会消费的干预由弱而不断增强,直到西方高福利国家出现。这是因为市场并不总是像教科书所说的那样,只是在提供公共物品时才会出现"失灵",而在提供私人物品时却能很好地通过价格机制调节生产并满足合意的社会需求,事实上在一些特殊情况下,市场在提供私人物品时也会出现"失灵",导致供给不足,这就需要政府权力与产权利益的融合。

与市场在扩大社会生产方面的局限性相对应,政府有在短期增加某种有目的性的社会供给的天然优势。其原因是政府的强制性职能,使政府在生产战略选择能力与资源集中能力方面具备自己的比较优势,因而与市场组织相比,政府能够迅速组织并扩大某种有目的性的社会生产。事实上,政府通过控制"公共领域"的资源,然后将这些资源集中于某一特定生产过程,其实是增加了这一特定生产过程企业的利润水平,必然会促使这些企业扩大生产,进而迅速扩大某种有目的性的社会生产。这就决定了政府权力与产权利益融合的方式。

5.3.2 宏观产权结构的度量及其对社会福利水平的影响

对宏观产权结构,可以通过产权保护的"偏袒"与"非偏袒"以及"趋于非偏袒"来进行总体描述。这里提出的产权保护"非偏袒"主要包括两个方面的含义:一是指产权制度的正义性,即国家介入产权只代表着公共意志和利益,不对任何正当的私利产生侵害,同时也不容许任何个人或利益集团侵害他人利益,国家始终捍卫着社会公正;二是指在处理"公共领域"时坚持人人平等,始终保持不偏不倚的尺度。简言之,所谓产权保护"非偏袒"是指国家权力介入产权时不会引起人们的利益实质上的重新分割;而产权保护"偏袒"是指国家权力介入产权时,对利益进行了实质上的重新分割。两者相比较,前者是一种理想状态,后者则是社会经济生活中的一种常态,在社会转轨过程中尤其如此。

5.3.2.1 非偏袒的宏观产权结构

可用公式来说明"非偏袒"的宏观产权结构：假设在某一时点上，整个社会的人口为 N，分为三个集团：居民集团的人数为 N_1，工商集团的人数为 N_2，政府集团的人数为 N_3，$N_1 + N_2 + N_3 = N$，$N_1 > N_2(N_3)$。同时假设：居民集团主要通过提供劳动获取收入，人均数额为 g_1；工商集团通过资本投资获得收入，人均数额为 g_2；政府集团通过公共权力获得收入，人均数额为 g_3，g_3 也可以看作其作为代理人的报酬。由于社会总人数不变，各集团的人数也不变。因此，整个社会的财富 $Y = N_1g_1 + N_2g_2 + N_3g_3$ 是由社会生产函数决定的，而居民集团、工商集团、政府为社会生产作出的贡献分别为 $N_{1y}g_{1y}$、$N_{2y}g_{2y}$、$N_{3y}g_{3y}$。

在宏观产权结构"非偏袒"的情况下，社会各集团获得的收入恰好等于其社会贡献，即 $N_1g_1 = N_{1y}g_{1y}$，$N_2g_2 = N_{2y}g_{2y}$，$N_3g_3 = N_{3y}g_{3y}$ 同时成立。如果扩展到多种要素所有者的情形，在社会产出函数为 f' 的情况下，则所有生产要素获得"公共领域"的能力为 0，或者说社会生产函数 f' 的情况下各生产要素受保护的程度是完全一致的。虽然理论上政府通过计划性的"公共领域"配置也能达到非偏袒的宏观产权结构，但由于受信息不对称和政府代理人理性经济人特征的制约，由政府计划来达到这种宏观产权结构安排是不可能的。

5.3.2.2 偏袒的宏观产权结构

在"偏袒"的宏观产权结构下，社会各集团中至少有两个集团获得的收入与其社会贡献不相等：即 $N_{1y}g_{1y} \neq N_1g_1$、$N_{2y}g_{2y} \neq N_2g_2$、$N_{3y}g_{3y} \neq N_3g_3$ 三式中至少有两式成立，并且有 $N_1g_1 + N_2g_2 + N_3g_3 = N_{1y}g_{1y} + N_{2y}g_{2y} + N_{3y}g_{3y}$。如果扩展到多种要素所有者的情形，则在社会产出函数为 f' 的情况下，生产要素获得"公共领域"的能力是不同的，或者社会生产函数 f' 中各生产要素受保护的程度是不同的。这时，社会生产要素的产权安排一般处于"公共领域"状态。

偏袒的宏观产权结构包括两种形态：静态偏袒性保护与动态偏袒性保护。一定时期内，政府与产权的关系一旦形成，不可能朝令夕改，必须稳定一个时期，如果在这个稳定期的产权保护是偏袒性的，可以将这样的产权保护制度称为静态偏袒性产权保护。静态偏袒性产权保护本质上是在现存的产权保护制度结构中各利益主体分"蛋糕"时导致的不公平性问题。产生静态偏袒性产权保护的原因在于现存的产权保护制度本身具有非公正性，从而导致利益分配的偏差。比如，在传统计划经济体制下形成和运作的国有企业，作为一种典型的公有制企业形态，公有制的内在逻辑否定了任何个人意义上的产权关系，任何个人不能以任何资本（包括人力资本）的要素所有者身份集结要素进行生产经营活动，而都是作为"没有最终委托人的代理人"按照行政命令系统行事，其结果是在此基础上形成的分配体制无法达到市场化下产权激励的效果，所以国有企业改革以产权改革为核心就不足为怪了。研究静态偏袒性产权保护的意义在于，这些产权保护制度目前已经是确定的，但在这种产权保护制度下导致了收入分配的不公正，随着社会经济的逐渐成熟，社会对公正的需要逐步增加，而这些静态偏袒性产权保护制度便成了社会变革的目标，其变革趋势是：如何使这些静态偏袒性产权保护制度趋于非偏袒。

还有的宏观产权结构正处在变动过程中，或者说原来的产权结构正在发生变革，虽然整体未变但局部正在进行调整，这些处于发展或变革中的产权保护制度，如果给不同的社会集团或个人带来的利益是不均衡的，这样的产权保护制度就是动态偏袒性的。动态偏袒性产权保护产生的原因可能有两个方面：一是产权利益的重新界定，比如国有企业改革过程中产生的国有资产流失问题；二是新增加的利益在各集团中分配的不均衡，例如，中国农村自1984年起普遍实行家庭联产承包责任制，国家只是在名义上和法律意义上承认农地归农民集体所有，而实际上的"集体所有制"则表现为无实际内容的集体空壳，并没有交给农民一种独立的、明晰的、受法律保护的农地权利。这种权利缺失使中国农地产权市场化方向为国家（各级政府）、"集体"、农民之间的利益博弈所摆布，农民无法享受土地转换用途后的增值收益，最终使集体所有制条件下农地市场化改革成了精英设计的乌托邦。研究动态偏袒性产权保护的意义在于，产权保护制度的动态偏袒性是为了创造更适宜的产权保护制度而产生的非均衡状态，目的是把"蛋糕"做大，但因为新增加的利益在各集团中分配的不均衡，才赋予这种产权保护制度以动态偏袒性。因此，由于长期社会发展的原因，对动态偏袒性产权保护在一定的时期内应予以肯定，随着时间的推移，由于制度的边际效率递减，当这种动态偏袒性产权保护的负面影响产生相当高的社会代价时（比如利益集团形成制度"锁定"趋势），就有必要在可制止的范围内来解决动态偏袒性产权保护。

不难看出，这两种偏袒性产权保护对社会而言有着不同的意义，在静态偏袒性产权保护条件下，由于资源的非生产性使用必然导致资源配置效率低下，并强化经济生活中的垄断行为和不公平竞争，破坏市场经济秩序，因而特权集团的存在是社会进步的阻力。动态偏袒性产权保护则是另外一种情形，它能引导更多的集团或个体走向创新寻利之路,尽管这一进程也会打破原有的生活秩序,破坏既有的均衡,产生这样那样的不适应,但这是社会从无序到有序的必经环节,因而创新集团的作用是社会进步的推力。由此可以引申出不同的公共政策,对静态偏袒性产权保护条件下的特权集团,政府公共政策的重点应是改变分配的非均衡状态,创造一个稳定、和谐的社会环境。对于动态偏袒性产权保护,缓解这种偏袒性态势的最理想的方法是鼓励人们广泛地参与创新并形成合理的利益博弈机制,给各个集团提供平等的创新机会,让更多的人从创新中得到实惠。

5.3.2.3 不同类型的宏观产权结构对社会福利水平的影响

需要说明的是,不论产权保护是偏袒的还是非偏袒的,其实都是国家介入的结果,如果没有国家的介入,社会通行的将是"丛林规则",从而根本谈不上产权保护的非偏袒。国家作为推动合作生产组织生成与发展的暴力组织,之所以在不同时期选择不同类型的宏观产权结构,是因为激励人们合作生产的需要。一般情况下,偏袒的宏观产权结构在组建合作生产组织方面具有优势,而非偏袒的宏观产权结构可以更好地维持人们的公平感,因此,前者更大的作用在于提高人们的生存福利,而后者更大的作用在于提高人们的自由福利,尽管人们的生存福利与自由福利在本质上是相辅相成的,即生存福利的提高可以提升人们的自由度,而自由福利的提高可以提升人们的合作意愿,进而提高生存福利水平。所以,政府在社会发展初期选择偏袒的宏观产权结构,是因为提高人们生存福利的需要,当社会发展到一定程度时,人们的生存福利达到一定的水平,会对自由福利提出更高的要求,建立趋于非偏袒的宏观产权结构将成为政府的重要任务,因为只有这样,才能更好地引导人们从事合作生产,创造更多的财富并使他们获取更多的自由。

5.3.3 基于宏观产权结构理论的工业化模型

模型涉及三类参与者:居民、厂商和政府。i 个居民家庭连续均匀分布于 $[0,1]$ 区间,它们选择供给厂商同质的生产要素获得收入并购买厂商生产出来的产品用于消费。j 个厂商家庭连续均匀分布于 $[0,1]$ 区间,它们选择投资并向居民购买生产要素、生产同质的最终产品并将产品卖给居民。不考虑财政政策、货币政策等宏观经济政策,同时不考虑寻租的产生过程及其影响,政府唯一地通过偏袒性产权保护程度的选择影响生产要素价格来影响社会产出。社会的工业文明要经历四个阶段:第一个阶段(时间 $t-1$)是农业社会后期,这一时期只有农业生产没有工业产出,但已经为工业生产作好了必要的准备;第二个阶段(时间 t)是跳出低收入陷阱阶段,社会从低收入阶段进入中等收入阶段,实现了初步的工业化;第三个阶段(时间 $t+1$)是中等收入时期,社会实现了进一步的工业化;第四个阶段(时间 $t+2$)是高收入时期,社会实现了高度发达。

假设1:在农业社会后期,虽然没有工业产出,但居民存在对工业产品的潜在需求。

回顾一下殖民主义的历史就知道,在资本主义制度确立之后,殖民主义者运用各种手段使一些国家和地区成为他们垄断的商品倾销市场、原料供应基地和投资场所。说明即使在纯粹的农业社会,如果有工业产品供应,居民也会购买工业产品,其潜在的需求量与农业生产剩余的积累有关,用 $w_{(t-1)i}$ 表示 $t-1$ 时期居民 i 愿意用于购买工业产品的财富值,则社会总的潜在需求量可表示为 $D_{t-1} = \int_0^1 w_{(t-1)i} d_i$,由于 $D_{t-1} > 0$,但农业社会后期没有工业产品供给,所以在农业社会后期工业产品供给不足的总量为 D_{t-1}。

在图5-4所描述的偏袒性产权保护与工业化进程的历史关系中,纵坐标表示社会人均产出(y),横坐标代表时间(t),因此原点为工业化起始点。用S、D曲线分别表示人均的对工业品的供给与需求,由于在工业化之前,居民存在对工业产品的潜在需求,因此D曲线在纵坐标上的截距为 $w_{t-1} > 0$。

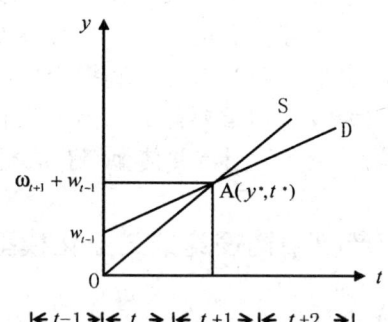

图5-4 宏观产权结构与工业化进程

假设2:在工业化时期,政府的偏袒性产权保护会导致厂商的工业生产成本低于市场条件下的水平,从而加速工业化进程。

不考虑人口增长与技术进步,因而社会的经济是粗放型的,工业化的进程完全依赖于投资增长。由于生产要素与工业产品都是同质的,所以政府的偏袒性产权保护不会导致要素市场的相对扭曲，而只会导致要素市场的绝对扭曲，即生产要素的价格与其边际生产力之间出现偏离。假设生产函数具有C-D生产函数的特征，可以采用徐长生、刘望辉（2008）的方法用生产要素的边际产值与其实际价格水平的差表示偏袒性产权保护下要素市场的扭曲程度，即可用 $l_l = p(y)Mp_l - \omega$ 表示生产要素的价格扭曲程度，其中 ω 表示生产要素在偏袒性产权保护下的实际价格①。$l_l = 0$、$l_l < 0$、$l_l > 0$ 分别表示政府的产权保护是非偏袒性的、偏袒居民的、偏袒厂商的。

在利润最大化目标下，代表性厂商的目标函数为：

$$\max_{pl} \pi_j = p_y y_j - p_l l_j$$

利润最大化的一阶条件为：$MR \cdot MP_l = p_l$。由于在非偏袒性产权保护下生产要素的价格为 $p_l^* = \omega + l_l$，在偏袒性产权保护下生产生产关系的价格为 $p_l^l = \omega$，又因为我们假定生产要素都是居民提供的，而在工业化时期政府又往往是偏袒性地保护厂商的产权利益的，所以这一时期 $l_l > 0$，从而有 $p_l^* > p_l^l$。根据要素的边际生产力递减规律，说明相比于非偏袒性产权保护下的生产而言，在政府偏袒性产权保护的情况下，代表性厂商进行了更多的投资生产，生产规模得以扩大，即 $y_j^* < y_l^l$。

从整个社会的情况看，在没有政府偏袒性产权保护的情况下，工业产品的产出为 $S^* = \int_0^1 y_j^* d_j$，这一产出水平也低于偏袒性产权保护下的社会产出水平 $S^l = \int_0^1 y_j^l d_j$，表现在图5-4中，S曲线比较陡峭，斜率较大。

$S^* < S^l$ 说明如果没有政府的偏袒性产权保护，自发生长的工业生产会需要一个更为漫长的过程才能实现社会的工业化。这一分析说明，在工业化发展之初，经济自由主义是个虚假的谎言，政府偏袒厂商的产权保护是快速实现工业化的重要条件，这可能与政府偏袒厂商的产权保护能更快地促进资本积累有关。而这一结论也与历史事实相符，因为正如前文所述，即使是英美等号称自由主义经济的国家，在其发展之初也是实施偏袒性产权保护的，东亚、拉美等地的"后发国"正是通过偏袒性产权保护取得巨大的经济成就，甚至苏联曾经取得的经济辉煌也可以纳入这一分析当中。

假设3：政府的偏袒性产权保护会导致居民收入增长低于经济增长速度，使社会消费需求增速低于产出增速。

Campbell and Mankiw（1991）的"λ"假说认为，一个"真实可信"的

---

① 徐长生，刘望辉. 劳动力市场扭曲与中国宏观经济失衡 [J]. 统计研究，2008 (5)：32-37.

消费函数必须既符合理性预期持久收入假说的基本逻辑，又能与现实数据吻合得很好①，因此他们假设有 λ 比例的消费者按照经验规则行事，消费由当期收入决定，其余 $1-\lambda$ 比例的消费者消费由持久收入决定，因此，总消费函数可表示为 $C_{t(0)} = f(\lambda, Y_{t(0)}, y_e)$，其中，$t(0)$ 表示当期。由于假定政府是偏袒性地保护厂商的，因而偏袒性产权保护下社会居民的当期收入处于较低水平即 $Y_{t(0)} = \int_0^1 p_{lt(0)i}^l d_i = \int_0^1 \omega_{t(0)i} d_i < \int_0^1 p_{lt(0)i}^* d_i = \int_0^1 (\omega + l_l)_{t(0)i} d_i$，同时这种"不公平"的分配方式也会使居民对未来收入的预期 Y_e 比较悲观，其结果是当期消费会比较低。从长期来说，偏袒性的产权保护会使社会消费需求增速低于产出增速，表现为在图 5-4 中，D 曲线比 S 曲线平坦，斜率要小一些。

具体考虑 t 时期社会供求情况。如果没有政府偏袒性产权保护，社会工业产品的供给为 $S_t^* = \int_0^1 y_{jt}^* d_j$，工业产品的总需求为 $D_{Tt}^* = D_t^* + D_{t-1} = \int_0^1 p_{lti}^* di + \int_0^1 \omega_{(t-1)i} d_i = \int_0^1 (\omega + l_l)_{ti} d_i + \int_0^1 w_{(t-1)i} d_i$。

由于产品市场和要素市场都将是完全竞争的，根据欧拉定理，存在 $S_t^* = D_t^*$。所以此时 $S_t^* < D_{Tt}^*$，社会工业品供给仍然不足，缺口为 D_{t-1}。

而在政府偏袒性产权保护的情况下，社会工业产品的供给 $S_t^l = \int_0^1 y_{jt}^l d_j > S_t^*$，工业产品的总需求为 $D_{Tt}^l = D_t^l + D_{t-1} = \int_0^1 p_{lti}^l d_i + \int_0^1 w_{(t-1)i} d_i = \int_0^1 \omega_{ti} d_i + \int_0^1 w_{(t-1)i} d_i < D_{Tt}^*$。

由于政府产权保护是偏袒资本的，生产要素价格被扭曲（价格降低），较低的要素价格会引起厂商扩张性投资，但居民收入并不会因此实现相同比例的增长，结果是 $S_t^l > D_t^l$。如果 $S_t^l - D_t^l \leq D_{t-1}$，则工业社会初期由于政府偏袒性产权保护导致的生产扩张超出当期社会新生需求的部分正好用于满足农业社会居民对工业产品的潜在需求，社会正是通过这种方式跳出低收入陷阱。

假设 4：在中等收入阶段，存在政策的"拐点"，要求修正原来的发展战略，如果不能适时地、合理地修正原来的发展战略，使社会从偏袒性产权保护中摆脱出来，社会就会陷入"中等收入陷阱"。

由前面的分析可知，由于存在偏袒性产权保护，资本的快速形成会使得工

---

① J. Y. Campbell, N. G. Mankiw. The Response of Consumption to Income: A Cross-Country Investigation [J]. European Economic Review, 1991 (35): 723-767.

业品生产的增长速度比居民对工业品需求的增长速度快得多。表现在图5－4上，由于 D 曲线在纵坐标上的截距为 $D_{t-1} > 0$，但上升比较平缓，而 S 曲线从原点出发，但比较陡峭，上升速度较快，因而存在一个交点 A（y^*, t^*）。A 点的经济含义是，在这一点上人均的工业产品生产正好等于人均的工业产品需求，社会的工业产品达到了供求平衡，社会经济达到阶段性的稳态水平。在 A 点上，市场在偏袒性产权保护条件下实现了出清：

$$S_{t+1}^l = \int_0^1 y_{j(t+1)}^l d_j = D_{T(t+1)}^l = D_{t+1}^l + D_{t-1} = \int_0^1 p_{l(t+1)i}^l d_i + \int_0^1 w_{(t-1)i} d_i = \int_0^1 \omega_{(t+1)i} d_i + \int_0^1 w_{(t-1)i} d_i$$

此时人均产出等于人均需求，即 $y^* = \omega_{t+1} + w_{t-1}$。

A 点也是政策的"拐点"。在 A 点之前 S＜D，因此社会的人均均衡产出水平是由社会生产而不是社会需求决定的，社会产出的快速增长导致了较高的经济增长率。而在 A 点之后，S＞D，社会的人均均衡产出水平是由社会需求而不是社会生产决定的，如果不能及时调整原来的经济发展战略，社会经济发展就会失衡，社会人均均衡产出将长期徘徊在 A 点附近，社会将因此陷入中等收入陷阱。关于其中的政策内涵，可以一般性地认为，在 A 点之前，由于要弥补农业社会的工业品需求缺口，可以实行供给导向型的政策，因而偏袒性产权保护政策在这一阶段是有效的，但其政策效果随着 S、D 两条曲线之间距离的收拢会越来越小，到 A 点最终实现了"翻转"，在 A 点之后，政策应是供需均衡导向型的，偏袒性产权保护不但不再起作用，反而可能对社会带来灾难性的后果：一方面，如果坚持原来有利于厂商（$l_l > 0$）的发展战略，会引起产能过剩，严重时会导致大量的产品积压、失业率上升和经济衰退；另一方面，如果转而采用有利于居民（$l_l < 0$）的发展战略，则可能引起过度需求，严重时会导致急剧的通货膨胀、资本外逃、财政危机和经济衰退。因此，在 A 点之后，合理的政策选择是实现非偏袒的产权保护（$l_l = 0$）。

5.3.4　模型解释：宏观产权结构与国民经济运行

基于宏观产权结构理论的工业化模型证明了偏袒性产权保护在工商业扩张、减少运输费用及为发明提供刺激中的建设性作用。为什么在企业不能自发生成与发展的情况下，政府干预是有效的，原因就在于公共领域能够促使企业的生成从而形成社会生产规模的扩张优势。为了更好地说明这个问题，下面主要对经济"起飞"阶段（工业化早期）与经济"成熟"阶段（工业化后期）的产权制度进行分析，以确定不同的国民经济增长历史时期产权安排的内在趋势。

5.3.4.1 "起飞"阶段对偏袒的宏观产权结构的需要

罗斯托的起飞理论对于落后国家的赶超具有重要的指导意义和较强的解释力。20世纪60~70年代亚洲"四小龙"连续20年左右的经济起飞，基本上印证了罗斯托的"经济发展阶段理论"。而我国自改革开放以来经济高速发展的现实轨迹也与罗斯托关于经济成长阶段的理论描述有着某些吻合。其实，即使是当下的发达国家基本都曾有过类似的"起飞"阶段，时间为1760~1910年。例如，统一后的德国在19世纪下半期出现了德国历史上最引人注目和最令人惊讶的经济转变，在大约30年的时间里经历了英国用100多年才完成的工业革命，将一个农业占统治地位的国家转变为一个现代高效率的工业技术国家。

虽然不同国家与地区经济"起飞"阶段的时间与持续时长并不完全相同，过程也各异，但在宏观产权结构方面却有着共同的特点：国家干预主义下的偏袒的宏观产权结构。西方发达国家在经济"起飞"阶段主要通过两种手段来实现偏袒的宏观产权结构：一是在通过将国内土地、劳动力资源等非资本的生产要素更多地置于"公共领域"并攫取其租金为资本服务；二是构建宗主国与殖民地国家间的"双重产权"制度，通过海外掠夺来保护本国资本的利益。后发"赶超"国家不存在对外掠夺的可能，因而主要通过国内相关经济政策安排来实现偏袒性产权保护，即通过政府的权威主义干预方式，扭曲非资本生产要素的产权利益要求，将这些生产要素更多地置于"公共领域"并攫取租金来确保资本的产权利益。

为什么会出现上述情况，一种可能的解释是，在经济"起飞"阶段，资本是经济增长的"短板"，并且，由于人们的智识局限和广泛的社会风险，作为工业社会最为重要的合作生产组织——企业难以自发生成。在这种情况下，实施有利于资本的产权制度，能够激励企业的建立，进而最终达到经济增长的目的。从农业社会向工业社会过渡的过程中，由于社会中存在大量未被界定的社会资源，政府对某些生产性资源具有极强的控制力。而对于那些以利润最大化为目标的厂商来说，获得由政府具有相当支配权的生产性资源不仅可以降低交易成本与经营风险，而且由于获得了低成本的生产性资源而确保了利润的可获得性，于是不惜采用各种手段迫使政府实施 $l_t > 0$ 的宏观产权结构。

这一过程可用交易成本曲线的对比加以说明。在一般意义上，产权界定与交易费用的关系如图 5-5 所示，C_1 代表交易成本曲线，图 5-5 说明了交易费用与产权界定程度之间的负相关关系。

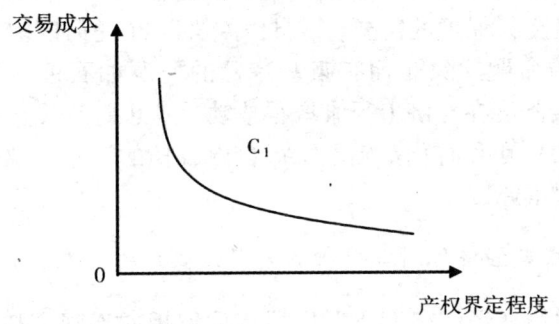

图 5-5　一般意义上的产权界定与交易费用

只是现代经济增长的"起飞"阶段其实质是由农业社会向工业社会变迁的过程，存在：①社会发展程度是工业化水平的正函数，工业化的程度越高，社会越发达；②工业化的程度是资本形成水平的正函数，资本形成规模越大，工业化水平越高；③资本的形成源于利润预期。

在这样的特殊时期，政府可以通过支配生产要素的分配或控制生产要素与劳动力的价格来降低工商业的交易成本，使得产权界定与交易费用的关系如图 5-6 所示，C_2 代表交易成本曲线，图形说明了政府通过牺牲农业降低工商业交易成本的情形。政府可以直接将农业部门的资源配置给工商业部门，或可以控制农业部门的产品价格，使得工商业生产交易费用与农业产权界定程度之间呈现出正相关关系。

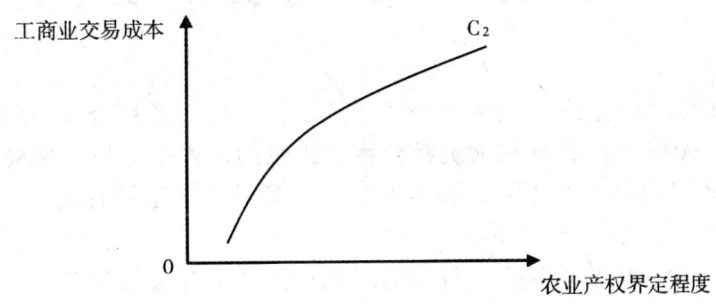

图 5-6　偏袒性宏观产权结构下的产权界定与交易费用

在降低交易成本的同时，由于厂商还可以通过行政性垄断来获得可观的租金收益，这些都有利于厂商形成盈利的未来预期，最终影响到厂商的生产动机，促进生产性资本的加速形成。也正是这个原因，依据宏观产权结构理论，由于偏袒性产权保护的需要，"自由主义"在任何国家的"起飞"阶段都是一个虚假的命题。除非拥有某些特殊的资源如石油，否则按"自由主义"构建的社会制度在经济上很难取得成功，这也是许多国家（特别是位于亚、非、拉地区）在私有化基础上实行自由放任的资本主义国家至今还在贫困之中挣扎的根本原因。

5.3.4.2 成熟经济体对非偏袒的宏观产权结构的内在要求

以上分析说明在经济"起飞"阶段需要偏袒的宏观产权结构。而当一个经济体进入了成熟阶段，意味着工业高度发达，经济主导部门转向耐用消费品部门，并且以服务业为代表的提高居民生活质量的有关部门成为主导部门。资本稀缺已经不是这个阶段经济体的主要特征，相反，存在资本过剩从而引致经济危机的可能。这时，便产生了对非偏袒宏观产权结构的内在要求。这是因为，如果在这个阶段仍然坚持对资本利益的过度保护，便会导致社会需求不足，产生类似于1929~1933年的资本主义世界经济大萧条。但同时，如果转向过度保护劳动力等生产要素的产权利益也会导致对"消费主义"的推波助澜，产生类似于2008年以来的全球金融危机。正因为如此，作为一个成熟的经济体，在宏观产权方面应趋于非偏袒结构，不论是资本还是非资本生产要素，都要建立合理的利益分配机制，以求使其收益与贡献趋于一致。

5.4 宏观产权结构与经济发展

产权的偏袒性保护必然产生"公共领域"。从人类社会发展的历史过程看，"公共领域"的程度在人类社会生产扩张的过程中有呈"驼峰"状伸展的态势，而这种状态与不同社会生产阶段产品供给不足的程度相关，具体可分为六个阶段，如图5-7所示。

第Ⅰ阶段：前农业社会。社会需求的产品主要是通过狩猎和采集获得的"自然产品"。在此阶段的较长一个时期，人类社会生产"供给"不足，社会生产要素几乎都被置于"公共领域"，处于 $\underline{r} \leqslant R \leqslant \overline{r}$ 或 $\underline{r} < R \leqslant 1$ 形态，人们主要通过原始共产主义的生产方式来解决生存问题。直到这一社会阶段的后

第5章　基于合作生产的宏观产权结构理论分析框架

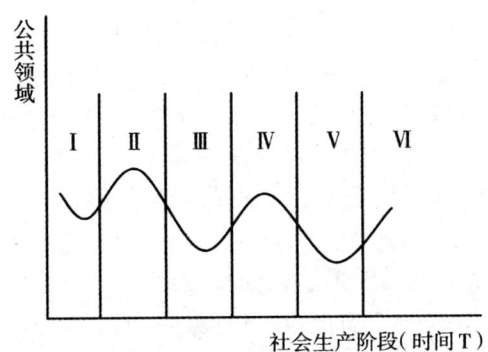

图5-7　宏观产权制度视角下的人类社会发展史

期，社会生产力的发展使得社会产出剩余增加，"公共领域"不断下降，社会生产要素的$0 \leq R \leq \underline{r}$形态不断增加。在三次社会大分工之后，社会的需求更多转向农产品，农产品供给不足日益突出。

第Ⅱ阶段：农业社会的第一阶段。因为社会农产品供给严重不足，于是由"公共领域"来推动农业合作生产组织的生成与发展就成了宏观产权结构的需要。由于农产品增加供给最重要的因素就是扩大种植面积，于是这一阶段的宏观产权结构往往是土地产权受到过度保护，而其他生产要素（主要是劳动力）的产权往往被置于"公共领域"，社会的生产要素的产权安排处于$\underline{r} \leq R \leq \bar{r}$或$\bar{r} < R \leq 1$形态，而$0 \leq R \leq \underline{r}$处于次要地位，农业生产的组织方式是奴隶主强迫奴隶在自己的庄园里集体劳作。但随着农产品生产规模的扩大，农产品供应日渐充足，"公地悲剧"体现得越来越明显①。

第Ⅲ阶段：农业社会的第二阶段。因为农产品日益丰富，农产品供给不再存在严重不足，为了减少农业社会的"公地悲剧"，土地之外的生产要素的产权受保护的程度不断增强，社会生产要素的产权安排$0 \leq R \leq \underline{r}$形态的比重不断上升，封建地主土地所有制下的家庭个体生产成为主要的农业生产组织方式，农民不仅解决了生存问题，也获得了"自由"，从而实现了生存福利与自由福利在农业社会下的最佳结合。但到这个社会阶段的后期，随着工业革命爆发，社会的需求更多转向工业品，工业品供给不足日益突出。

第Ⅳ阶段：工业社会的第一阶段或工业化初期。因为社会工业品供给严

---

① "公地悲剧"在不同的社会阶段是由不同的生产要素被置于"公共领域"造成的，在农业社会，"公共地悲剧"是由土地之外的生产要素被置于"公共领域"造成的，而在工业社会，"公地悲剧"则是由资本之外的生产要素被置于"公共领域"造成的。

重不足，于是由"公共领域"来推动工业合作生产组织（企业）的生成与发展就成了宏观产权结构的需要。在这一阶段，工业化的程度是资本形成水平的正函数，资本形成规模越大，工业化水平越高，而资本的形成有赖于利润预期，所以工业品增加供给取决于资本的积累水平。于是这一阶段的宏观产权结构往往是资本的产权受到过度的保护，而其他生产要素（土地、劳动力、环境和知识等）的产权被置于"公共领域"，社会的生产要素的产权安排处于 $\underline{r} \leqslant R \leqslant \bar{r}$ 或 $\underline{r} < R \leqslant 1$ 形态，而 $0 \leqslant R < \underline{r}$ 处于次要地位，工人在资本家所有的企业中处于被剥削的地位。但随着工业品生产规模的扩大，工业品供应日渐充足，"公地悲剧"体现得越来越明显。

第Ⅴ阶段：工业社会的第二阶段或工业化中后期。由于工业品日益丰富，工业品供给不再存在严重不足，为了减少工业社会的"公地悲剧"，资本之外的生产要素的产权受保护的程度不断增强，社会生产要素的产权安排 $0 \leqslant R < \underline{r}$ 形态的比重不断上升，特别是资本家逐步减弱了对工人的剥削，劳动收入占比得到一定的提高，劳动者的劳动时间有所缩短，工人不仅解决了生存问题，也获得了更多"自由"，从而实现了生存福利与自由福利在工业社会下的最佳结合。

第Ⅵ阶段：工业社会之后的未来时代或后工业化时代。这一阶段人类的主要需求从工业品转向服务产品，由工业化转向服务化，也有可能是面向第三次工业革命的绿色科技时代，人类的主要需求从传统工业品转向绿色科技产品（可再生能源与新型材料，通过3D制造）。由于服务产品或绿色科技产品供给不足，政府需要提高"公共领域"的比重来增加服务产品或绿色科技产品的供给。

从公共领域与社会发展的相关关系看，短期内，政府通过控制公共领域的资源，然后将这些资源集中于某一特定生产过程，可以降低企业风险并增加这一特定生产过程企业的利润水平，从而促进合作生产组织的生成，进而迅速扩大社会产出。因此，在其他条件相同的情况下，若社会生产没有达到 y^*，宏观产权结构安排 $\underline{r} \leqslant R \leqslant \bar{r}$ 比 $0 \leqslant R < \underline{r}$ 在短期内能更有效促进社会生产，长期则不然。

其原因在于，在产权安排为 $\underline{r} \leqslant R \leqslant \bar{r}$ 的情况下，随着社会生产日益向 y^* 靠近，"公共领域"产生的社会边际效用会越来越小，相反社会生产规模的扩大会导致"公共领域"条件下的个人机会主义与政府机会主义不断加剧，从而推升"公共领域"的社会边际成本，最终使得"公地悲剧"越来越明显。对整个社会来说，$\underline{r} \leqslant R \leqslant \bar{r}$ 导致的"公地悲剧"不仅仅是公共资源的过度使用，还包括：①社会某些产品生产过剩的危险。由于产权"公共领

第5章 基于合作生产的宏观产权结构理论分析框架

域"形态下,生产者可以通过自由进入或寻租降低生产要素价格,巨大的利润空间会形成"投资冲动",在哈丁的"公共地"里,牧民放牧的产出在不可持续的发展态势下完全可能会超过社会需求。江飞涛、曹建海(2009)发现,以产权制度为核心的体制扭曲会引起地方政府不当干预微观经济的行为,并进一步通过成本外部化效应、投资补贴效应和风险外部化效应扭曲企业的投资行为,从而导致企业过度投资、产能过剩和行业重复建设[①]。②自主创新的困难。"公共领域"往往导致生产要素的低成本,梁东黎(2008)认为,这种低生产要素成本造就了企业的低生产成本,扩大了企业的利润空间,但与此同时也会降低企业自主创新的积极性,最后导致"低生产要素成本与自主创新不可兼得"[②]。③内需特别是消费需求不足。从整个国民经济的角度讲,"公共领域"很大部分是由"不均衡"的产权保护产生的,林木西、曾祥炎(2010)证实,偏袒性的产权保护必然会导致内需不足,如果不从宏观上进行产权结构调整,任何单纯依赖"刺激"内需的积极宏观政策都难以最终解决"公共领域"形态下的内需不足问题,而只会有短期效果[③]。④制度锁定趋势。由于政府存在将产权置于"公共领域"的偏好,既得利益集团也会由于维护既得利益而反对新的改革举措,社会制度会存在被锁定的趋势。正是由于这些原因,"公共领域"形态下的社会生产难以达到 y^*,而是在达到 y^* 之前便会陷入困境。因此"公共地悲剧"能说明为什么世界上很多国家,都能够从贫穷国家过渡到人均 GDP1000~3000 美元的发展中国家,但多数国家至此即遇到著名的"中等收入陷阱",只有少数国家能迈过这一"陷阱",进入可持续发展状态,最后迈入发达国家行列。

[①] 江飞涛,曹建海. 市场失灵还是体制扭曲——重复建设形成机理研究中的争论、缺陷与新进展 [J]. 中国工业经济,2009 (1): 53 - 64.
[②] 梁东黎. 不可兼得:低生产要素成本与自主创新 [J]. 探索与争鸣,2008 (3): 49 - 52.
[③] 林木西,曾祥炎. 扩大内需的产权制度分析 [J]. 经济学动态,2010 (9): 81 - 84.

第6章 宏观产权结构与全球工业化实践

6.1 宏观产权结构变迁与经济史

诺思将新制度经济学的基本理论和制度分析框架纳入经济史研究，从而构造了一个以制度、制度变迁和制度创新为主轴，以产权、国家和意识形态理论为主要分析框架的新制度经济史的理论体系和研究范式。其思维路径可以简单地概括为：西方世界兴起的根本原因在于制度——制度的核心是产权制度——产权的界定者是国家。因此，在诺思看来，经济增长有赖于明确界定的私人产权。以此为基础，诺思希望能对新制度经济史两个核心问题进行合理的解释：为什么相对无效的经济会持续？是什么妨碍了它们去采用更有效的经济制度呢？

在分析过程中，诺思把意识形态纳入了制度经济史研究的范畴，并发现了"国家—产权悖论"与制度变迁的"路径依赖"（Path Dependency）。但遗憾的是，诺思没有对国家与产权之间的微妙关系进行更深入的探讨，从而在解释某些历史事件的时候显现出了弱点。例如，在《理解经济变迁过程》（Understanding the Process of Economic Change）一书中，诺思用"信念→制度→组织→政策→结果"的演化范式来解释经济变迁的过程，这种范式很好地解释了理想状态的"西方世界的兴起"。但当他将"苏联的兴起"归因于"信念"而将"苏联的衰退"归因于"政治、经济结构被破坏"，或者当他将"现代撒哈拉沙漠以南非洲国家的灰暗历史"归因于"关于经济发展的政治学的不充分"时，他的理论解释明显不足。因为，在这个时候，"产权"似乎已经"让位"于"政治"：一些国家即使实行私人产权制度也不一定能引起合意的经济增长，一些国家即使在产权模糊的情况下也能促使经济高速增长，诺思的"经济增长有赖于明确界定的私人产权"观点在此没有足够的说服力，于是诺思说，这是因为"政治"，那么，决定人类经济增长的到底是"私人产权制度"还是"政治"呢？

依据宏观产权结构理论的分析不难发现，不是诺思的理论本身错了，而是诺思没有很好地区分经济发展的不同阶段。从国民经济的发展过程来看，在不同的历史阶段，存在一个从"偏袒性产权保护"向"非偏袒性产权保护"发展的内在要求，在这个过程中，"产权"与"政治"二者是紧密结合在一起的。具体说来，现代经济发展中"产权"发挥着重要作用，但更重要的是，"政治"维护了"谁的产权"。因此，有必要从宏观产权结构变迁的角度，对西方工业社会的实践过程做一个简单的梳理。

6.2 西欧的崛起与持续强大

在形成民族国家后，统治者为了解决财政困难，在不同的国家衍生出不同性质的产权制度，从而导致了17世纪西欧不同国家间的经济增长率差异，在这一点上，诺思毫无疑问是正确的。法国和西班牙两国奉行绝对的君主专制，其利益在于取得最大化的税收，因此要求实行严格的工业管理（行会制度）和其他种种无效率的产权形式；而在荷兰和英国，新兴的利益集团获得了对征税权的控制，并采取了对自己有利且有效率的产权制度。其结果是，现代资本主义经济最先在荷兰和英国取得成功，而同时期的法国和西班牙则陷于停滞（法国）和衰退（西班牙）。

诺思认为荷兰和英国两国有效的产权制度包括有效的产权界定与保护以及排他性私有产权的实施。在荷兰，行会制度受到抑制，劳动和资本实现了相当程度的自由流动。商业活动受到充分的保护和促进，带来交易费用的降低，推动了城市及巨大的中心市场的兴起，从中产生交换的规模经济性，进而推动贸易的更大繁荣，后者又推动专业化和分工的进步，令生产成本降低，虽然由于自然资源有限而令土地收益或农业收益递减，但降低成本的效果却能抵消这些损失而有余。资本市场也由于商业繁荣的刺激和对资本的有效保护而产生，并通过一系列信用工具和信用制度的发展降低了资本交易的费用。到17世纪，长期信贷的年利率降低到3%，证明阿姆斯特丹的资本市场已达到骄人的效率。英国则除了上述种种变化以外，还出现了对专有技术的保护。

只是，正如诺思本人所言，"一个完整的图景应该包括经济增长的成本：经济增长中有很多失败者，在变革的过程中他们的状况不断恶化。但是总的

第6章 宏观产权结构与全球工业化实践

来说,人类的物质条件,以及公民、政治、宗教和经济活动中的人身财产安全都得到了改善"①。从宏观产权结构的视角看,却有必要探讨"失败者"产生的原因,因为虽然在经济高速增长的过程中这些"失败者"也会是"受益者",但从长远来说却极有可能影响并决定着社会经济发展的成败。

因此,必须对英国工业化过程中政府的主导作用予以足够的重视。就历史上发达国家的现代化道路来看,政府的主导作用也是必然的。萨普德提出两个原因,颇有道理:第一,从传统社会转变为工业社会有赖于改革或消灭制度上的障碍。诸如封建土地所有制、税收制度、货币制度、价格制度等都是根深蒂固的,改革或消灭这些在制度上的不合理因素,唯有依靠政府的权威。第二,建立现代化环境需要大量具有"外溢经济作用"的服务事业,例如教育机构、交通网络、灌溉系统等,这些工程不受私人投资者注重,需要政府率先创办②。

英国资产阶级革命后建立了一个开放体制的资产阶级政府,在此后的一个半世纪里,新的政府推出一系列法规和政策,直接干预经济,从而建立起有利于工商业资本利益的宏观产权结构,促使一种适应资本主义工业化发展的现代化环境的形成。

首先,建立有利于资本利益的土地产权制度。由于土地关系是连接社会经济结构各个环节的枢纽,新政府干预经济的首要举措便是改革传统的土地所有权关系。15~16世纪英国封建土地制度中的土地占有权形式已经发生了一场质变,使农奴向自耕农或家庭农场主转变。在此基础上,政府又以土地立法包括议会圈地运动的形式,更进一步从根本上摧毁农村中的封建土地所有权和传统农业生产关系。土地立法不仅确立了资本主义的土地制度,更重要的是让土地完全进入市场,使之成为资本积累和资本投资的形式之一,这是建立现代化环境的先决条件。政府在革命时期将封建土地出卖,把土地推向市场,其总数和价值非常巨大,英国议会没收和出售的土地价值在550万英镑以上③。发生在1646~1659年的土地流动远远超过了红白玫瑰战争时代和宗教改革时代。通过市场买卖来推动土地资本主义化的速度并不能满足资产阶级和新贵族的欲望,于是,政府又以议会圈地的暴力手段加速土地的资本主义化。在英国工业革命前后,议会有关圈地的法案达4000多个,所涉及

---

① [美]诺思. 理解经济变迁教程[M]. 北京:中国人民大学出版社,2008:122.
② [意]卡洛·M. 奇波拉. 欧洲经济史(第三卷)[M]. 徐璇译. 北京:商务印书馆,1988:390.
③ 沈汉. 资本主义史[M]. 上海:学林出版社,2008:160.

的土地面积,据哈蒙德夫妇估计,达到英国耕地面积的一半,约570万英亩①。

其次,建立有利于资本利益的劳动力产权制度。这方面最典型的例证便是对工作日进行截然不同的两种立法,即机器大工业以前的强制延长工作日的劳工法和机器大工业时期的强制缩短工作日的工厂法。由于缺乏对劳动力产权的足够保护,英国工人的贫穷状况比较突出,当时的报纸记载、医生牧师的报道、法庭的记录等大量材料,都披露了工人阶级的贫困状况。

最后,通过建立英国及其殖民地之间的"双重产权"制度,促进英国资本主义工商业的发展。在工业革命前,英国政府直接参与海外掠夺和殖民战争,为资本主义经济的迅速发展创造了必要条件。英国先后战胜了西班牙、葡萄牙、荷兰和法国,消除了竞争者,确立了海上霸权和世界贸易中心的地位。英国对殖民地进行大肆掠夺,仅1757~1815年,英国政府就从印度掠走近10亿英镑的财富②。海外掠夺使英国获得了启动工业革命的资本。殖民战争不仅为英国掠取资本,而且为之开拓海外市场。在工业革命前的一个半世纪里,英国政府进行各种殖民战争,与他国相比,次数最多,历时最久(总计70年之久)。进入18世纪,英国获得了全球霸主地位,借助其对殖民地的贸易垄断权,英国通过在本国及其殖民地之间建立不一样的"双重产权"制度,为本国资本主义工商业发展服务。

此外,英国政府还在促进私人企业发展上直接干预其活动。政府往往用调整税收、许予津贴或贸易特许等方式,鼓励企业、公司的发展,保护国内市场。例如,1688年政府取消谷物进口税,用每夸特小麦补贴5先令的方法投放市场,以保证国内粮食的需求;1720年政府对进口印度绸和印花布课以重税,以保护国内纺织工业的发展。整个18世纪政府采取优惠贷款的办法扶持私人企业,于是各种公司如雨后春笋,遍布全国。

由此可见,英国政府在工业革命时期,绝不像传统学者所说的"袖手旁观"、"自由放任",而是直接干预,从宏观上建立了一种有利于资本利益的偏袒性产权保护制度,从而促进了资本的积累与形成。由此可见,通过政府力量推动企业的生成和发展,是英国资本主义经济发展的重要原因。

与此同时,在法国与西班牙,"人民最初都强烈地希望受到保护和实施

---

① 王铁之.试评英国资产阶级革命时期土地立法的作用及其影响[A]//英国史论文集.上海:三联书店出版社,1982:88.

② 谭崇台等.发达国家发展初期与当今发展中国家经济发展比较研究[M].武汉:武汉大学出版社,2008:56.

第6章 宏观产权结构与全球工业化实践

基本产权,以致国家能够获得对征税的管制权。对越来越大的财政岁入的需要,导致这两个国家基本上都用产权来换钱。但产权的转让并未促进效率,而是适得其反"[1]。由于没有形成有利于资本利益的产权制度,导致这两个国家的贸易和工商业落后于英国。

但英国偏袒性的产权保护随着经济的发展日益显现出了矛盾。在经济高速增长的时候,每个人似乎都是"受益者",矛盾并不突出,但经济一旦出现波动,这种矛盾便由频繁爆发的经济危机表现出来。每一次经济危机都使社会生产力遭到巨大破坏,使生产水平倒退几年甚至几十年,大量社会财富遭到破坏,而广大劳动大众则过着饥寒交迫的困苦生活。

经济危机并没有使英国经济最终崩溃。这时候,英国社会中的信念结构的演化及其导致的制度和组织结构变迁发挥了至关重要的作用。1628年议会签署的权利请愿书(the Petition of Right)为所有的英国人提供了一组受法律保护的权利,这些权利随着经济和政体的制度演化逐渐从理想变为现实,宏观产权结构也随之逐渐由偏袒性产权保护向趋于非偏袒性过渡。进入20世纪后,凯恩斯主义在客观上进一步强调了民众的权益,为了刺激消费,防止经济危机的发生,发达资本主义国家也愿意按凯恩斯主义在产权利益分配的过程中给予劳动力及其他生产要素的所有者更多的产权保护,这是发达资本主义国家避免经济失败的制度基础。

在这里,必须强调西方人文精神、法治传统以及民主制度在趋于非偏袒性产权保护制度形成中的重要作用。从文艺复兴运动开始,西方社会在人的价值的发现过程中逐渐形成了人文精神,人文精神所包含的自由、平等、人权、博爱和民主精神唤起了人们对法治的追求,这些人文思想不仅在英国的法治原则、制度中得到充分的体现,而且对其他西方国家法治价值目标的确立都产生了深远的影响,可以说,人文精神的大力张扬,巩固和促进了人们的法律信仰。在西方,人们对法的普遍信仰主要表现在法律的神圣性和至上性的理念生成上,人们认可法的神圣性,法治化的过程,实际上就是一个法的神圣化的过程。

当然,法律要能起作用,根据奥尔森(2005)的理解,必须有相互制衡的权力结构可以阻止领导者自身成为专制者。这种权力结构的形成在许多国家都不是自发生成的,但英国似乎存在一定程度的例外。17世纪中期英国的内战最后没有一个胜利者,没有一个胜方的领导人、团体或者政治派别能够

---

[1] [美]诺思. 经济史中的结构与变迁 [M]. 上海:上海三联书店、上海人民出版社,1994:173.

强大到可以将自己的意志强加在其他团体身上，或者去直接形成一种专制体制。其结果是，制造光荣革命的那些领导人又极力去设计一个权力分享的制度安排，以减少任何人拥有超过他人的绝对权力的可能性。每个握有权力的领导人或者团体最好的选择办法，就是同意设立一个占支配地位的议会，它代表所有各方力量，并限制赋予政府的权力，同时使君主拥有的权力有限化。制造光荣革命的领导人与政治团体还设立独立司法机构、签署《权利法案》对判例法进行重大变革，以防止其他专制力量的兴起。

权力制衡机制的形成，使英国社会的信任明显增强。英国人开始对许多事情有了相当高的信任度，他们相信彼此间签署的任何契约都会得到相对公平的执行，任何私人财产也会相对安全可靠，而他们批评政府也不至于遭到迫害。这种社会理念在趋于非偏袒性的宏观产权结构形成过程中发挥了至关重要的作用。

6.3 美国成为霸主

在美国，通过国家力量为商人集团提供偏袒性产权保护的经典文献可追溯到1787年的美国宪法。比尔德在其著作《美国宪法的经济观》中证明，联邦宪法是那些为财产权利寻求保护的工商业、金融业和投机阶层经济利益的产物，而并非全民利益的体现，其产权保护的歧视性相当明显[1]。

高程（2007）认为，美国联邦政府对金融和工商业集团的偏袒性政策集中体现在其对融资市场和制造业的保护上[2]。在融资市场上，美国政府通过控制私有而公管的国家银行以促进商业交易。在联邦主义政治家和商人眼中，强大的国家银行不但可以通过发行纸币和公债来扩大国家的信用基础和实力，而且可以提供融资业务的便利，以促进商业交易。1791年，商人控制下的中央政府为"第一合众国银行"颁发了有效期为20年的经营特许证，该银行由私人企业和联邦政府联合投资创办。在1000万美元的原始资本中，1/4是现金，3/4是政府公债；其中政府认购的股份只有200万美元，其余800万美元均来自商人的私人投资。在实际运转中，第一银行主要由私人控制和管理。第一银行及后来通过的银行法律具有政治性和经济性的双重含义。一方

---

[1] ［美］查尔斯·比尔德. 美国宪法的经济观［M］. 北京：商务印书馆，1984：102.
[2] 高程. 非中性制度与美国的经济"起飞"［J］. 美国研究，2007（4）：38-55.

面，它稳定了国家的财政制度，增强了联邦政府的力量；另一方面，它成功地把一个巨大的国家金融机构置于商业、金融集团和联邦政府的共同控制之下。虽然在1811年营业执照期满之时，反对势力的联合使第一银行得不到另一个特许证，但是在财政混乱和金融集团利益的双重压力下，曾一度谴责第一银行的杰斐逊总统于1816年发给了"第二合众国银行"20年限期的特许证。第二银行的初始资本额上升到3500万美元，私人资本的比例扩大到4/5。它的职责和作用与第一银行基本相同，既作为政府的财政代理机构，也充当价值稳定的纸币的发行者与工商业活动的支持者。

另外，美国政府实施旷日持久的关税保护政策。从1812年开始，政治家、理论家开始认真思考国家如何保护"幼稚工业"，以制造业集团为核心的院外活动致使1816~1828年一系列关税保护方面的法令出台，1816年出台的《关税法》，是美国关税的主要目的从增加国库收入开始转向保护国内产业的标志。1816年的新法令对纺织、钢铁和其他一些工业企业进行集中保护，1818年，美国政府对生铁制造商采取了进一步的保护政策，同时将进口棉花和羊毛的关税提高到25%。1824年，在制造业集团的推动下，国会又一次对税率做出了全面调整，不但提高了关税，而且扩大了对制造业的保护范围。1828年，在毛纺织集团的鼓动下，国会将平均关税税率提高到超过50%以上的水平，这次关税法令创造了"内战"前的最高税率。从1832年到"内战"结束，美国关税保护原则从未被放弃过。1865年平均关税高达48%，此后多年一直保持着这一水平。在1883年的关税法令中，羊毛和棉纺织品的关税被大大提高了，钢轨的税率仍足以排斥所有的进口……一直到20世纪初，美国仍然通过保守主义的高额关税政策，对采矿业和制造业商进行保护。

关于关税保护，高程（2007）还认为，实施关税保护的过程同时也是重新界定财产权利的过程①。关税的存在及水平反映了各利益集团政治力量对比的状况，其中受到偏袒的是资金雄厚、人数少却团结一致的工商业集团。工业保护并非一件免费品，国家对工商业集团实施保护的代价是，更大的消费者利益集团将为此承担更高的价格，且其选择受到限制。但这种暂时的"牺牲"对年轻的美国来说却意义重大：一方面，它保护了当时具有生产性的制造业集团，进而调整了不利的产业和贸易结构；另一方面，逐渐强大的联邦政府也分享着保护性关税政策的甜蜜果实。从美国独立到"内战"之

---

① 高程. 非中性制度与美国的经济"起飞"[J]. 美国研究，2007（4）：38-55.

前，资助商业的联邦政府的收入主要来自关税，这项收入在绝大多数年份里，比其他收入的总和还要多5~10倍，占国家财政总收入的80%~90%。因此，保护性关税制度和政策的贡献便足以弥补其短期内的效率损失。

除了关税保护外，美国还采用许多其他手段来保护工商业集团的财产利益。政府资助私人企业的形式多种多样，如发给津贴、补助金、赠予土地、授予从事某项商业和贸易的垄断权、减免特种税以及批准其参与政府企业的经营等。一些大企业受到政府直接保护和帮助的例子不胜枚举。一切正如林德布洛姆所描述的那样，"在美国，汉密尔顿的《关于制造业的报告》把政府推上一个主动支持经营的角色……法院修改了'第十四条修正案'，使其由原先为了保障过去的奴隶的权利变为保护以法人的新角色出现的公司的工具……早期联邦关于银行、运河和道路的方针也是如此；政府对西部铁路实行了大量优惠；反垄断法的法律解释，针对工会而非商业企业；海军陆战队的部署是为了保护在拉美的美国企业；公用事业法的使用是为了保护经营收入；公平贸易法明显地从公共目标转向垄断特权的保护"①。另外，美国还通过对外扩张、奴隶贸易、掠夺印第安人土地等手段获得了工业发展的资源②。

美国的工业化起步于19世纪20年代，1820~1860年的40年中，美国的制造业逐渐变得专业化和高效率，其基础也扩大到范围更广的产品生产领域，而不像美国建国初期那样仅依靠纺织品等少数几种制造品的生产。在整个美国工业化和经济起飞的过程中，一群紧密凝聚一体的财政、金融和工业企业家，形成了美国的"强盗贵族"，成为推进美国高速工业化进程的核心力量。这伙"强盗贵族"掌控和收买的国家及其制度，给予那些投入资本拓展新市场、创办大规模工商企业的利益集团以特别的财产保护和政治特权。19世纪60~70年代出现的美国资本家新富，如铁路部门的科内利乌斯·范德比尔特、石油行业的约翰·D. 洛克菲勒、钢铁行业的安德鲁·卡内基，在追逐财富的过程中都是残酷无情的。他们每个人都有腐败的记录，其中一些人还拥有私人武装，他们会随时撕毁合同，如果这样做对他们有利的话。一个炼油厂的独立拥有者，因为拒绝把他的炼油厂卖给洛克菲勒，结果他的工厂被

---

① [美]查尔斯·林德布洛姆. 政治与市场：世界的政治—经济制度 [M]. 上海：上海三联书店, 1992：251-252.

② 1803年，美国从法国手中低价购买大路易斯安那；1818年，美国从英国手中购买北达科他；1819年，美国从西班牙手中强购佛罗里达；1845年，美国强行从墨西哥手中抢占得克萨斯；1846~1848年，通过发动对墨西哥的战争强购加利福尼亚、内华达、犹他、亚利桑那、新墨西哥；1853年，美国从墨西哥手中强购基拉河流域；1867年，美国从俄国手中低价购买阿拉斯加和阿留申群岛；1898年，美国通过与西班牙战争吞并了夏威夷、菲律宾和关岛及加勒比海控制权。

炸毁，洛克菲勒的一个雇员被证实实施了这一犯罪行为①。

正是由于这一原因，美国19世纪后期被大卫·科茨（2007）称为强盗资本主义时期。强盗资本主义时期不是一种产权安全状况。然而，尽管缺乏安全的产权，强盗的资本主义时期还是修建了跨越美国的铁路，盖起了现代化的炼油厂和高效率的钢铁厂。而企业家之所以愿意这么做，是因为通过这样的生产性投资，可以得到巨额利润。因为美国政府作为一个发展主义国家（Developmental State）来运作，资助了强盗资本主义时期的铁路建设，并且提供了保护性的关税来对抗欧洲的进口货。这样就建立了一个巨大的、受保护的市场，使得生产性的投资能有巨额利润。

通过强盗资本主义的工业化促进，美国用不到一个世纪的时间，不仅完成了工业化，而且一跃而成为世界最大的工业国家。1820年工业起步之时，美国的工业总产值占世界的6%；半个世纪后的1870年，这一比例上升到25%；到了1894年，美国以95亿美元骄人的工业产值，坐上了工业世界的第一把交椅。

因此，美国工业体系的建立和国民经济的崛起不是自由女神眷顾的产物，而是国家通过构建偏袒的宏观产权结构来推动工商业发展的结果。至今，美国成为世界头号经济强国已经有100多年，在这100多年里，美国日益演变为世界霸主，这其中，既有两次世界大战的机缘巧合，也有种种外在因素，但其中最根本的原因，是美国在工业化之后，逐步建立起了趋于非偏袒的宏观产权结构。

从1890年通过第一部《反垄断法》开始，直至20世纪六七十年代的各种社会运动，伴随着罗斯福"新政"与杜鲁门"公平施政"的"国家干预主义"，美国民众与政府在以下几个方面做出了极大的努力：限制大企业；制定劳动保护法律；拟订高额累进税，将富人的财产以国家财政手段进行转移支付，弥补穷人的缺失；制定旨在保护穷人和劳动者的瓦格纳法、社会保障法，开展大规模救助；联邦政府兴办公共事业；等等。这些政策的实施，为美国为建立趋于非偏袒的宏观产权结构打下了坚实的社会基础。

另外，在劳工权益保护方面，美国也做得相当出色。在美国，就维护劳动者合法权益而言，普遍认为立法需要向着劳动者一方倾斜，执法部门与司法机关必须依法维护劳动者权益。美国的劳动者权益得到的保护与美国相对完善的劳工法律体系是密不可分的。美国的《劳工法》从认为受雇人群处在

---

① [美]大卫·科茨. 所有制、产权和经济业绩：美国和其他国家的理论与实践[J]. 张文红编译. 国外理论动态，2007（2）：51–54.

弱势地位的角度，对他们的安全、工资和福利等作了充分的考虑，有关劳资关系的法律都对劳方利益予以严格保护。美国对劳工权益保护的充分可能从一组数据中得出：初次分配后，劳动者报酬占 GDP 的比重，美国接近 70%[①]。

根据奥尔森的理解，美国之所以能从偏袒性的宏观产权结构过渡到趋于非偏袒性的宏观产权结构，除了很大程度上受到英国法治传统的影响，也与美国成立之初没有存在单一的政治团体或者殖民压迫有关系。13 个殖民地特性各异，甚至在奴隶与宗教问题上也不一样。各个不同的殖民地在英国统治下经历了一定程度的内部民主，并且拥有不同的宗教与经济集团。在这种背景下，美国宪法的起草者们当然也利用了权力分配及制衡原理来防止专制统治的出现。宪法把行政权、立法权和司法权分别给予了总统、国会和最高法院，但又赋予这三个部门一定权力来相互制约各自权力的使用，每部分都需要其他部门的合作才能使政府运转，每部分也都愿意制约与平衡其他部分的权力。制衡机制、法院的独立性以及受保护的广泛的个人权利，不仅最小程度地减少了独裁政治的可能性，而且保护了财产和契约权利，从而为美国的长期繁荣确立了非常重要的制度条件。

当然，并不能因此认为美国建立了一种理想的社会制度，因为美国社会还存在着种种弊病，美国经济也面临着种种挑战。

6.4　苏联的兴衰

苏联的兴起不是源于公有产权，也不仅仅是"信念结构"的结果，而是由于计划经济体制在客观上创建了一个有利于工业资本形成的宏观产权结构。

"十月革命"胜利后，苏维埃俄国立即进行了"剥夺剥夺者"的工作。首先废除地主土地所有制，实行土地国有化，建立了土地国有制。其次，进行大工业、银行、运输业和对外贸易的国有化。与此同时，对运输业和对外贸易也实行了国有化。1919 年，俄共（布）第八次代表大会通过苏共历史上

---

①　根据《国际统计年鉴 2012》数据计算。

第6章 宏观产权结构与全球工业化实践

的第二个纲领①，宣布实行苏维埃民主，生产资料国有化，有计划地组织全国的生产和产品分配，并准备取消货币。1926年，苏联开始实行社会主义工业化，针对当时工业技术落后、门类狭窄、主要为轻工业的状况，提出工业化的任务是建立强大的重工业、国防工业和现代农机制造业。工业化的建设资金要靠国内积累，主要来源是国有经济的利润、被废除的沙皇时期缴纳的外债利息、农民的"贡税"。社会主义工业化促使工业迅速发展，1929年工业在工农业总产值中已占据优势地位，1932年苏联从农业国变成了工业国，工业产值在国民经济总产值中的比重增加到70%，并建立了能以现代技术改造整个工业和农业的重工业基础。另外，工业中的社会主义成分不断增大，到1932年已把工业方面的资本主义成分消灭，成为工业中的唯一经济体系。

在工业化后期取得的集体农庄运动初步成果的基础上，苏联从1930年起开始实行农业的全盘集体化，到1934年农业集体化已取得决定性的胜利，集体农庄和国营农场约占全部播种面积的90%，到1937年农业的集体化已经完成，集体化的农户占农户总数的93%，集体化的耕地占耕地总面积的99.1%。实现了以集体的机械化的社会主义大农业取代富农经济和农民个体小生产，商品粮的成倍增加支持了工业化的实现。

通过国有化、工业化和集体化，苏联的生产资料所有制发生了根本性变化。只是斯大林在20世纪30年代实际上已经违背了他加入布尔什维克的最初承诺，遵循的是1919年通过的第二个纲领。该纲领规定"按照一个全国性的计划把全国所有经济活动最大限度地联合起来；使生产最大限度地集中起来"，"在全国范围内用有计划有组织的产品分配来代替贸易"，"把整个分配机构严格地集中起来"。于是，一个"一切都由中央统一的计划所控制的、以国家任务为主的、不应该存在物质刺激的、没有商品生产和货币的、一切靠纪律来维持的……社会主义"便诞生了②。

通过生产资料的公有产权，实现了对国民经济全面的、直接的指令性计划管理。在这种体制下，国家通过层层行政机关，广泛采用具有强制性质的行政指令和决议，对全国的企业和经济活动进行集中统一的计划、组织、指挥、调节和监督，通过行政方法集中人力、物力和财力来保证计划的实施，很少甚至排斥运用经济杠杆和市场机制对经济的调节作用，很少运用经济刺

---

① 1903年，俄国社会民主工党第二次代表大会通过苏共历史上的第一个纲领，宣布俄国社会民主工党的最近目标就是推翻专制统治，建立民主共和国，实行八小时工作制，废除限制农民支配自己土地的一切法律。

② [英] Alan Bullock. 希特勒与斯大林 [M]. 北京：中国社会科学出版社，1998：269.

激手段来调动经营者的积极性。

通过将土地、劳动力以及其他生产要素的产权置于"公共领域",政府成为一个实际上的"总资本家",苏联当权者几乎保证了资本的充分利益,偏袒的宏观产权结构为资本的快速形成与积累创造了条件,企业大规模地建立起来,经济的高速增长终于变成了现实,尽管这种增长主要集中在工业特别是重工业。据统计,1940~1985年,苏联重工业增长了34倍,年均增速8.3%;轻工业增长了12倍,年均增速5.9%;农业仅增长了1.7倍,年均增速2.2%①。原因是,"国家事实上变成了冷战的工具,冷战吞噬了国家几乎80%的智力、思想、政治和物质资源"②。而作为纵向的历史比较,"人们知道,直到斯大林去世前的1952年,甚至在赫鲁晓夫时代的1963年,粮食产量也未达到战前1913年沙皇时代的水平,实际上利用对农民过重的'剪刀差'来实行经济剥夺。在20世纪六七十年代,尽管苏联有卫星、有导弹,但缺少人民日常生活用的热水瓶、羽绒衣以及旅游鞋"③。

当资本日益丰富,宏观产权结构需要从偏袒性向非偏袒性过渡才能确保经济的持续发展,苏联的体制暴露出致命的缺陷。首先,特权阶层拒绝宏观产权结构的改变。从20世纪30年代开始,苏联高级干部包括汽车、别墅、仆役在内的一切家庭生活费用由政府开支已经成为一种"制度",不仅党内要员享受着特殊的生活待遇,甚至他们的亲属也利用其特殊地位"为自己、为他们的近亲远戚,搞豪华生活"。到勃列日涅夫时期,苏联的特权阶层基本定型,据俄学者的估计,当时这个阶层有50万~70万人,加上他们的家属,共达300万人之多,约占全国总人口的1.5%④。由于这部分人的特权是靠领导位置来维持的,即使是高层次的精英们也害怕招致他们的上司不高兴,他们知道一旦失去职位就意味着失去与职位相联系的权力和威望,同时要失去的还有与职位相联系的当前的生活水平。于是,他们拒绝利益关系的合理改变,拒绝宏观产权结构的调整,他们"保卫变了形的社会主义,实际上是保卫专制秩序,更精确地说,是在保卫他们自己的特权和权力"⑤。其次,社会成员中的大多数已经失去了制度创新的思维能力。由于长期的精神专断,言论自由无从谈起,也极大地剥夺了人民群众的民主权利。"斯大林主义最

---

① 许志新. 论苏联失败的根源 [J]. 俄罗斯中亚东欧研究, 2001 (3): 1-4.
② [俄] 阿·切尔尼亚耶夫. 在戈尔巴乔夫身边六年 [M]. 北京: 世界知识出版社, 2001: 14.
③ 苏东斌, 刘荣荣. "制度人"假设——从计划经济到市场经济 [M]. 北京: 社会科学文献出版社, 2007: 61.
④ [俄] 米·谢·戈尔巴乔夫. 改革与新思维 [M]. 北京: 新华出版社, 1988: 19、81-82.
⑤ [俄] 格·阿·阿尔巴托夫. 知情者的见证 [M]. 北京: 新华出版社, 1988: 113.

第6章 宏观产权结构与全球工业化实践

危险的表现之一恰恰在于经过长达几十年的顽强的、坚持不懈的努力使人们丧失了思想的能力,依靠无情的镇压和无所不在的宣传把人们变成极权主义的国家机器上没有思想的螺丝钉。"[①] 戈尔巴乔夫在思考"大清洗"给苏联社会带来的灾难性后果时曾说:"斯大林主义不仅教坏了刽子手,也教坏了他们的牺牲者,背叛成了一种通病。"[②] 与此同时,随着时间的推移,苏联的高级集团已经变得与以前不一样了,他们非常"实用主义"和"物质主义",没有意识形态立场,他们会重复官方的意识形态词句而实际并不相信,只关心自己的特权和利益。诺思所强调的社会发展的"信念结构"及其制度框架在苏联逐渐变得虚无。

苏联社会的演变也证实了奥尔森的分析。在斯大林没有取得完全的权力之前,他加入了明显处于强势或关键性地位的布尔什维克派别,该派别与列宁本人其实选择的是市场导向的新经济政策,并且反对对农业实施强制性集体化。但斯大林在攫取了不受挑战的权力后,成立的专制政体由于没有权力制衡机制,他不再需要取悦任何布尔什维克派别,并进而采取了他以前所反对的政策:由国家对经济的全盘吸收以及残酷的农业集体化。只是,由于着眼于长期执政,斯大林存在提高社会生产率的强烈动机,同时也有着从社会中攫取最大剩余以增加其政治权力、军事力量和国际影响力的强烈愿望。国有化使苏联社会拥有了比大多数社会高得多的储蓄率和投资率,此外,通过提高对劳动收入的征税,部分地引入了税收—价格歧视,获取生产率相对较高个人的产出中的较大部分,以此方式将税率提高到远高于以前的征税体制下的收入最大化税率,并通过降低边际税率对平均税率的比率,促进劳动量的增加。这样,苏联比历史上其他任何社会都拥有更多的资源,以供其领导者为达到他们的目的而用。

只是过度偏袒工业化生产(以领导人的需要为目的),苏联体制即使在其最好的状态下也是低效的。斯大林征用了苏联境内的资本、土地和其他自然资源,并因此扼杀了私人财产和服务于这些财产的市场,由于扼杀了私有企业,造成社会无法从私人企业的创新活动中获利。同时,要素价格的极端扭曲使苏联社会的全要素生产率远低于市场经济体——而且越来越低。随着时间的推进,苏联社会逐渐停滞。

---

① [俄]格·阿·阿尔巴托夫. 苏联的政治内幕:知情者的思证 [M]. 北京:新华出版社,2000:70.
② 苏东斌,刘荣荣. "制度人"假设——从计划经济到市场经济 [M]. 北京:社会科学文献出版社,2007:17.

苏联的历史描绘了在"专制—计划"体制下社会是如何组织生产的，同时也描绘了权力与产权高度结合可能对社会带来的短暂欢愉与极其可怕的后果。由于趋于非偏袒性的宏观产权结构根本不可能在"专制—计划"体制下建立，苏联的失败变得不可避免。对于苏联的解体，普京引用了在俄罗斯家喻户晓的一句话来进行评说："谁不为苏联解体而惋惜，谁就没有良心，谁想恢复过去的苏联，谁就没有头脑。"

6.5 东亚奇迹

以日本和亚洲"四小龙"为代表的东亚经济，在20世纪50~90年代曾先后取得了令人称羡的成就。这些国家和地区通过经济增长，不仅克服了资源贫乏对经济增长的制约，而且改善了人民生活并实现了社会进步。东亚经济发展所取得的骄人成就被誉为"东亚奇迹"。

世界银行从1991年到1993年，组织有关专家对日本、韩国、新加坡、中国香港、中国台湾、印度尼西亚、马来西亚、泰国8个东亚国家和地区的经济发展进行了全面总结，在此基础上出版了《东亚奇迹：经济增长和公共政策》的报告。在这份报告中，世界银行认为，东亚经济异乎寻常的高速增长，不仅来自资金和人力资源的高速积累，而且得益于市场化改革和有效的政策干预，而这说到底是政府参与资源配置的结果。

这一点也与日本学者大野健一的结论相一致，"经济的成功取决于政府干预的质量，而不取决于它的消失……政府干预是启动和维持经济发展的必要条件，尽管不是充分条件"[①]。

东亚奇迹中政府构建有利于工商业发展的政策主要集中在以下几个方面：

一是有利于工商业发展的土地政策。土地作为一项必要的生产要素，会占据企业相当多的资金。要得到土地作为厂址，通常是私营企业自己的事，但这也往往增加工商业企业的成本，不利于其发展，因此东亚模式中的一个重要内容就是土地政策的使用。在中国台湾地区与韩国，土地改革首先消除了作为工业化潜在反对者的大地主阶级，而且使新的土地拥有者在政府的保护下成为工业化的支持者。其次，在消灭了大地主阶级之后，政府往往投资

---

① [日]大野健一. 通向市场经济的路径选择和政府的作用[J]. 经济社会体制比较，1999(7)：43-45.

于土地开发,帮助企业发展。如日本政府承担了开垦工厂用地的先期公共投资,再提供诸如港口和公路支线等基础设施,从而使私营企业花在所需工厂用地上的费用降到了最低点。这就使企业可以节省资金,把更多的资金用于科研开发和扩大生产上。

二是有利于工商业发展的劳工政策。为了降低工商业企业的劳动成本,东亚政府致力于维持一支足够数量的高素质、低工资和守纪律的劳工队伍,从而导致政府在多数情况下总是主动积极地维护和促进资本所有者的利益而忽视和压制劳工的利益。在发展初期,日本、韩国和中国台湾地区的当局都对劳工实行严厉的管制。日本政府在1945~1970年就竭力把工会纳入政府的治理之下,政府鼓励工人效忠于雇主和在工人之间展开的竞争,政府的管制使得日本劳资关系远比西欧北美平缓得多,几乎没有发生过对经济真正产生影响的罢工运动。而在韩国,当政府的出口导向战略受到工会挑战时,军政府立即采取严厉措施,如完全禁止罢工、解散工会、逮捕大量工会活动分子。在摧毁了与政府对立的工会运动之后,政权创造了在政府庇护之下的韩国工会联合会,并通过政治上听话的工会组织来缓和工人经济上的要求和政治上的不满。中国台湾地区对工会的控制也是从两个方面来实现:其一,由当局强制性裁定劳资纠纷,并在戒严法之下对政治权利严格限制;其二,通过国民党在企业里的干部来直接控制工人个人和地方工会的活动。东亚地区这种通过政府积极干预劳资关系的方法在相当长时期内控制了劳资冲突并维持了"低工资、守纪律"的劳工队伍。

三是有利于工商业发展的财政与金融政策。这方面的政策主要包括低利率、减税、多种多样的补贴等。以日本为例,日本的低利率政策是一种根据所谓"窗口指导"的特种货币工具和从政府或半政府金融机构所能获得可投资的资金多少而制定的直接配给政策,因此,可以维持或多或少固定不变的较低的利率。日本政府从1952年起颁布了一个又一个所谓的特别租税措施,对出口收入实行特别减税,对出口亏损准备金实行免税、减低利息和红利的税率等。日本政府在经济增长过程中,对企业的包括水、电消耗都进行价格补贴,多种多样的补贴大大节约了企业的生产成本,为企业减轻了负担。

东亚政府构建的有利于工商业发展的政策措施,对于促进该地区的经济快速增长起到了巨大的刺激作用,企业在这种偏袒性的宏观产权结构条件下大规模地生成与发展,东亚地区实现工业化的速度甚至超过了欧美国家。

但与苏联的崛起不一样的地方在于,"东亚奇迹"实行的是市场经济体制,政府的集权程度也远不及苏联。F. Targetti and A. Foti(1997)曾将当今世界的经济发展模式分为四种类型:民主政治—自由贸易、威权政治—自由贸易、民主政治—出口替代、威权政治—出口替代①。其中东亚采取的是第四种类型，而且正逐步向第三种类型转变。

因此，东亚的成功模式可以说与奥尔森所理解的欧美国家的成功道路有着很大的区别。在奥尔森所描述的英美社会，权力制衡机制是由于历史的原因自发生成，由此形成了建立趋于非偏袒性宏观产权结构的可能性。而东亚社会并没有民主制的传统，它们是在"威权"模式下使经济得到一定的发展之后，然后再通过民主化的权力制衡建立起趋于非偏袒的宏观产权结构。

从历史的角度看，东亚国家实施工业化的初始原因并不是某项减贫战略，或者是改善治理水平、透明度和基层参与。这些国家（地区）面临的首要任务是应对外来军事威胁或内部社会分裂所带来的生死存亡的考验。为了保持国家统一和进行战备，政府急需经济增长。因而无论是在日本、韩国，还是在中国台湾地区，政府在经济发展中起着至关重要的主导作用。但与此同时，其社会经济的本质仍是市场经济，一种由政府主导的市场经济。在这"威权—市场"经济发展的过程中，长期存在于东亚社会的民族振兴意识，为威权政体提供了重要的合法性、正当性来源，使威权政体能够长期为东亚社会所接受。

但是，随着经济的快速发展和随之而来的社会变迁以及市场机制的不断发展和完善，政府在经济发展中的主导作用和权威地位开始逐渐面临挑战。市场经济作为一种经济运行方式，对社会结构、制度条件等有着内在的要求。一方面，在经济转型的过程中，带来了利益主体的多元分化和社会结构的变化，从而带来了国家与社会关系的变化。东亚国家（地区）在工业化、现代化进程中，经济社会结构发生了广泛深刻的变化，出现了大量新兴阶级、阶层和利益集团以及相应的利益分化、冲突，由此形成了新的政治参与，社会以及社会中的个人逐渐从国家的全面控制中独立出来，促进了社会自主性的发展，为民主成长提供了空间。另一方面，在市场经济的逐步发展与完善的过程中，经济发展必然会追求现代化与民主化的制度环境，也为现代民主政治的成长提供了丰沛的制度资源。一般认为，市场经济发展与有效运作的必要条件包括：严谨的法制保障产权与市场规范、完善的公共物品和公共财政、政府对"市场失灵"进行必要的干预、保证有效竞争和商品、劳务的自由交换以及建立完善的社会保障体系等。这些变化直接最终导致了新兴阶级、集团利益诉求的民主运动。民主运动在东亚地区最终导致了原有威权体制的瓦

---

① F. Targetti and A. Foti. Growth and Productivity: A Model of Cumulative Growth and Catching up [J]. Cambridge Journal of Economies, 1997 (121): 37-38.

第6章 宏观产权结构与全球工业化实践

解和新型民主政体的出现。可以说,恰恰是政府所主导的经济高速发展及其结果,开始削弱和挑战政府的主导地位,并促成了东亚国家和地区的民主化转型,从而形成了东亚地区独特的民主成长范式。

所以,"东亚奇迹"的实质不仅仅在于政府主导下的经济高速增长,更重要的是在市场经济条件下建立趋于非偏袒的宏观产权结构的可能性。由于市场经济内在的平等与自由天性,东亚国家与地区在由威权主义向现代民主制过渡的过程中显示出了较好的适应性,说明东亚国家与地区建立趋于非偏袒的宏观产权结构是有可能的。

随着趋于非偏袒的宏观产权结构的逐渐形成,东亚国家与地区由原来以促进工商业发展为目的的宏观产权结构向平衡资本、土地、劳动力等生产要素的利益的方向迈进。以劳动力为例,实施"血汗工资制"曾是东亚经济迅速崛起的秘诀。为发挥劳动力优势、增加出口和引进外资,东亚在经济高速增长的年份里,都采取了低福利、高增长的策略,工薪阶层的工资一直维持在较低水平。政府还对所谓奢侈品课以高额消费税,在20世纪80年代以前,东亚的中等收入阶层一直未能随着经济发展而获得较大增长。但自80年代后伴随经济的持续发展和产业结构的不断调整,劳动力要素的收入迅速增长,最终推动了东亚中等收入阶层的迅速成长,使中等收入阶层逐渐成为东亚大众阶层的核心力量。1960~1970年,日本的实际人均工资增加了0.65倍,实际人均国民收入增加了0.84倍,实际国民收入和国民生产总值都增加了1倍,中等收入阶层的队伍也因此获得空前成长;1980年韩国人口的35%属于中间阶层和中上阶层,到1985年,中间阶层和上等阶层占韩国人口的43%,20世纪80年代中后期,韩国超过79%的人认为他们属于"中间阶层";据《海峡时报》1987年的采访调查,新加坡华人居民有74%、马来居民有75%、印度居民有78%认为自己享受着中等收入阶层的生活[①]。

但由于东亚模式与现代民主制本身存在种种局限,因此,东亚经济目前仍然只能在曲折中朝前发展。

---

① 李文. 从东亚经验看我国扩大中等收入者比重的重要性 [J]. 北京行政学院学报, 2003 (4): 55-59.

6.6 拉美陷阱

20世纪40年代拉美改变初级产品出口模式而采用进口替代工业化战略。它们实行国有化,发展民族经济,加强国家对经济的全面干预,建立起大批轻工业企业,鼓励本国制造业的发展以替代出口。"二战"爆发后,由于参战国供应的减少及战时运输的困难和费用的增加,拉美为替代出口而生产的产品没有碰到多少进口商品的竞争。另外,由于战争的消耗,中心国家对初级产品的需求也大大增加,因而拉美的经济便有了迅猛的发展。20世纪50年代中期到60年代,拉美国家工业年均增长8%以上,国民经济年均增长6.5%。拉美人均GDP仅用10年多时间就翻了一番多,从400多美元提升到1000多美元,被称为世界经济的"拉美奇迹"。

在实施进口替代工业化发展模式的过程中,拉美国家采取了以下措施:①对"幼稚工业"加以高度保护。在这一时期,拉美国家一直把高关税率作为限制进口保护本国"幼稚工业"的重要手段。拉美委员会在1966年发表的一份报告中指出,"阿根廷的关税水平高达90%,厄瓜多尔、巴拉圭和委内瑞拉为50%,巴西、哥伦比亚和智利为40%。这些税率大大高于联邦德国、加拿大、美国、法国、挪威、英国(10%~20%)以及丹麦和瑞典(不足10%)"[①]。并且事实上许多拉美国家非关税壁垒比关税壁垒更为重要,比如进口配额制的广泛推行,在墨西哥,受进口许可证限制的产品不断增加:1956年为25%,1965年扩大到60%,1975年达到100%。②向"幼稚工业"提供刺激性优惠。拉美国家的许多决策者努力地将各种资源重点投入工业。例如,许多拉美国家,政府除了把大部分贷款投入工业企业以外,还将利率定得很低。20世纪60年代末,阿根廷和巴西的工业企业获得的贷款利率甚至为负,分别为-17.5%和-21%。此外,不少拉美国家的政府还允许提供中间产品的国有企业无偿使用其他国有企业生产的钢材、电和天然气等一系列产品[②]。并且,不少拉美国家在所得税和关税等方面还向工业企业提供各种优惠。③依靠国家政权的力量,利用国家资本,大力发展基础设施,并在

---

① 拉美经委会. 拉美的工业发展进程[M]//江学时. 拉美发展模式研究. 北京:经济管理出版社,2007:40.
② 江学时. 拉美发展模式研究[M]. 北京:经济管理出版社,2007:42.

一些"战略性"部门和私人投资者无力进入的资本密集型或技术密集型部门中直接兴建国有企业,或在对自然资源领域中的外资企业实施国有化后,将其改造为国有企业。例如,在阿根廷,为了加快基础设施建设,政府在20世纪40年代先后成立了国家煤气公司(1946)、水利电力公司(1947)、铁路局(1947)、索米萨公私合营钢铁公司(1947)、国家电信公司(1948)和航空公司(1949)等。④大力吸引外资。为了吸引外资,拉美国家普遍实施了较为宽松的外资政策。例如,1955年,墨西哥政府颁布了《促进新工业和必需工业法》,该法律为外资提供了多方面的国民待遇。50年代,巴西库比契克政府除了放宽外资在企业中的股权外,还通过免税等措施鼓励外资进入制造业。⑤开展区域经济一体化。随着进口替代工业化的深化,国内市场狭小的缺陷越来越明显,拉美国家开始探索经济一体化的途径。1951~1954年,萨尔瓦多与其4个邻国达成了双边自由贸易协定。在此基础上,中美洲5国于1958年先后签订了《中美洲工业一体化条约》和《中美洲自由贸易和经济一体化多边条约》。1962年8月,中美洲5国正式成立中美洲共同市场。与此同时,南美洲国家也在积极探索区域经济合作的途径,1960年,南美决定建立拉丁美洲自由贸易协会。

由此可以看出,与其他许多国家一样,"拉美奇迹"也是在政府干预下通过建立有利于工商业发展的宏观产权结构来实现的。

但从20世纪80年代初起,拉美经济发展趋缓,债务越来越多,金融危机频发。1982年8月,墨西哥宣布无力偿还800亿美元债务,由此引发了债务危机和经济危机。随后一年多的时间内,巴西、阿根廷等国也相继发生债务危机,经济全面衰退,90年代以来,拉美更是经济危机迭起,先后发生了四次金融危机:1994年初,墨西哥爆发农民起义,此后社会动荡,到年底终于爆发金融危机;1999年初,巴西又出现了金融危机;2001年12月中旬,阿根廷因长期经济衰退,金融形势恶化,宣布停止支付总额达1320亿美元的债务,爆发金融危机;2002年,巴西、乌拉圭、厄瓜多尔、委内瑞拉等国也相继陷入金融动荡,经济环境险象环生,其造成的"探戈效应"几乎使整个拉丁美洲都陷入危机。

有关"拉美陷阱"产生原因的解释多种多样①,但其中最为根本的原因,仍然在于随着经济的发展,拉美难以建立趋于非偏袒的宏观产权结构。特别是在偏袒性的宏观产权结构影响下,社会收入差距有拉大的趋势,多数国家都不顾自己收入水平和财政能力的制约,过早地照搬发达国家已经实施的一系列的社会福利制度,想在"经济赶超"的同时,实行对发达国家的"福利赶超",结果导致了财政赤字过大,国内外债台高筑,引发高额通货膨胀、债务危机、金融危机、经济危机,最终导致经济增长停滞,就业停止增长,最后收入差距反倒越来越大。

近20多年来,拉美地区原已明显的贫富差距更加扩大,成为当今世界上收入分配最不公平和两极分化最严重的地区。美洲开发银行的研究报告《经济发展与社会公正》指出,拉美的收入分配差距非常之大。例如,20世纪90年代世界各国的平均基尼系数为0.4,而在拉美,除牙买加(0.38)以外,其他拉美国家均高于世界平均数,其中11个拉美国家最高的达0.5。在拉美,占总人口30%的穷人仅获得国民总收入的7.5%。这一比重在世界上是最低的(其他地区平均为10%)。而在拉美收入分配的另一端,占总人口5%的富人获得了国民总收入的25%,占总人口10%的富人占有国民总收入的40%。这样的收入分配不公情况只有在人均收入水平只及拉美一半的若干个非洲国家才会出现。

与经济波动和贫富差距悬殊相关联,近20多年来,拉美贫困人口虽有波动,但一直居高不下,成为社会不和谐的音符。20世纪80年代的经济危机,使贫困人口大量增加,由危机前占总人口的40.5%上升到1990年的48.3%;1990~1997年,由于经济缓慢复苏,贫困人口比重也有所下降,但仍高达43%;1998~2002年,因经济衰退,贫困人口又有所增加,贫困人口比重由43%增大到44.2%,达到2.21亿人,5年内拉美贫困人口增加了2000多万人;到2004年拉美经济有所复苏,各国政府也采取了多种脱贫解困措施,但贫困总人口随着人口的增长仍然是有增无减;据联合国拉丁美洲与加勒比经济委员会2005年6月的研究报告,拉美贫困人口达2.22亿人,占总人口的

---

① 关于"拉美陷阱"原因的解释主要观点有:一是制度历史因素。Acemoglu等(2001)认为原来的殖民者留下的坏制度不利于后来的增长。二是种族文化因素。Alesina(2004)认为,语言民族的多样化(Diversity)构成了增长的障碍。三是政治经济因素。这包括政治不稳定(如政权更迭频繁)等方面。四是发展战略失误,是这些国家实行了错误的发展战略,想通过发展重工业"赶超"发达国家,从而陷入了低效率的恶性循环。五是宏观经济政策失误,导致经济不稳定;等等。

43%，其中绝对贫困人口达9600万人，占总人口数的18.6%[①]。

6.7 撒哈拉以南非洲国家的贫困

大多数撒哈拉以南非洲国家于20世纪60年代初获得了独立，当时，它们将工业发展看成是摆脱严重依靠制成品进口和初级产品出口的殖民地经济模式以及取得迅速增长和现代化的关键。但从实践的结果看，它们之中却鲜有成功者，虽然撒哈拉以南拥有丰富的自然资源，但长期以来却一直陷入"贫困陷阱"。撒哈拉以南非洲国家发展的典型特征是不发达的市场经济与"政府主导"的结合[②]。其实在独立后至20世纪70年代末80年代初，撒哈拉以南非洲国家曾经试图通过建立宏观产权结构来促进发展，内容主要包括：①政府将大笔资金用于兴建基础设施、公共部门和各类补贴，这些国家往往认为公共投资是增加生产能力同时又减少对外资的依赖性的直接途径，因而进行大规模的政府投资建设；②干预信贷资金规模、配置及规定较低的利率；③实行广泛的国有化，国家所有制是诸如加纳、坦桑尼亚和赞比亚等强调社会主义发展方式的国家集中体现的一个特征，因为在这些国家中，国有化是扩大国营工业部门的一个主要手段；④对主导产业提供支持和保护，它们一般是通过高度的保护政策来促进进口替代。

这种偏袒性的宏观产权结构在一定时间内确实取得了相应的经济效果：1965～1973年，撒哈拉以南非洲国家的国内生产总值平均增长率为6.1%，工业增长率年均高达13.5%，工业在国内生产总值中的比重由1965年的18%上升到1973年的24%[③]。只是一些原因严重地制约了撒哈拉以南非洲国家继续建立有利于资本的宏观产权结构的努力：①低人口密度、劳动力人口比重偏低[④]、多部落地区人口的分散分布等，使得政府很难真正实施有效并有利于资本的劳动力产权制度。②落后的农业技术和狭小的生产规模远跟不

---

① 姚颂恩."拉美现象"的特点、成因及其对我国的启示[J].世界地理研究,2005(12):98-104.
② 冯舜华,杨哲英,徐坡岭等.经济转轨的国际比较[M].北京：经济科学出版社,2001:545.
③ 世界银行.1989年世界发展报告[R].北京：中国财政经济出版社,2000:146.
④ 2001年，非洲15岁以下的年轻人口占总人口的44.4%（联合国开发计划署.2003年人类发展报告[R].北京：中国财政经济出版社,2003:257）。

上人口高速增长的需要，加上人口密度低导致连接农户和市场的基础设施成本较高，政府难以获得足够的农业剩余来满足内陆国家对大规模基础设施的投资要求，也就降低了厂商投资的利润预期。③新独立的社会背景使政府实施了一些与构建偏袒性宏观产权结构相反的政策措施：对内，政府对人民提供消费补贴①、实行私有产权的土地配置②；对外，政府主要实施进口替代战略③。这些政策导致"公共领域"大为减少，不利于实施对资本的偏袒性产权保护。

由于没有真正建立起有利于企业生成的宏观产权结构，撒哈拉以南非洲国家的经济政策效应呈短期化特征。到了20世纪70年代后期80年代初期，生产能力利用率的下降使经济增长显得越来越困难，而且很容易受到国际经济状况变化的不利影响。1973~1983年，工业产值年增长率只有1.4%（只相当于1965~1973年年增长率的1/10），大大低于减少了的国内生产总值增长率（2.1%）。喀麦隆和科特迪瓦等国家在20世纪70年代还算保持了较高的工业增长率，但到了80年代，随着贸易条件的恶化，这些国家的工业就不那么成功了。80年代以后，非洲国家普遍陷入经济困境。1980~1984年非洲国家的GDP平均每年下降1.4%，人均GNP平均每年下降4.4%。多数国家的人均产量甚至低于1960年的水平。1980~1986年，这些国家的人均产量降低了16.6%，人均消费量降低了12.4%，投资减少了15.6%，出口降低了30.1%④。

在内外各种因素的影响下，20世纪80年代初绝大多数国家开始实行结构调整方案。虽然有所反对，但最终为了获得世界银行和国际货币基金组织提供的长期贷款，撒哈拉以南非洲国家大都以世界银行赋予的普遍指导准则来实施改革，主要包括促进出口增长、经济私有化、贸易自由化以及市场自

---

① 撒哈拉以南非洲很多国家，在独立以后，往往由政府为人民提供消费补贴、价格补贴、最低工资制等来保障人民生活，但其结果是庞大的财政支出导致巨额的财政赤字。为了弥补财政赤字，政府不得不向中央银行或外国金融机构借款，进而引发通货膨胀并日趋严重。

② 研究显示，在撒哈拉以南非洲（除加纳外），无地发生率很低，比较贫困和相对富裕家庭之间无地发生率的差距很小。从宏观产权制度的视角出发，政府对土地产权控制力量的弱小会弱化资本积累的能力。

③ 作为一种内向型发展战略，撒哈拉以南非洲国家的进口替代工业化主要依靠国内市场来推动经济发展，而当狭小、分散的非洲国内市场达到饱和后，要想获得进一步发展变得非常困难，更谈不上发展规模经济。同时，由于没有像外向型战略那样很好地参与国际分工，比较优势体现不出来，导致外资进入困难。

④ Thomas M. Callaghy. Debt and Structural Adjustment in Africa [J]. A Journal of Opinion, 1998, 16 (2): 11.

由化，以促进商品生产和市场机制的形成。

20世纪80年代初，世界银行曾对70年代中期出现的非洲国家经济危机的成因及其解决办法发表了3份报告：1981年的《撒哈拉以南非洲的加速发展：行动纲领》（又称《伯格报告》）；1983年的《撒哈拉以南非洲：关于发展前景和计划的进度报告》以及1984年的《走向持续发展：撒哈拉以南非洲的一项共同行动纲领》。

世界银行认为，非洲经济之所以陷入困境，主要是由于结构性因素、人为因素、外部环境三种因素综合作用的结果[1]。世界银行与国际货币基金组织认为决策失误是其中最为决定性的因素。《伯格报告》对此进行了深入剖析，并列举出决策失误的两个主要表现：首先，在价格、税收、汇率和贸易政策方面，过分向工业倾斜，这种重视工业、轻视农业的政策，抑制了农业的发展；其次，政府过多干预经济活动，在动员、管理和开发资源方面都出现了严重的决策失误，而且政府管理的国营企业的发展也问题成堆。国际货币基金组织则把决策失误归纳为过高的汇率，居高不下的预算赤字，政府保护和垄断的贸易政策，国有企业政策，经济领域中的许可证制度，损害农户利益的出口政策以及重工轻农的经济发展战略。基于这样的认识，世界银行和国际货币基金组织建议非洲国家政府按照自由主义采取三方面的措施：第一，把农业放到优先发展的地位加以考虑。第二，改革汇率以保证经济的稳定发展。除实现货币贬值外，应该注意财政、货币、工资和价格方面政策的配套实施。第三，有效使用现有资源。发展私营经济，对私营经济和其他经济成分开放政府垄断的市场，并引入竞争机制，使私营经济发挥更大作用。

虽然世界银行和国际货币基金组织在撒哈拉以南非洲地区推行的经济政策从长远来看为非洲国家引入了市场经济机制，有利于非洲国家资源的优化

---

[1] 人为因素是由非洲国家经济政策的决策失误造成的。比较突出地表现为：不适宜的农业政策导致了对农业生产的忽视，其结果是农业生产持续滑坡，农业危机不断；国家过多使用行政手段干预经济活动并使公共（国营）部门在社会经济生活中占据了不恰当的重要地位，对经济发展产生了负面作用；政府对汇率、价格、信贷和贸易等领域的控制过严，造成了人为扭曲，遏制了生产和贸易的发展。外部因素主要是由国际经济形势恶化而形成的不利影响引起的，比如，20世纪70年代初期石油和粮食价格的上涨，使非洲国家增加了支出，而农、矿原料产品价格的连续下跌，又使非洲国家的收入减少。结构因素包括历史、政治、地理和气候等。从历史上看，非洲国家在独立之初就面临许多困难，比如，缺乏训练有素和经验丰富的科技人员和管理人员，因此对资源，尤其是农业方面的基础知识的了解十分有限。从政治上看，非洲国家大多由多民族（或部族）组成，政治基础显得脆弱。独立之初，政府把主要注意力投入到各民族的政治团结上，因此经济发展置于次要地位。另外，地理和气候条件对经济发展也能产生很大影响，如赤道气候对土壤保护、疾病控制和降雨量的分布都带来不利条件。

配置，有利于非洲国家经济的健康发展。但从当时的情况来看，世界银行和国际货币基金组织对非洲国家经济衰退根源的诊断具有明显的片面性，其所推行的政策忽略了非洲国家的国情，其根本目的在于试图用西方自由主义的经济发展模式改造非洲经济，这显然是难以奏效的。

其结果当然是，这种自由主义的经济改革并没有带给撒哈拉以南的非洲国家"福音"，反而带来了不断的社会冲突。撒哈拉以南的非洲国家给人们提供了社会停留在贫困阶段的案例，这些国家只有通过自身的努力建立偏袒性的宏观产权结构，才能促使企业大量生成，从而推动社会的工业化进程并跳出"贫困陷阱"。否则，国际社会强加的自由主义导向的外部压力只能导致社会更加混乱，不可能从根本上解决问题。

6.8 工业社会的经济危机：一致性的理论诠释

在经济思想史上，自1825年英国爆发世界上第一次经济危机以来，经济周期和经济危机问题便逐渐成为西方经济学界关注的热点。在20世纪30年代大萧条之前，经济危机的主要表现为生产的相对过剩，西方经济学家相继提出消费不足论、过度投资论、货币因素论、自然灾害论、心理因素论、政府干预论、太阳黑子理论等，但这些理论大都坚持自由主义的基本立场，认为市场能通过自我平衡机制走出危机。在30年代大萧条之后，凯恩斯（1936）通过认真分析，认为有效需求不足造成私人投资不稳定是经济危机产生的根本原因，并质疑自由市场经济体制的自我平衡能力，进而强调通过政府的财政与货币政策调节有效需求来化解危机。

但凯恩斯的理论难以对20世纪70年代的"滞胀"形成合理解释，于是又出现了许多新的自由主义的经济危机理论，如货币主义学派、供给学派、理性预期学派等的经济危机成因论，虽然这些理论分别从不同的视角提出对经济危机成因的看法，但基本上都将政府对经济的干预看成是导致经济危机爆发的主要原因。可是自由主义并没有消除经济危机，拉美经济危机、东南亚金融危机、美国次贷危机以及欧洲主权国家债务危机，说明了自由主义并不是灵丹妙药。特别是2007年以来，从美国次贷危机到欧洲主权国家债务危机的全球性经济危机，其表现既不同于历史上的历次生产过剩危机，也不同于20世纪30年代的大萧条和70年代的"滞胀"，新自由主义的危机理论对这些"新"现象更是缺乏足够的解释力，从而引起一些学者对新自由主义危机理论的深刻反思和重新认识。例如，Kotz，D. M. （2008）、P. Krugman（2009）、J. B. Foster and F. Magdoff（2009）等就认为，美国次贷危机本质上是美国近30年来加速推行新自由主义经济的金融理论和政策造成的[①]，他们呼吁"回到凯恩斯"，希望运用凯恩斯主义的一系列政策良方再次挽救西方世界的危机命运。

综观西方经济危机理论的基本脉络可以看出，西方经济学家往往在自由主义与凯恩斯主义之间徘徊不定，没有形成贯穿始终的经济危机成因理论。其原因是西方经济危机理论局限于分析社会经济现象，从经济波动的原因和传导机制来理解经济危机，缺乏对经济危机成因的更深层次的认识。有理由认为，应该追溯到亚当·斯密的分工理论与马克思的危机理论来解释人类经济危机的历史。

首先，由于分工，产生了交易，这时商品的使用价值和价值表现为一种对立运动，在这种对立运动中，产生了货币，"货币是天使，也是魔鬼"，货币的发明节约了交易成本，但却推动了生产与消费的分离，从而种下了经济危机的种子。马克思认为资本主义生产关系正好是这一种子生根、发芽并长成参天大树的沃土。在《资本论》、《剩余价值理论》等著作和手稿中马克思曾经指出，资本主义的生产、流通和分配机制必然导致生产与消费的失衡，进而产生商品生产与实现的矛盾，导致生产相对过剩和危机的出现。

其次，伴随着资本市场的诞生与成长，沿着使用价值的发展形成实体经济，沿着价值货币的发展形成虚拟经济，使用价值与价值的对立运动演化发展为实体经济与虚拟经济的并存。在这种经济形态下，生产与消费的分离得到了空前发展，进一步放大了供需失衡导致经济危机的可能性。最近的几次经济危机在表面上看来是虚拟经济泡沫破灭的结果，实际上虚拟经济导致经济危机只是表面现象，真实的原因仍然要到实体经济及其与虚拟经济的关系中去寻找，不论危机的表现形式如何，归根结底还是马克思所强调的供需失衡。"回到马克思"，不是教条地接受马克思的具体理论，而是回到马克思所提供的研究方法与分析思路上来。与马克思所处的时代相比，资本主义世界已经发生了很大的变化，导致供需失衡的原因除了马克思所说的劳动人民有

[①] D. M. Kotz. Contradictions of Economic Growth in the Neoliberal Era: Accumulation and Crisis in the Contemporary U. S. Economy [J]. Review of Radical Political Economics, 2008 (40): 174–188; P. Krugman. The Return of Depression Economics and the Crisis of 2008 [M]. New York: W. W. Norton, 2009; J. B. Foster & F. agdoff. The Great Financial Crisis [M]. New York: Monthly Review Press, 2009.

支付能力需求的不足造成社会生产供过于求外,在许多情形下,却是消费需求过旺导致社会生产供给不足造成的。作者根据宏观产权结构理论,对马克思经济危机理论进行适当扩展,以求逻辑一致地解释不同表现形式的经济危机。

由于分工深化使生产与消费存在广泛的分离,自由放任的市场经济会因为资本家的贪欲引发生产过剩的经济危机,因而需要政府实施合理的经济政策降低经济危机的风险。在图 5-4 的宏观产权结构与工业化进程关系模型中,A 点是政策的"拐点",在 A 点之前(工业社会的 t 时期),由于工业生产还不能满足社会需要,政府构建有利于社会工业品生产的偏袒性宏观产权结构不会引发全面的经济危机,可在 A 点之后(工业社会的 $t+1$ 时期),偏袒性宏观产权结构会使生产与消费的分离更趋严重,并成为产生经济危机的重要原因。这一分析与世界经济危机发展的过程是契合的:在凯恩斯主义之前,经济危机产生的主要原因是由市场的微观主体推动的,在凯恩斯主义之后,政府成为经济危机产生的主要推动力量。

6.8.1 自由市场下的经济危机

自由市场下的经济危机可以分为两个主要阶段,第一阶段是 1825～1856 年,第二阶段是 1857 年至第二次世界大战。第一阶段主要有三次较大的经济危机,其中 1825 年经济危机主要打击的是英国,1837～1843 年与 1847～1850 年经济危机主要打击的是英美两国,其危机影响的世界性还不太明显。第二阶段,1857 年经济危机是历史上第一次具有世界性特点的经济危机,自此之后,资本主义各国的经济明显地同步波动。1929～1933 年,资本主义世界经历了其发展史上延续时间最长、波及范围最广、打击最为沉重的一次经济危机,史称"大萧条",可以说是对自由市场下资本主义经济危机的一次总结。

产生这种阶段性变化的原因在于生产与消费分离的程度不同,在一些国家工业革命完成之前①,虽然会产生相当数量的生产与消费分离,但其影响范围往往有限,从而只会出现局部性的经济危机,但在一些国家工业革命完成之后,随着生产与消费分离的程度不断加强,经济危机影响的范围也越来越广泛,发生全球性的经济危机成为可能。1929～1933 年的"大萧条",就

---

① 一般认为,英国是在 1840 年完成了初级阶段的工业化,1870 年完成了成熟阶段的工业化;美国、法国、德国完成工业化的时间分别是 1884 年、1905 年、1910 年。

是在西方主要国家大都完成了工业革命的背景下发生的。

但不论是局部的还是世界性的经济危机，其产生的根本原因都是生产与消费分离导致社会供需严重失衡的结果。只是，在凯恩斯主义之前，政府在经济危机产生的过程中所起的"推波助澜"作用仍然十分有限。以美国为例，1929年，美国联邦政府支出只占到 GNP 的 2.5%，直到 1933 年 3 月，罗斯福政府上台以后，政府支出才有了实质性的增加，但即使这样，在联邦政府支出位于高点的 1936 年才占到国民收入的 9%[①]。政府干预的有限性说明经济危机的根源在于市场，马克思所说的"单个企业生产的有组织性同整个生产的无政府状态"成为自由市场下经济危机产生的最好注脚，在资本逐利规律的支配下，资本主义生产能力大幅增长，但同时劳动群众有支付能力的需求并没有适应性地增加，生产与消费之间的矛盾最终导致了经济危机的产生。

6.8.2 政府干预下的经济危机

"二战"以后，大多数资本主义国家从市场经济的"守夜人"，转变为经济发展的干预者，即使是坚持自由主义的美国，国家支出也一直居于整个经济体系的中心，2007 年美国联邦政府支出占到 GNP 的 20%，远高于 1929 年的 2.5%，并且政府干预经济的力度越来越强，反应越来越快。只不过，由于缺少对私有资本的大规模控制，国家干预并不能消除市场条件下生产与消费分离导致经济危机的风险，相反，政府构建的偏袒性宏观产权结构有可能进一步加大供需矛盾，本身成为经济危机产生的原因。

6.8.2.1 苏联的崩溃

虽然苏联崩溃的原因是多方面的，但根据马克思"经济基础决定上层建筑"的观点，苏联崩溃的主要原因还是经济崩溃引致的。在苏联工业化之初，计划经济实现了偏袒资本的 $l_l > 0$ 的宏观产权结构。通过将土地、劳动力以及其他生产要素的产权置于"公共领域"，政府成了一个实际上的"总资本家"，苏联当权者几乎保证了资本的充分利益，从而为资本的快速形成与积累创造了条件，经济的高速增长终于变成了现实。但在 A 点之后，特权阶层拒绝经济政策的改变，仍然维持着 $l_l > 0$ 的宏观产权结构，并且在计划

[①] 克里斯·哈曼. 1930 年代的大萧条与当前经济危机 [J]. 经济社会体制比较, 2009 (3): 1-8.

经济体制下,生产完全按照统治者的意愿行事,而统治者出于增加政治权力、军事力量和国际影响以与美国竞争的强烈愿望,政府将社会生产的重点放在军工领域及与之相关的工业领域。其结果是,到苏联崩溃之前,国家虽然维持着庞大的生产规模,但在生产与消费分离的情况下,结构性供需矛盾十分严重,一些工业品堆积如山(尽管其中许多是废品),而人们的生活必需品却非常稀缺。供需的结构性失衡最终使苏联失去了生命力,不得不说,苏联的崩溃是严格的 $l_l > 0$ 的宏观产权结构的必然结果。

6.8.2.2 拉美经济危机

拉美国家经济社会发展的典型特征是市场经济与"民主政府"的结合。20世纪40年代当拉美改变初级产品出口模式而采用进口替代工业化战略时,还大多处于军政府的威权统治之下,通过实行国有化,发展民族经济,加强国家对经济的全面干预,建立起了大批轻工业企业。在实施进口替代工业化发展模式的过程中,拉美国家实行贸易保护、刺激性优惠、利用国家资本大力发展基础设施、从发达国家引进技术供企业采用等有利于工商业资本形成的偏袒性宏观产权结构,加速工业化进程使社会迅速实现了工业化。由此可以看出,与其他许多国家一样,"拉美奇迹"也是在政府干预下通过建立 $l_l > 0$ 的有利于工商业发展的偏袒性宏观产权结构来实现的。随着社会经济发展,军政府的威权主义统治成为社会进一步发展的障碍,拉美国家普遍实行了由军政府向"民主政府"的过渡。但民主派上台后,为了取悦选民,不顾实际对发达国家进行"福利赶超",进而使宏观产权结构急剧地转向 $l_l < 0$。由于 A 点之后拉美国家过快地实施 $l_l < 0$ 的偏袒性宏观产权结构,社会需求急剧攀升,但社会生产却不断下滑,国内生产难以满足社会需要,不得不大量进口,导致外汇短缺。与此同时,为了维持高福利,大幅财政扩张就难以避免,财政赤字因此不断恶化。为了应对外汇短缺与财政赤字,拉美国家通过大量举借外债来实现财政扩张,拉美国家将外债主要用于非生产性开支,如弥补国际收支和财政赤字、进口消费品与军用物品,目的是满足 $l_l < 0$ 情况下的福利赶超导致社会需求扩张的需要,其政策结果导致通货膨胀和外债的爆炸性增长。$l_l < 0$ 的宏观产权结构并没有带给拉美人民以"福音",反而导致了经济在大起大落中陷入停滞与萧条。

6.8.2.3 东南亚金融危机

东南亚国家发展的典型特征是市场经济与"威权政府"的结合。在发展初期,东南亚各国均面临着资金短缺的初始条件,为了推动发展,政府重要手段之一便是实施国家主导型工业化政策,核心是通过"威权政府"构建有利于工商企业发展的偏袒性宏观产权结构。$l_i > 0$ 的宏观产权结构形成了资本的高盈利预期,外资纷纷进入,国内资本积累的速度也明显加快,东南亚国家的经济快速增长。1977~1997 年的 20 年,马来西亚、泰国、印度尼西亚、新加坡等国的经济以每年 6.3%~7.3% 的速度增长,使东南亚成为世界上经济增长最快的地区①。但在 A 点之后,由于经济财富高度集中,利益集团势力强大,东南亚国家寻租、投机和腐败现象蔓延,既得利益集团阻挠体制改革,政府无法扮演一个公平和中立的角色,导致转型进程中出现较多的威权与平民之间的暴力与冲突,② 有利于工商业的 $l_i > 0$ 的宏观产权结构被利益集团"锁定"。$l_i > 0$ 形成的高投资需要大量的资金,隐含着巨大的金融风险。东南亚各国虽然拥有逾 30% 的储蓄率,但仍满足不了本国资金需求,于是大规模引进外资并向国外大量举债用于制造业,特别是出口部门,为了达到目的,东南亚国家在国内经济环境尚不宽松的条件下,开放其资本账户,实现本币的自由兑换,导致国内金融改革滞后于金融开放,从而种下了金融危机的种子。由于国内需求增长在 $l_i > 0$ 情况下跟不上生产的增长速度,东南亚国家经济高度依赖于外需,但 20 世纪 90 年代以后,东南亚国家的劳动密集型工业产品的出口面临着中国的激烈竞争,加上 1995 年起以美国市场为中心的国际电子产品市场需求疲软,东南亚国家的出口贸易受到严重打击,直接影响到经济增长。供过于求的社会生产使东南亚国家的大量外部资金注入到房地产业与股市,导致经济泡沫化,最终,泡沫破灭引发了东南亚金融危机。

6.8.2.4 美国次贷危机

在工业化之初,美国也是在 $l_i > 0$ 的宏观产权结构条件下取得成功的。但从 1890 年通过第一部《反垄断法》开始,直至 20 世纪六七十年代的各种社会运动,伴随着罗斯福"新政"与杜鲁门"公平施政"的"国家干预主义",美国民众与政府在以下几个方面做出了极大的努力:限制大企业;制定劳动保护法律;拟订高额累进税,将富人的财产以国家财政手段进行转移支付,弥补穷人的缺失;制定旨在保护穷人和劳动者的瓦格纳法、社会保障法,开展大规模救助;联邦政府兴办公共事业;等等。这些政策的实施,为美国在 A 点之后建立了趋于 $l_i = 0$ 的非偏袒的宏观产权结构打下了坚实的社

---

① 覃主元等. 战后东南亚经济史(1945~2005 年)[M]. 北京:民族出版社,2007:3.
② 20 世纪 80 年代以后的菲律宾、90 年代末以来的印度尼西亚,威权转型过程中都曾出现过大规模示威与反抗。

会基础。

但是，美国趋于 $l_t = 0$ 的非偏袒的宏观产权结构并未自始至终地得到贯彻实施。美元的霸权地位使美国经济政策逐渐走向了另一个极端。在美元霸权的国际货币体系下，美国通过发行美元就可以获得世界各国的商品和财富，因而长期奉行入不敷出的发展模式。在民主政治下，美国政府为了取悦选民，不惜大规模借取外债来保持民众的高福利，当出现国际收支逆差时，美国政府会选择增发美元来应对，而不会采取可能危及国内就业和增长的紧缩政策。在 $l_t < 0$ 的宏观产权结构下，美国出现了典型的"国贫民富"特征：美国是世界上最大的债务国，2010 年美国债务规模达到 14.58 万亿美元，而 GDP 则为 14.53 万亿美元，2012 年初，美国当局发布的数据显示美国债务规模更是高达 15.23 万亿美元；与此同时，美国人均居民最终消费支出却不断攀升，按 2000 年不变价美元计算，2000～2010 年，美国人均居民最终消费支出分别为 24206.5 美元、24602.9 美元、25011 美元、25494.3 美元、26091.4 美元、26727.9 美元、27227.6 美元、27576.9 美元、27180.3 美元、26447.4 美元、26803.3 美元[①]。因为"国贫民富"，美国政府大量举债，而居民则聚集了足够多的财富，居民财富的增长速度超过了实体经济的增长速度，当居民的投资缺乏实体经济作为疏通渠道时，复杂的金融衍生工具便应运而生，大量的资金（包括国外投资者）进入到资本市场与次级债信贷市场，直至"泡沫"破灭引发经济危机。因此，次贷危机是美国 $l_t < 0$ 宏观产权结构导致国内外供需失衡（在国内体现为实体经济和虚拟经济的失衡）发展和积累到一定程度后的必然结果。美元霸权使美国采取了自私自利的经济霸权主义政策，不仅导致世界经济失衡，也殃及自身。

6.8.2.5 欧洲主权国家债务危机

欧洲国家之所以能取得经济上的成功，是能较为及时地从 $l_t > 0$ 偏袒的宏观产权结构过渡到趋于 $l_t = 0$ 的非偏袒的宏观产权结构。但在"二战"以来，欧洲各国实施了以高工资、高福利为特征的政策与制度，造就了过分强调民众高收入、高福利的社会现象，从而宏观产权结构逐渐演变成 $l_t < 0$：工资水平高速增长，实际工资增速超过了 GDP 的增速，社会福利涵盖了社会生活的各个方面，免费医疗保健、长期失业救济、高额养老金、悠长假期等成为欧洲高福利国家国民的基本福利，欧盟统计局公布的数据显示，2003～

---

① 世界银行数据库 [OL]. http://data.worldbank.org.cn.

2005年欧盟用于社会保障的支出占到了国内生产总值的比重分别为27.4%、27.3%、27.2%。高福利也逐渐成为政党竞争上台的筹码，因而具有"不可逆"性，高社会福利制度使政府承担了更多的保障公民社会权利的义务，从而使政府财政经常处于超支状态，为了维持高福利，一些国家只能以国家信用为担保，向国际组织或外国金融机构借贷，依赖外债维持财政支出。2010年欧洲有多个国家负债超过GDP：希腊（152%）、意大利（120%）、爱尔兰（114%）和冰岛（103%）。在美国次贷危机之后的全球金融危机影响下，欧元区经济下滑严重，一些主权国家不能按照合同约定期限归还本金和利息，由此引发国际金融市场持续动荡，导致主权国家债务危机。因此，主权国家债务危机是由于长期实施$l_1<0$的偏袒的宏观产权结构导致供需失衡累积的结果。

综上所述，世界经济发展史与危机史表明，A点之前，有利于资本的偏袒性宏观产权结构可以促进工业社会最为重要的合作生产组织——企业的生成并推动社会经济的发展，但在A点之后；任何偏袒性宏观产权结构包括$l_1>0$与$l_1<0$，都会成为导致社会经济危机发生的重要因素，要回到非偏袒的宏观产权结构上来，又面临既得利益群体的阻力，在这种情况下，深化体制改革显得尤为重要。

第7章 宏观产权结构与中国改革成功的内在逻辑

7.1 中国产权制度与经济绩效关系研究的三个视角

中国产权制度与经济绩效关系的研究主要有三个视角：一是产权制度的渐进及增量改革与经济绩效之间的关系，认为产权制度的渐进及增量改革影响了生产要素的配置效率，从而增进了经济绩效；二是产权制度的"真实"保护与经济绩效之间的关系，认为存在一种替代性的制度，使中国要素主体的产权得到了"真实"的保护，从而客观上增进了经济绩效；三是产权制度的"非均衡"保护与经济绩效之间的关系，认为中国政府对要素主体的产权进行"非均衡"保护才是增进经济绩效的根本原因。

7.1.1 微观分析视角：产权制度的渐进及增量改革与经济绩效

中国产权制度有明显的渐进与增量改革特征。产权制度改革从农村普遍实行家庭承包制开始，逐步转向国有企业改革实行承包制、租赁制和股份制等多种形式，在这个过程中，民营经济和外资经济得到了迅速的发展。通过产权制度的渐进及增量改革影响了生产要素的配置效率，进而影响了经济绩效。

其一是农村土地制度改革。众多研究文献论证了从 1978 年至 1984 年底，我国在农村推行的家庭联产承包责任制等改革措施极大地调动了农民的生产积极性，并取得了良好的经济增长效果。McMillan、Wllalley and Zhu（1989）

的研究结果表明,1978~1984年中国农村经济增长约78%归结于家庭联产承包责任制的实施[1]。林毅夫(1994)利用1980~1984年的数据得到了相似的结论,认为这一时期有超过60%的农业生产增长主要是由于农地产权制度变迁造成的[2]。Jacoby、Li and Rozelle(2002)通过应用中国农村投资数据实证研究也确认了保障产权对中国农户土地利用以及农业经济增长的正效应[3]。李永友与沈坤荣等(2009)通过计量发现家庭联产承包责任制的实施使第一产业对经济增长的贡献度在1979~1984年达到40.05%[4]。

其二是国有企业产权改革。国有企业产权改革经历了从扩大企业自主经营权到下放所有权再到建立现代企业制度三个阶段。在经历产权改革之后,国有企业经济效率显著改善。Phillips and Shen(2005)通过构建包含国有经济份额等因素的回归模型发现,国企比重和区域经济增长率呈强负相关,国有经济所占份额下降10个百分点,第二年的实际GDP增长0.7%~1.2%[5]。葛扬(2007)以长江三角洲为研究样本进行计量回归分析得出相似的结论,发现国有企业的战略性重组、非公有制经济的发展等产权制度的变迁是长三角经济快速增长不可或缺的基本因素,是该地区经济持续增长的基本动力。另外一些研究则试图回答民营化后国有企业绩效是否得到改进[6]。Dong Xiao-yuan、Louis Putterman and Belent Unel(2004)应用南京及其周边的168家乡镇企业的面板数据进行研究发现,国有企业适当引进民营产权在大多数绩效指标方面都得到了显著提高[7]。Wei,Varela and Hassan(2002)选取中国1036家不同所有制企业做绩效差异评估,得出国有企业的盈利能力低于非国有企业的结论[8]。胡一帆、宋敏与张俊喜(2006)根据世界银行一份对中国

---

[1] McMillan J., J. Whalley and Zhu L. The Impact of China's Economic Reforms on Agricultural Productivity Growth [J]. Journal of Political Economy, 1989, 97 (4): 781-807.

[2] 林毅夫. 90年代中国农村改革的主要问题与展望 [J]. 管理世界, 1994 (3): 139-144.

[3] Hanan G. Jacoby, Guo Li and Scott Rozelle. Hazards of Expropriation: Tenure Insecurity and Investment in Rural China [J]. American Economic Review, 2002, 92 (5): 1420-1447.

[4] 李永友, 沈坤荣. 中国粗放型增长方式的成因与强化 [J]. 学术月刊, 2009 (2): 72-80.

[5] Phillips Kerk L. and Kunrong Shen. What Effect does the Size of the State-owned Sector Have on Regional Growth in China? [J]. Journal of Asian Economics, 2005, 15 (6): 1079-1102.

[6] 葛扬. 论产权制度变迁与经济持续增长——以长江三角洲为例 [J]. 经济纵横, 2007 (11): 7-10.

[7] Dong Xiao-yuan, Louis Putterman and Belent Unel. Privatization and Firm Performance: A Comparison between Rural and Urban Enterprises in China [J]. Journal of Comparative Economics, 2004 (34): 608-633.

[8] Wei Z., O. Varela and K. Hassan. Ownership and Performance in Chinese Manufacturing Industry [J]. Journal of Multinational Financial Management, 2002, 12 (1): 61-78.

五个城市、覆盖六个行业的近300家国有企业1996~2001年的调查数据进行计量回归分析发现，国有企业民营化是富有成效的，尤其是提高了销售收入，降低了企业的成本，并最终导致企业盈利能力和生产率的大幅提高，而且在获得这些收益的同时并没有带来大规模的失业问题[1]。

其三是民营经济的兴起。民营经济被普遍认为是比国有经济更有效率的经济形式。刘小玄（2000）以第一次全国工业普查数据为基础，研究工业企业的所有制结构对效率差异的影响时发现，由于明晰的产权结构和稳定的产权关系，民营企业的平均效率最高，为国有企业平均效率的2~5倍[2]。姚洋（1998）也得出了基本相同的结论，与国有工业企业相比，民营企业的技术效率要高出57%。正因为如此，民营企业的兴起成为拉动中国经济增长的重要力量[3]。许小年和肖倩（2003）认为，中国未来经济增长潜力将来自民营经济，如果没有民营经济的发展，中国就难以取得持续的高增长[4]。冯燮刚（2004）证实了在1998~2003年，规模以上非国有企业实现的工业增加值在全国国有及规模以上非国有企业工业增加值总额中的比例从43%提高到53%，增加了10个百分点，民营经济增加值超过国有经济[5]。

其四是外资经济的引入。改革开放以来，中国实施"以市场换技术"的外资战略，吸引了大量的外资，使其成为中国经济增长的重要推动力量。Kueh（1992）讨论了外商直接投资对中国沿海开放地区国内投资、工业产出和出口的影响时发现，外商投资对总资本形成做出了很大贡献，外商投资企业已经成为中国沿海地区重要的工业生产商和出口商[6]。罗长远（2006）研究证明了外商直接投资对中国国内资本形成存在"挤入效应"，从而对中国经济增长具有促进作用[7]。刘博（2011）对外商直接投资（FDI）与中国经济增长的关系运用Granger因果检验、协整检验，并根据1985~2008年外商直接投资与中国GDP的数据建立回归模型进行了实证分析，得出了外商直接投资增加是引起中国经济增长的原因，而中国经济增长对吸引外商直接投资也

---

[1] 胡一帆，宋敏，张俊喜. 中国国有企业民营化绩效研究 [J]. 经济研究，2006（7）：49-60.
[2] 刘小玄. 中国工业企业的所有制结构对效率差异的影响 [J]. 经济研究，2000（2）：17-25.
[3] 姚洋. 非国有经济成分对我国工业企业技术效率的影响 [J]. 经济研究，1998（12）：29-35.
[4] 许小年，肖倩. 中国经济的增长潜力将来自民营经济 [J]. 经济界，2003（3）：24-27.
[5] 冯燮刚. 完善资本和土地配置市场化推动中国经济第三轮增长 [J]. 经济体制改革，2004（3）：5-10.
[6] Kueh Y. Y.. Foreign Investment and Economic Change in China [J]. The China Quarterly, 1992 (131)：637-681.
[7] 罗长远. FDI、国内资本与经济增长——1987~2001年中国省际面板数据的证据 [J]. 世界经济文汇，2006（4）：27-43.

有显著的影响的结论①。魏后凯（2002）在分析地区差距时发现，东部发达地区与西部落后地区之间 GDP 增长率的差异，大约有 90% 是由外商投资引起的②。

由于现代产权理论倾向于微观与效率分析，因而从产权制度的渐进及增量改革来理解中国经济增长的"奇迹"比较顺理成章。但这一视角的研究无法说明，在缺乏明确的正式财产权利和法律制度的情况下，中国经济增长的动力或者说投资者的投资意愿到底在哪里。

7.1.2 介于微观与宏观之间的分析视角：产权制度的"真实"保护与经济绩效

既然产权制度的渐进及增量改革不足以解释中国缺乏正式产权制度条件下的经济增长，于是学者们开始通过探讨政府与企业间的关系，寻找是否存在一种替代性的制度，使中国要素主体的产权得到了"真实"的保护。Avinash K. Dixit（2004）的分析证明，在缺乏正式制度的情况下，社会可能试图以一种现存的制度进行替代以保护他们的经济活动，从而对经济增长产生较大影响③。Rodrik D.（2008）认为法律制度本身其实对经济增长来说并不至关重要，真正关键的是投资者的产权是否受到了"真实"的保护。通过比较中国与俄罗斯发现，尽管俄罗斯有着良好的法律意义上的产权制度而中国却没有，但结果却是中国维持了高速的贸易增长而不是俄罗斯，由此推断可能是因为中国的乡镇企业往往与地方政府分享了利润（Sharing of Profits），从而确保业主不会因为没有拥有产权而失去对企业所占用土地的使用权。沿着这条思路进行分析，洛迪克通过探究中国法律上（De Jure）和事实上（De Facto）的产权制度差异，证明了中国政府在经济增长的过程中作出了很大的贡献④。钱颖一与罗兰（1998）基于软预算约束模型也得出了相似的结论，认为财政分权加上生产要素的流动性可以推动地方政府竞争，增加地方政府

---

① 刘博. 外商直接投资与我国经济增长的关系分析 [J]. 哈尔滨商业大学学报，2011（2）：10 - 14.

② 魏后凯. 外商直接投资对中国区域经济增长的影响 [J]. 经济研究，2002（4）：19 - 26.

③ Avinash K. Dixit. Lawlessness and Economics: Alternative Modes of Governance [M]. New Jersey: Princeton University Press, 2004.

④ Rodrik D.. A Practical Approach to Formulating Growth Strategies [A]. In J. Stiglitz and N. Serra, eds., The Washington Consensus Reconsidered: Towards a New Global Governance [C]. New York: Oxford University Press, 2008: 356 - 382.

第7章 宏观产权结构与中国改革成功的内在逻辑

对国有企业的救助成本，财政竞争成为阻止政府无效支出的一种承诺工具，从而硬化了地方政府预算约束①。上述观点产生了广泛的影响，并得到了一些实证研究的支持（林毅夫、刘志强，1999；等等）②。

还有一些学者对此观点进行了深化。通过研究发现，中国的地方政府在一定程度上属于超强政府，在很大程度上垄断着大量的经济资源——地方国企的产权和极为稀缺的土地资源供应，同时也是行政资源的垄断者——批准投资许可以及掌握投资的优惠政策，甚至能帮助投资者得到金融支持，在政府竞争的压力下，地方政府总是试图采取与企业"合作"甚至以"经营"企业的方式来促进经济增长，其结果是使投资者得到了"真实"的产权利益保护。具体说来主要有：

首先是地方政府与企业之间的"合作"。Nee Victor（1992）论证了企业混合型产权在中国转型经济过程中的作用，认为在中国政治权力和市场机制并存的转型经济中，混合型产权的企业"是试图克服在微弱的市场结构和不完全的市场转型情况下产生的问题的一种制度安排"，可以降低交易成本，因而在竞争中具有优势③。李稻葵（1995）提出了"模糊"产权的概念，认为在市场不完善的条件下，许多交易具有潜在的非法性和巨大的交易成本，地方政府的参与对许多非国有企业而言是有效率的生产行为，企业通过使政府成为自己的合伙人，可以从中获得许多好处，正是这种"模糊"产权为企业提供了较好的保护机制。但是，尽管"模糊"产权理论可以解释改革初期乡镇企业的发展，却无法解释20世纪90年代中期以后乡镇企业的逐渐式微，以及私营企业和外资企业的迅猛发展④。周雪光（2005）则从社会学的角度出发分析了"象征性产权"在改革之初的重要作用。例如，在改革初期，许多私营企业争相"戴红帽子"——冠以集体企业之名，或者挂靠在某个政府机构之下。这些政府机构虽在企业运作中并未发挥实质性的作用，但这种产权结构中所表现的关系纽带具有重要的象征性意义，即建立了企业与环境的一种特殊关系，为组织存在和运作提供了合法性基础，从而使私营企业的产

---

① Qian Yingyi（钱颖一）and Gerard Roland. Federalism and the Soft Budget Constraint [J]. American Economic Review, 1998, 88 (5): 1143 – 1162.
② 林毅夫, 刘志强. Fiscal Decentralizationand Economic Growth In China [R]. Mimeo. Peking University, 1999.
③ Nee Victor. Organizational Dynamics of Market Transition: Hybrid Forms, Property Rights, and Mixed Economy in China [J]. Administrative Science Quarterly, 1992 (37): 1 – 27.
④ 李稻葵. 转型经济中的模糊产权理论 [J]. 经济研究, 1995 (4): 42 – 50.

权得到了"事实上"的保护[①]。单豪杰与沈坤荣（2008）研究表明，在中国经济高速增长的过程中，地方政府总是偏好于通过税收和土地优惠等各种形式进行招商引资，通过鼓励私人经济活动为经济市场化发展"助力"，由此促进了各级政府和企业的利益协调，这种利益协调让中国政府的改革承诺更具可信性，在缺乏相应的法律和宪法规定的情况下，为中国私营企业家提供了事实上的私人保护，这种保护的基础虽然不是来自法治因素，而是来自地方政府的政绩考核和经济分权的激励，却对企业伸出了一只"扶持之手"[②]。

其次是地方政府对企业的"经营"活动。戴慕珍（1992）在对财政改革激励下的地方政府行为进行经验描述的基础上提出了"地方法团主义"理论，认为财政体制改革极大激励了地方政府发展当地经济的积极性，农业的非集体化使发展工业成为地方政府推动经济发展的首选，这种制度激励因素促使地方政府积极推动地方经济的发展，并扮演了"企业家"的角色[③]。Walder Andrew G.（1995）及戴慕珍与 Walder（1999）通过分析转型前期的企业运作对私有制可以促进中国企业效率竞争的观点提出了批评，强调地方政府在当地集体企业运行中起到的重要作用，并提出了"政府即厂商"的说法，认为中国地方政府仿佛扮演一个企业集团总部的角色，财政改革使得基层政府的财政激励尤为强烈，而且行政层次越接近基层，政府的目标和利益与地方企业越一致，而地方政府的监督职能和控制职能也同时大大增强，从而在实际上使这些企业产权有着很大的明晰度，为提高"监督"效益提供了激励，极大地促进了当地企业的发展[④]。杨瑞龙（1998）认为，分享剩余索取权和拥有资源配置权的地方政府在企业发展过程中扮演了制度变迁的"第一行动集团"的角色，从而为企业快速发展创造了条件[⑤]。沈坤荣（1998）也认为，正是地方政府充当企业家并通过制度创新推动了市场经济体制的建立，促进了中国经济增长[⑥]。

---

① 周雪光． "关系产权"：产权制度的一个社会学解释［J］．社会学研究，2005（2）：1-31.
② 单豪杰，沈坤荣．解读中国经济增长之谜：一个激励导向的分析［J］．经济评论，2008（1）：20-28.
③ Jean C. Oi（戴慕珍）. Fiscal Reform and the Economic Foundations of Local State Corporatism in China [J]. World Politics, 1992, 45 (1): 99-126.
④ Walder Andrew G.. Local Governments as Industrial Firms [J]. American Journal of Sociology, 1995 (101): 263-301; Jean C. Oi and Walder Andrew G.. Property Rights and Economic Reform in China [M]. Stanford, CA: Stanford University Press, 1999.
⑤ 杨瑞龙．我国制度变迁方式转换的三阶段论——兼论地方政府的制度创新行为［J］．经济研究，1998（1）：5-12.
⑥ 沈坤荣．中国经济转型期的政府行为与经济增长［J］．管理世界，1998（2）：22-30.

由于中国现行的产权制度在许多方面的运行都与经济学的传统理论模式相去甚远，现实中的产权常常是不清楚而是模糊的和象征性的，而且可能在讨价还价的过程中不断地被重新界定（张静，2004①；张小军，2004②）。所以，从产权制度的"真实"保护程度来解释中国经济增长的"奇迹"具有更高的可信度。然而，这一理论仍不足以解释为什么这种"事实上的"产权制度能够使中国经济表现得比那些在"法律上"和"事实上"的产权制度都运行良好的国家还要好。

7.1.3 宏观分析视角：产权制度的"偏袒性"保护与经济绩效

由于地方政府竞争是中国经济增长的初始动力，但并不是导致经济增长的根本原因，于是，一些学者试图探讨地方政府竞争背后的产权制度关系。黄少安等（2003）、Acemoglu 等（2005）认为，一国社会、政治和经济制度的均衡依赖于特定的信息结构、当事人的社会经济地位和制度再分配效应③。波得和希格尔（1997）相信现实世界普遍存在不对等经济关系、不对称经济资源和制度再分配效应，决定制度安排和现实制度均衡的多重性，也决定了当前发展中国家经济增长问题的独特性④。Zhang Xiaobo and Kevin H. Zhang（2004）发现，发达国家中尽管相关文献没有进行详细的划分，产权安全实际上包括投资者和个人的权利两个方面，而在中国两种类型的财产权利所获得的安全程度是不相同的，资本投资在中国许多地方都受到了有效的保护，个人的权利包括工人的权利和农民的土地财产权利只有较为松散的界定，这是中国产权制度一个独特的特点⑤。魏建（2010）研究发现，中国改革开放以来采取了一种独特的产权保护方式——选择性保护，即对投资进行强力保护，而对土地、劳动力进行较弱保护以配合经济增长的需要，其中地方政府

---

① 张静. 土地使用规则的不确定：一个解释框架 [J]. 中国社会科学, 2003 (1)：113 - 124.
② 张小军. 象征地权与文化经济 [J]. 中国社会科学, 2004 (3)：121 - 135.
③ 黄少安, 王怀震. 从潜产权到产权：一种产权起源假说 [J]. 经济理论与经济管理, 2003 (8)：13 - 16; Acemoglu Daron, Simon Johnson and James A. Robinson. Institutions as the Fundamental Cause of Long - RunGrowth [R]. Handbook of Economic Growth, 2005 (1)：385 - 472.
④ Border and Segal. Preferences over Solutions to the Basgaining Problem [J]. Econometrica, 1997 (65)：1 - 18.
⑤ Zhang Xiaobo and Kevin H. Zhang. How Does FDI Affect Regional Inequality within a Developing Country? Evidence from China [J]. Journal of Development Studies, 2004, 39 (4)：47 - 67.

发挥了重要的作用①。

这个特点被许多学者在实证分析中所证实。程保平（2006）以建筑市场中农民工私人产权为例，发现农民工的私人产权不只是遭受雇主（或企业）侵害，同时还遭受着政府（地方政府）的侵害，在双层失衡性产权结构下，地方政府既是侵权者又是雇主实施侵权的支持者，这种现行的产权制度向雇主提供了侵害农民工私人产权有利可图的"共同知识"，分散于全国各地的雇主便由此在侵害农民工私人产权问题上达成了合谋条款，分别实施这种合谋条款表现为每一雇主在其与农民工事实上签订的雇用工资支付契约中含有谈判地位不对称、"裸体工资"和拖欠支付三大侵权条款，因而要从根本上阻止拖欠行为，维护农民工的各种权益，最好的选择在于进行产权制度改革②。王永钦与李明（2008）从互联合约的角度分析了中国经济转型背后的经济和社会基础，发现在市场缺失和不完美的情况下，互联性的制度安排作为一种替代性的制度安排在中国的经济转型中起到了重要的作用。特别在转型初期，由于信贷、保险、土地、劳动力等市场的不完备和对私人产权保护的不力，无论在农村部门、城市部门，还是在城乡之间，也无论在家庭层面、社区层面还是在企业家与政府之间，都出现了一系列替代性的合作关系和制度安排，由此促进了经济的发展，同时也缓解了市场化的"阵痛"和转型的成本，并促成了中国"增长奇迹"的出现③。张幼文（2008）发现，中国经济增长与资源"扭曲"之间存在密切的正相关性，这些扭曲包括环境破坏的生产外部性、资源价格偏低的生产扭曲，土地协议转让价格严重低于市场价格，劳动力价格长期偏低和外资偏低税负等的要素扭曲以及由汇率低估和出口激励政策所导致的对外扭曲等，这些扭曲主要是地方政府的政策性寻租行为导致的，但在一定条件下却是经济高速增长的重要条件④。靳涛（2008）、李永友与沈坤荣（2009）等从地租扭曲中也得出了相近的结论，认为地方政府对地方工业地价的人为压低在某种程度上会导致投资在该地区的增加，因为降低地租率来达到吸引投资增加的竞争行为实际上使得投资者获得了超额利润，在政治集权和风险"大锅饭"体制下，这是中国粗放型经济增长方式

---

① 魏建.产权的选择性保护与中国的长期经济增长［J］.政法论坛，2010（1）：19-26.
② 程保平.产权制度、合谋条款及国家成功——农民工工资纠纷案（以建筑市场为例）的契约理论再解释［J］.经济评论，2006（3）：25-35.
③ 王永钦，李明.理解中国的经济奇迹：互联合约的视角［J］.管理世界，2008（10）：5-20.
④ 张幼文.政策引致性扭曲的评估与消除——中国开放型经济体制改革的深化［J］.学术月刊，2008（1）：60-68.

生成与强化的根源①。

其实从产权的偏袒性保护角度来理解经济增长并不唯一出现在分析中国的经济增长"奇迹"过程中。张宇燕与高程（2004）在研究西方世界兴起的过程中也发现，工业革命之所以出现于西方，主要是因为新制度有效地、歧视性地保护了具有生产性的商人集团的财产权利，由此在特定的历史阶段，国家是否对"在历史上曾经起过非常革命作用"的新兴资产阶级的产权进行偏袒性的保护，是一国能否实现长期增长的关键②。由此引申出来的一个重要问题是，这种分析在什么样的情况下是可信的，受到偏袒性保护的产权制度分布结构是否高于产权保护本身。

7.1.4 从宏观产权结构视角理解中国经济"增长奇迹"

综上分析，上述中国产权制度与经济绩效关系分析的三个视角在逻辑上有一个由微观向宏观扩展的过程：产权制度的渐进及增量改革视角遵循了西方现代产权理论的倾向于微观与效率分析的传统；产权制度的"真实"保护视角在分析是否存在一种替代性制度使资本的产权利益受到了"事实上"保护的同时，探讨了政府特别是地方政府在资本形成过程中的重要作用，已经涉及宏观分析方法；产权制度的偏袒性保护视角客观上分析了在各种生产要素的不同稀缺程度下，由于利益分配关系引致的产权偏袒性保护会使得各种生产要素实际上会有多少被投入于各生产部门的问题，也就是会不会出现生产资源被"闲置"未用的情况及其原因，因而主要是从宏观的层面来思考问题。

关于中国产权制度与经济绩效关系分析的宏观视角与宏观产权结构理论是相符的。根据宏观产权结构理论，中国快速增长不仅仅源于事实上的产权制度，更源于非常有利的投资环境，而这种投资环境主要是通过政府对产权的偏袒性保护实现的。20世纪50年代，印度和中国经济状况差不多，但中国改革开放后，中国的发展远远超过印度，一个很重要的原因是中国提供了这种有利的投资环境。这种环境下政府所推动的产权改革可能具有奥尔森所说的"共容利益"。通过偏袒性的宏观产权结构，企业大量地建立起来，社

---

① 靳涛. 引资竞争、地租扭曲与地方政府行为——中国转型期经济高速增长背后的"不和谐"分析 [J]. 学术月刊, 2008 (3): 83 - 88; 李永友, 沈坤荣. 中国粗放型增长方式的成因与强化 [J]. 学术月刊, 2009 (2): 72 - 80.

② 张宇燕, 高程. 美洲金银和西方世界的兴起 [M]. 北京: 中信出版社, 2004: 93 - 110.

会投资规模迅速扩大，投资效率不断提高，政府的税基得以扩大，政府收入随之增长，这时政府和社会就具有了"共容利益"，此时的产权制度往往是有效的。

7.2 转型期中国宏观产权结构的形成机理

1949年新中国成立后，国家职能强而有效，市场、产权的作用相对弱化。在20世纪50～70年代末的计划经济时期，基本上是以国家代替产权、市场。中共十一届三中全会（1978年）后，中国步入"渐进式改革"的进程中，经过30多年的改革，政府逐步取消了计划机制对资源配置的主导作用，从中共十四届三中全会（1993年）提出"社会主义市场经济就是在国家宏观调控下使市场起基础性作用"，到中共十六届三中全会（2003年）提出"市场在资源配置当中基础性作用"，再到中共十八届三中全会（2013年）提出"市场在资源配置中起决定性作用"，中国的宏观产权结构不断地进行调整，国家、市场、产权三者之间已经呈现出良性、协调的互动关系。

7.2.1 转型期中国宏观产权结构形成的主动力

转型期中国宏观产权结构的形成是多利益主体演化博弈的结果，但其中处于核心地位的是中国（地方）政府。中国地方官员组织结构有着明显的内部劳动力市场特征[①]。在以内部劳动力市场为特征的中国政治体系中，地方政府官员不是由当地居民投票来决定，而是以上级政府任命为主。因此，在政府官员晋升的过程中，上一级政府处于主导地位，中国特定政府结构决定了地方政府官员只有严格遵循上级政府制定的契约规则，通过努力显示自己的努力程度与能力类型来获取政治晋升，周黎安称之为"晋升锦标赛模式"（周黎安，2004、2007）。为了实现经济"赶超"发展，改革开放以来，中国往往以GDP增长作为考核地方官员政绩的主要依据，从而形成了"GDP晋升锦标赛"。"GDP晋升锦标赛"使中国地方政府具有相互竞争的内在需要，因为分权化改革使地方政府拥有相对独立的经济权限，形成了地区经济利益格

---

① 曾祥炎等. 中国地方组织内部劳动力市场特征与激励机制改革 [J]. 长白学刊，2008 (4)：52-57.

局,地方政府便成为"经济人"的人格化体现,对辖区经济利益的追求,促使地方政府运用所掌握的多种手段,充分调动资源,加快发展经济。

在原来的计划经济体制下,政府掌控着充分的社会资源,地方政府在上一级政府的指示下完全主导了地方经济的运行。但随着国家经济体制改革的推进,地方政府掌握资源日益减少[①],就不得不注重发挥民间积累和民间经济力量,为此,地方政府的竞争就转变成地区保护主义与吸引投资的竞争,其目的是使本辖区资本形成能在与其他地区竞争中占据优势。因为经济发展史表明,资本形成的规模及结构是与经济增长密切相关的。地方政府之间竞争的形式是多种多样的,但为了吸引投资,最主要的还是财税竞争、招商引资的优惠政策竞争、基础设施建设与公共服务的竞争等。

7.2.1.1 税收竞争

税收优惠竞争是指在国家通过税法规定的地方税权范围内,各地为加快自身发展,根据自身情况,承诺对满足条件的特定纳税人实行低于法定名义税率的优惠税率,或者免除或减少纳税人一定期限内应当缴纳的税款。一般是针对存续性税源的竞争,目的在于通过让渡短期的税收利益而谋取长期的经济税收利益。其主要方式有税收减免、财政返还、税收折扣等。地方政府正是通过减免税、财政返还等各种优惠措施尽量提高本地在吸引投资方面的优势,吸引外地资源流入本地,从而扩大税基,弥补因减税而造成的收益损失,使地方政府由此获利。

7.2.1.2 招商引资的优惠政策竞争

除了税收优惠,地方政府还在其他方面展开优惠政策竞争,主要有:低价或免费供给土地、降低企业使用劳动力的社会保障标准、低价转让国有企业、主动协调银行融资等。2012年,"审计署审计发现,一些县在招商引资中变相减免财政性收入。接受审计的54个县中有53个县于2008~2011年出台了221份与国家政策明显相悖的招商引资优惠政策文件,以财政支出方式变相减免应征缴的财政性收入70.43亿元,其中2011年变相免征33.36亿元,相当于其当年一般预算收入的5.81%"[②]。

---

① 这里说的减少是指"相对"意义上的减少,并不排除"绝对"量上增加的可能。
② 审计署.部分县招商引资变相减免财政性收入[N].人民日报,2012-06-10.

7.2.1.3 基础设施建设与公共服务的竞争

除了采取比较原始的优惠政策竞争外，地方政府越来越认识到，优化投资环境，包括硬的公共物品（即基础设施等硬环境）和软的公共物品（即制度等软环境），对于招商引资不仅从长期看具有重要意义，也具有明显的短期效果，同时有利于启动民间经济的发展。于是，地方政府在提供公共产品或公共服务、政务效率等方面同样展开了激烈竞争。如交通运输（高速公路、港口、航空）、能源供应（电力、天然气）、光缆等信息化硬平台、污水处理厂等环境治理、教育、卫生、社会保障等，同时包括改善地区形象、加强地区宣传与交流及地方政府提供的各种行政服务。

地方政府在实施这些竞争的过程中，除了拥有政治资源，还必须拥有可控的经济资源，因为地方政府竞争行为的本质是对生产要素的争夺。如前所述，地方政府竞争的基本手段就是提供比其他地方成本更低、质量更高的公共产品和服务，具体形式包括地方基础设施、政治和经济制度、经济发展规划、各种经济秩序和良好的社会氛围等。目的在于吸引可流动性要素的流入，从而来推动本辖区的经济获得超越别的辖区经济的发展。

但作为推动经济增长的资本、劳动力、土地等生产要素有着不一样的资源特性，由于一些资源竞争零和博弈的压力，一个地方获得某些资源必然导致另一个地方丧失这些资源，这就迫使地方政府尽可能采取措施防止稀缺性资源流入其他辖区，并吸引更多优质生产要素的流入。因此，地方政府针对不同特性的生产要素必须作出不同的战略选择。如表7-1所示，依据生产要素稀缺性与流动性的不同，可以将生产要素划分为四种不同的类型：①稀缺程度高，流动性强的生产要素，如资本；②稀缺程度低，流动性弱的生产要素，如土地[①]；③稀缺程度低，流动性较强的生产要素，如劳动力；④稀缺程度高，流动性弱的生产要素，如自然资源。

表7-1　主要生产要素的特性与地方政府行为选择

要素名称	稀缺性	流动性	地方政府行为选择
资本	高	强	过度保护
土地	低	弱	攫取

---

① 虽然中国的人均土地面积相对稀缺，对农业来说尤其如此，但从政府确定产权的角度看，由于辽阔的国土，潜在的工业用地还是相当充裕的。

第7章 宏观产权结构与中国改革成功的内在逻辑

续表

要素名称	稀缺性	流动性	地方政府行为选择
劳动力	低	较强	保护不足
自然资源	高	弱	掠夺式开发

  从中国改革的实践过程看,地方政府往往依据生产要素的流动性与稀缺状况来决定产权改革路径。如果一种生产要素是强流动性的,政府对这一要素的产权界定和保护与稀缺程度呈正向关系,即这一生产要素越稀缺,政府的产权界定越清楚、保护越严格。如果一种生产要素是弱流动性的,政府会对这些可控资源进行利益限制,并且政府对这一要素的产权界定和保护与稀缺程度呈反向关系,即这一生产要素越稀缺,政府的产权界定越模糊、越不加以保护甚至进行攫取。

  具体来看,首先是资本。资本是稀缺程度高、流动性强的生产要素,同时,地方政府的竞争在很大程度上就是资本形成的竞争,这就使得地方政府对资本提供过度保护成为可能。20世纪80年代以来,中国绝大多数地方政府采取了针对企业的低成本战略,就是政府在利益博弈下选择的结果。

  其次是土地。土地是稀缺程度低、流动性弱的生产要素,决定了政府的攫取意向。从中国的实际情况看,土地可以说是地方政府最直接和最重要的资源之一,地方政府往往将土地作为吸引外资、改善基础设施的重要手段。由于地方政府拥有土地规划和批准土地使用的权力,在利益博弈的引致下,许多土地市场管理的法律法规和各项制度未能有效落实。一些地方违反规划用地,擅自下放土地审批权,特别是开发商与乡(镇)、村违法私自签订用地协议圈占土地用于房地产开发的情况时有发生。另外,为了创造政绩吸引投资,地方政府经常竞相压低地价,不仅造成土地资源浪费,还导致官商串谋获利而农民土地资产流失严重。

  再次是劳动力。劳动力是稀缺程度低、流动性较强的生产要素,这导致了政府对劳动力产权保护的不足。长期以来,由于农村存在大量的剩余劳动力,中国劳动力的供给几乎是"无限"的,即对劳动力需求的增长不会抬高劳动力的价格。低廉的劳动力成本促成了国内劳动力密集型产业的快速发展,并在随后成为吸引大量外国直接投资的主要因素。政府在维持劳动力廉价优势方面采取了一些自觉和不自觉的措施,主要是通过适度放开农民进城务工的限制,使产业工人保持一支庞大的后备军,抑制了产业工人的工资上涨;通过对劳动力实行低层次的社会保障,进一步减少劳动力成本的支出。另外,忽视劳动安全保护也是一个方面,表现在全国很多省份的大量小煤窑、小矿井缺乏必要的安全保护，对大量工作现场有毒害的企业缺乏必要和有效的治理等。

最后是自然资源。自然资源是稀缺程度高、流动性弱的生产要素，这就使得地方政府掠夺式开发的取向。在利益驱动下，地方政府往往容忍甚至参与乱采滥挖，采富弃贫，对自然资源进行掠夺式开采，破坏自然资源，造成严重浪费。据统计，我国煤炭回收率不到30%，与美国、澳大利亚、德国等国家的煤资源回收率高达80%以上有着巨大的差距；我国矿产资源总回收率和共伴生矿产资源综合利用率分别为30%和35%左右，比国外先进水平低了20多个百分点。

7.2.2 转型期中国宏观产权结构的演变

7.2.2.1 转型期中国宏观产权结构形成的历史条件

新中国成立后，新政权面临着如何在缺少外援和贸易条件下迅速实现工业化的历史选择。从当时的客观环境和主观认识出发，中国选择了一条优先发展重工业来带动整个经济建设的道路，重工业是资金密集型产业，这与中国的资源禀赋不相匹配，为了使经济剩余源源不断地从农业流向重工业，中国政府实施了一系列的产权制度安排。通过工业的计划化、工农业的"剪刀差"制度、农业的人民公社制度以及城乡户籍制度等，新中国构筑了有利于重工业发展的宏观产权结构，重工业不仅可以从中获得农业剩余积累资金，而且可以获得土地的无偿使用与低劳动投入成本。

计划体制下，一方是强大的无所不在、无所不包的政府，一方是弱小的缺乏独立地位和自由经济权利的个人。在这种力量悬殊的两极结构中，政府完全控制了产权制度的形成与变迁。产权成为政府的政策变量，是政府直接安排和强制的结果，个人逐步丧失了排他的财产权利，产权交易也被完全禁止和取缔。政府几乎包揽了各个领域的经济活动，从投资、生产、就业到消费、储蓄，政府都占有支配性的地位。政府决定产品和生产要素的价格，全面抑制市场机制的作用，不仅管制产品价格、工资，还管制利率、汇率。在中央政府计划中，制定了详尽的投资和生产数量指标，对人力、财力、物力进行行政统筹分配。国家不仅作为所有者拥有绝大多数社会资产，还以经营者的身份直接经营和管理生产过程。

建立计划经济制度的本意是实现经济有计划、按比例地协调发展。但由于政府活动全面代替市场，政府成为经济活动的主体，而企业和家庭扮演被动、从属的角色,不能充分发挥市场在资源配置中的积极作用。产权的作用被严重弱化,缺少最有效的激励机制,不能发挥非公产权的节约功能、内化外部性、激励约束等功能。这抑制了经济的内在活力,导致经济活动效率低下,资源浪费严重。

新中国成立之初,国家的统一和建立新事业的政治热情,在一定程度上抵消了计划机制的不足,国家职能的重构掩盖了体制弊端。但从20世纪50年代末至1978年,虽然国家动员各种资源实施的工业化战略使国民经济在规模和数量上得到了很大扩张,但由于市场机制和产权机制的缺失,企业、生产队等微观经济组织缺少必要的自主权和活力,同时,伴随着政治事件的不断发生,经济社会的发展受到了严峻挑战。

虽然计划经济体制弊端很多,却是中国改革开放后宏观产权结构形成的基础。从中国改革开放的实践过程看,计划体制至少在两个方面对后来的宏观产权结构产生了深刻影响:一是计划经济体制下形成的集权政治制度。虽然在改革开放后,原有的政治制度发生了较大的变化,但没有发生根本性的改变,政治集权的价值在于,一方面可以有效地防止改革过程中可能出现的"霍布斯丛林"状态,为保护中国公民的基本人权、产权提供了秩序基础;另一方面也是改革开放时期中国形成了偏袒性宏观产权结构的政治基础。二是计划经济体制本身。计划经济体制下国家代替市场的经济运行方式使改革开放的"渐进式改革"成为可能,因为即使某些生产要素不实行明晰的产权制度,而只是产权的部分改革,也是一种进步,这就使得即使是"渐进式改革",也能成为一种帕累托改进,避免改革过程遇到过大的阻力无法推行。

7.2.2.2 转型期中国宏观产权结构演变的博弈主体

诺思(1994)曾指出,制度就是博弈的规则,当组织成为参与人时,组织之间的竞争便成为理解制度变迁的关键。因此,转型期中国宏观产权结构形成的过程就是各种组织利益博弈的过程。

中国改革的起点可以看作是中央政府与地方政府之间的利益博弈,但这个博弈从一开始就体现出中国政治集权的制度特征,由于地方政府处于弱势地位,因此,整个博弈过程变成了中央政府的一种政策选择,由于当时中央政府面临着巨大的财政压力,因此中央政府认为改革的最佳路径是先向地方政府"甩包袱",后向"新兴财富征税"。张宇燕与何帆(1998)认为,由于中国在计划经济后期一直处于财政紧张的局面,这可能是导致1978年实行经济体制改革的直接原因,此后,国家在财政压力面前步步后退,新兴的经济组织逐渐繁荣,国家与新兴组织之间较为稳定的合作推动了中国经济的持续增长①。王红领、李稻葵与雷鼎鸣（2001）在研究政府为什么会放弃国有企业的产权时也得出了政府是为了增加财政收入（收入论）而不是提高企业生产效率（效率论）的结论②。刘云龙（2001）进一步证明了中国改革开放后的财政分权，是一个中央政府向地方政府不断"甩包袱"的过程③。

随着中央政府不断向地方政府"甩包袱"，其给予地方政府的经济自主权利也随之扩大。中央与地方的博弈逐渐演变成"政绩考核"机制的强化运用。于是，随着地方政府的经济自主权利越来越大，地方政府之间的竞争博弈变得越来越重要，而计划经济体制下中央政府与经济个人之间的博弈也逐渐被地方政府与经济个人之间的博弈所取代。随着博弈规则的改变，整个社会的经济体制也发生了相应的变化。

首先，地方政府之间的竞争是平等主体之间的博弈。随着地方自主权的扩大，地方政府在区域经济事务中的决策空间不断拓展，地方政府不再被过去那种被动执行的行为模式所摆布，所面对的也不过是地位平等的地方政府之间的竞争，这就激发了地方政府扩张本区域经济建设的冲动，从而增强了地区经济活力，并成为地方政府进行制度创新的主要动力之一。

其次，地方政府在与经济个人之间的博弈过程中远没有中央政府那么强势。随着市场经济体制逐渐取代计划经济体制，地方政府与经济个人之间的博弈可以看作是日益缩小的政府权力与日益扩大的个人权利之间的博弈。在这个过程中，地方政府有来自各方的压力与制约，因而不可能完全替代市场与产权，原有的计划体制下的公共权力也衍生为寻租能力。在这种情况下，很容易形成政治精英与经济精英共同谋利的"官商勾结"：企业要进行生产必须通过向政治家付出一笔租金获得资源作为初始资本，这就相当于生产者和政治家之间达成一份租金契约，契约核心是总租金在政治家与厂商的分配比率。而这些"租"的来源，一些是地方政府掌控的特殊资源，比如金融资源、行政资源、信息资源等，而更多的则源自产权没有界定清楚的"公共资源"或"准公共资源"，如国有资产、土地、劳动力、自然资源等。

正是这种博弈关系，决定了中国宏观产权结构的演化过程，宏观产权结构的变迁往往受到以下因素的影响：①地方政府权力的大小；②个人权利的

---

① 张宇燕，何帆. 由财政压力引起的制度变迁 [M]//盛洪，张宇燕. 市场逻辑与制度变迁. 北京：中国财政经济出版社，1998：35.

② 王红领，李稻葵，雷鼎鸣. 政府为什么会放弃国有企业的产权 [J]. 经济研究，2001（8）：61－70.

③ 刘云龙. 民主机制与民主财政—政府间分工及分工方式 [M]. 北京：中国城市出版社，2001：280－283.

增长；③工商集团权力的大小；④工商集团与政府租金分成比例；⑤中央政府的决策；⑥同级政府之间的竞争压力；等等。

虽然地方政府存在人为压低资源要素价格，把大量租金变成企业利润与政府分成的内在动力，但在上述条件的制约下，各利益主体博弈导致的宏观产权制度在改革开放以来发生的变化还是证明了一种趋势：中国存在建立趋于非偏袒的宏观产权制度的潜力与可能。

7.2.2.3 中国宏观产权结构的演变过程

1978年以后，中国首先在农村推行了家庭承包责任制改革等措施，从农村土地产权制度变革历程看，可以分为两个阶段：第一个阶段是1978~1999年，主要是从政策操作层面确立了家庭联产承包责任制；第二个阶段是从2000年至今，主要是通过立法规范承包土地制度，并实施建设用地制度改革，着手赋予农民完整的土地权能；中共十七届三中全会（2008年）提出要稳定农村土地承包关系并保持长久不变，建立互换、租赁、出让、融资等规范，以挖掘农村集体土地使用权的市场价值；中共十八届三中全会（2013年）在原来的占有、使用、流转、收益等权益的基础上，再赋予农民对承包经营权的抵押、担保的权能。通过一系列改革措施，农业部门实现了非集体化制度变迁。随着家庭联产承包责任制的引入，农民土地使用权和剩余收入索取权得到扩大，农业从集体生产转向了以家庭为单位的生产组织体系，农村的改革激发了中国农业生产史无前例的加速增长。

在工业经济体制改革中，主要集中在两个方面，一是改变了国有企业的产权结构，二是大力发展非国有经济。从20世纪80年代中期开始，中国对国有企业进行了第一轮改革，1986年12月国务院出台了《关于深化企业改革增强企业活力的若干规定》，开始在全国全面推行承包制，其基本内容是"包死基数，确保上交，超收多留，歉收自补"。但1993年11月中共十四届三中全会指出，承包制根本不是一种崭新的产权，而是传统企业机制稍加修改后的再版，所以无法克服国有企业动力不足的问题，于是，这次全会提出要"深化国企改革，必须解决深层次问题，着力进行制度创新，建立现代企业制度"。后来通过"抓大放小"与股份制改造等，国有企业的产权激励模式发生了根本性的变化，大大提升了国有企业的运行效率。同时，除国有企业之外，非国有企业也取得了较大的发展，到20世纪80年代中期，非国有企业部门已经成为中国经济中十分重要的构成部分。到2011年，全国固定资产投资总额301933亿元，其中，国有及控股投资占35.6%，民间投资占64%；全国规模以上工业企业主营业务收入为84.33万亿元，其中，国有及国有控股企业占 27.0%，民营企业占 73.0%；全国规模以上工业企业利润总额为 54544 亿元，其中，国有及控股企业占 27.5%，民营企业占 70% 以上，如果加上规模以下工业企业，民营企业利润占全国工业企业利润的 75% 以上。

随着改革在工农业的开展，对外开放的步伐越来越大，其他方面的改革也开始推行并逐步深化。税收管理体制方面，确立了以分税制为核心的新的财政体制框架，建立了以增值税为主体的流转税体系，分别统一了内资企业所得税和个人所得税；金融体制方面，着手分离政策性与商业性金融，强化了中央银行对货币供应的调控能力和金融监管方面的职能；汇率制度方面，建立了以市场供求为基础，单一的、有管理的浮动汇率制度，实现了人民币在经常项目下可兑换；在宏观调控方面，推进国家计划管理从指令性计划为主向指导性计划为主转变，以年度计划为主向以中长期计划为主转变；在投资体制方面，推行项目法人制、资本金制度和招投标制度，加强投资风险约束。另外，在市场体系建设、社会保障制度建设方面也展开了全面改革。这些，都在很大程度上改变了人们之间的产权利益关系，重构了中国的宏观产权结构。

7.2.3 转型期中国宏观产权结构

7.2.3.1 过度保护的资本产权

由于资本是强流动性的并且稀缺程度极高，资本的利益受到了政府高度甚至是过度的保护。从 20 世纪 80 年代的"放权让利"、90 年代的"抓大放小"到中共十六届三中全会（2003 年）明确地提出建立产权清晰的现代企业制度，再到中共十八届三中全会（2013 年）提出对国有企业进行分类监管和改革。国有产权改革贯穿改革开放 30 多年的整个历史进程，并且是改革的核心内容。此外，为了培育本地民营资本与争夺流动性的外来资本，地方政府会在经济激励与改善内部投资环境两个层面作出响应，前者包括市场环境的营造、激励民营经济发展的政策措施及以税价竞争与土地转让为核心内容的多种经济优惠等，后者则包括基础设施建设与营造符合市场经济环境的政府服务。于是，关于转型时期中国资本利益保护往往与"预算软约束"、"土地价格优惠"、"税收减免"、"税收返还"、"补贴"、企业的"社会责任"缺失等术语联系在一起。结果是，"中国企业盈利存在多重泡沫"，这正是政府对资本利益保护过度的结果。其结果是"低生产要素成本与自主创新不可兼得",资本在快速形成的同时投资效率不断下降。改革开放以来,我国增量资本产出比经历了两个阶段的变化:第一阶段为1979~1995年,平均为2.3;第二阶段为1996~2011年,平均为3.5。后一阶段竟比前一阶段上升了52.2%!与相似增长阶段的发达国家比较,中国现阶段增量资本产出比明显偏高,如20世纪50~70年代的日本,其增量资本产出比基本维持在2.0的水平,较低的投资效率说明中国目前的高经济增长是以牺牲资本利用的效率为代价的。

特别值得一提的是,过度保护体制下形成的行政性垄断行业,目前在中国的石油、石化、电力、铁路民航、高速公路、供水供气供热、管道运输、邮政电信、金融保险等行业就是如此。虽然垄断行业在利用规模经济方面具有一定的比较优势,在我国相关产业的资本积累过程当中也确实发挥了积极作用。但随着相关产业的基础设施不断完善,行政性垄断行业越来越多地出现利用或滥用行政权力和手段、实行垄断经营获取垄断利润、遏制公平竞争、阻碍技术进步、降低经济效率等弊端,这与建立和完善社会主义市场经济体制的改革方向是背道而驰的,是深化经济体制改革的一大障碍。中国的垄断行业是国有经济最集中的领域,国有资产数量巨大,存在诸多弊病:政企不分,缺乏活力,创新力不强,引进新装备新工艺慢,"皇帝女儿不愁嫁",缺少增进产品的压力和提高服务的动力,市场绩效差,依靠价格垄断,形成工资高、消耗高、价格高和工作效率低、劳动生产率低、效益低的严重局面,如再不变革,必然影响经济的长期健康发展。

可以说,垄断行业的存在是中国资本产权过度保护的典型案例。虽然2007年8月通过的《反垄断法》,以及中共十七届三中全会(2008年)、中共十八届三中全会(2013年)进一步明确了打破垄断的改革要求等政策措施,对于预防和制止垄断行为,维护市场公平竞争,促进经济社会发展具有重要意义。但是从垄断行业改革的实践过程看,难度大、推进相对缓慢,要真正达到改革目标还有相当大的难度。

当然,随着资本的不断形成与积累,资本在部分地区不再稀缺,这些地区政府对资本的利益保护有减弱的趋势,比如,在沿海深圳等地区,进入"十一五"时期之后一个重要的政策导向就是如何将"三来一补"企业迁往其他地区,珠三角为数巨大的企业因成本上升而倒闭或外迁,"这是一个普遍的趋势,也是符合经济规律的"。进入"十二五"时期以后,中国经济面临着转变发展方式、调整结构等重要任务,在这样的历史背景下,各地曾经以 GDP 为"指挥棒"的"招商引资"工作,也普遍性地转变为"招商选资"工作,各地纷纷注重引进投资规模大、发展潜力好、科技含量高的项目,而对不符合引进政策的企业不再提供优惠政策或拒绝引入。

7.2.3.2 保护不足的劳动力产权

在中国，劳动力是流动性不足的资源，这既与以防止农民盲目外流对城市生活造成冲击为基本目的的户籍制度有关，更是与工业化过程政府为了营造低成本而采取的对农民进城进行限制的政策相关，以超过2亿名"农民工"（2013年为2.69亿名）为标志证明了政府对劳动力利益保护的不足。但由于中国的劳动力资源几乎是无限供给的，所以政府并没有成为劳动力市场价格的主导因素，政府保护不力主要体现在不能给予"农民工"城市居民的政治属性，让"农民工"的社会价格按"剩余劳动力"为基准进行定价，并且不需要住房、社会保障等城市居民所需要的工资外待遇，以求符合大力发展工业化的要求。据国家统计局2004年所做的典型调查，农民工日均工作时间11个小时，每月工作时间超过26天。然而，如此高强度的劳动量，所得工资平均仅为500~800元，2004年中国农民工年均收入8000元左右，仅相当于城镇工人年均收入的一半左右。

当然，随着资本在一些地区不再稀缺，政府长期维持的劳动力利益保护不足无法继续，于是"民工荒"便出现了，政府被迫加强对劳动力的利益保护，部分靠低价劳动力生存的"低端"企业开始转移。例如，近年来，农民工的收入增长速度较快，如表7-2所示，2011年，外出农民工月均收入突破2000元大关，达到2049元，2012年更是达到2290元，但仍然达不到2012年全国城镇非私营单位就业人员年平均工资46769元的60%。

表7-2 外出农民工在不同地区务工的月收入水平

单位：元

	2008年	2009年	2010年	2011年	2012年
全国	1340	1417	1690	2049	2290
东部地区	1352	1422	1696	2053	2286
中部地区	1275	1350	1632	2006	2257
西部地区	1273	1378	1643	1990	2226

在社会保障方面，尽管近年来农民工参加社会保险的水平有所提高，但总体仍然较低。如表7-3所示，2012年，雇主或单位为农民工缴纳养老保险、工伤保险、医疗保险、失业保险和生育保险的比例分别为14.3%、

24%、16.9%、8.4%和6.1%,特别是"五险"中参保率相对较高的工伤保险 2008~2012 年没有明显提高。

表7-3 外出农民工参加社会保障的比例

单位:%

年份 险种	2008年	2009年	2010年	2011年	2012年
养老保险	9.8	7.6	9.5	13.9	14.3
工伤保险	24.1	21.8	24.1	23.6	24.0
医疗保险	13.1	12.2	14.3	16.7	16.9
失业保险	3.7	3.9	4.9	8.0	8.4
生育保险	2.0	2.4	2.9	5.6	6.1

7.2.3.3 受损的土地产权

在中国,土地产权的"残缺"为政府对这一生产要素利益的攫取提供了便利。政府的做法是将土地的产权更多地置于"公共领域",使土地的供给与需求服从于政府的利益需要,人为地使稀缺的土地资源形成几乎是"无限供给"的"市场"机制,正如赵德起(2007)所说,"土地的供给曲线与需求曲线是重合的"[1],从政府拥有完全定价权的土地产权"交易"过程中,政府获得大量的租金作为财政收入或用于补贴资本形成。统计调研数据显示,在土地严管之前的两三年,在中国东部省份的一些县市,除了难以准确统计的土地收费,土地直接税收及由城市扩张带来的间接税收就占地方预算内收入的40%,而出让金净收入占政府预算外收入的60%以上,几项加总,从土地上产生的收入占到地方财政收入的一半以上,发达地区的地方财政成为名副其实的"土地财政"[2]。2014年,由《中国经济周刊》与中国经济研究院联合发布的23个省(市)"土地财政依赖度"排名显示,23个省(市)最少的有1/5债务靠卖地偿还,浙江、天津2/3债务要靠土地出让收入偿还,分别达66.27%和64.56%。在被审计调查的市级政府中,承诺以土地收入来偿债的占比高达81%,县级政府也超过50%。正是由于地方政府凭借土地产权制度的缺陷,从土地的稀缺程度中看到了巨大的获利空间,导致中央政府试

---

[1] 赵德起. 中国农村地权让渡的理论探索与路径选择[J]. 财经问题研究. 2007(3):74-80.
[2] 土地出让收入预期剧减,严重考验地方财政预算[N]. 证券时报,2008-08-19.

图从更加公平的角度改善土地产权关系的努力很难得到地方政府的支持。因此,"家庭联产承包责任制"后的土地产权改革基本上只是一些无足轻重的边际调整,即使是 2004 年的"土地新政"、"土地革命"、"8·13 大限"还是后来的"调整'补偿费'",也只不过在一定程度上限制了官商勾结,改变了开发商与国家间的利益分配模式,并未改变农民利益受损的根本现实。

表 7-4　中国土地产权制度变迁历程

计划经济时期	20 世纪 70 年代末期到 90 年代初期	20 世纪 90 年代初期到中共十七届三中全会	中共十七届三中全会至今
国家法律制度没有对土地资源的各种权属做出正式的界定,行政确权和行政管理成为各种权属确定的主要手段	以 1986 年《土地管理法》为代表的土地资源法律法规对土地所有权、使用权等权利做出了规定。所有权:全民所有制和集体所有制;使用权:国有土地可以依法给全民所有制单位和集体所有制单位使用,国有土地和集体所有的土地可以依法确定给个人使用;承包经营权:集体或者个人可以承包全民所有制单位使用的国有土地和集体所有的土地	以 1988 年修订的《土地管理法》和 2004 年修改的《土地管理法》为代表的法律法规对土地产权和管理制度做了重要调整。土地基本制度:国家可以根据公共利益需要,对国有和集体土地实行征收和有偿征用;延长了土地使用权出让年限;对城市土地使用权交易制度做出了规定;提高了土地使用费标准	中共十七届三中全会通过的《决定》提出:赋予农民更加充分而有保障的土地承包经营权,现有土地承包关系要保持稳定并长久不变。按照依法自愿有偿原则,允许农民以转包、出租、互换、转让、股份合作等形式流转土地承包经营权,发展多种形式的适度规模经营。中共十八届三中全会通过的《决定》提出:赋予农民对承包地占有、使用、收益、流转及承包经营权抵押、担保权能,允许农民以承包经营权入股发展农业产业化经营

资料来源:笔者根据相关法律法规整理。

即使是在土地的二级市场形成以后,在招商引资的热潮中,不少地方政府竞相将压低土地资源价格作为引资的重要手段。协议转让土地的价格明显低于招拍挂方式的土地价格,这是政府将土地资源部分地置于"公共领域"的结果,也是获得土地的企业以粗放方式使用土地,形成了在中国这一土地高度稀缺的国家对土地要素滥用的根本原因,最终影响了国民特别是农民的福利。

最后是其他生产要素。除了土地与劳动力之外,其他一些关系国计民生的资源的价格改革,由于种种原因推进缓慢。有些重要资源如水、矿产等的价格比其市场价值低得多。资源价格因素对企业特别是制造业、房地产业的利润水平有重大影响。低价购买国有资源而产品按照市场价格出售,相当于把这部分资源置于"公共领域"并将其中部分"租"转化成企业及其股东的利益。

从资本、劳动力、土地等基本生产要素产权改革历程中可以看出,中国的产权改革是不平衡的:资本产权改革不断积极推进,劳动力产权改革缓慢进行,土地产权改革在"家庭联产承包责任制"几乎停滞不前。鉴于笔者将宏观经济产权结构定义为"政府确定的并受政府保护的各生产要素之间的利益关系",转型时期中国的宏观产权结构便可以用"过度保护的资本产权"、"保护不足的劳动力产权"及"受损的土地产权"来进行简单的概括。

7.3 宏观产权结构与中国经济增长"奇迹"

虽然面临诸多批评,但事实上,在过去的30多年里,中国偏袒的宏观产权结构安排却产生了非常高的经济绩效。正如中国香港著名新制度经济学家张五常教授所说,"不要告诉我什么不对。我可以在一个星期内写一本厚厚的批评中国的书。然而,在有那么多的不利的困境下,中国的高速增长持续了那么久,历史从来没有出现过。中国一定是做了非常对的事才产生了我们见到的经济奇迹。那是什么呢?这才是真正的问题"[1]。由于实行有利于资本形成的宏观产权结构,改革开放初期严重稀缺的资本在过去30多年以超乎寻常的速度增长,这是"中国奇迹"的根源所在。统计显示,1978~2013年,中国累计实际利用外资超过14000亿美元,居发展中国家第一位、世界第二位;GDP年均增长9.88%,远远高于同期世界经济平均3%的增长速度,经济总量由世界第十位跃居世界第二位(2011年);2013年,我国GDP总量56.9万亿元人民币,按全年平均汇率1:6.2折算,约合9.18万亿美元,经济总量占世界经济的份额已从1978年的1.8%提高到超过12%[2]。这个伟大的成就,为实现国家富强打下了坚实的物质基础。

对此,可以进一步予以解释。因为在不排除技术进步与效率增进对中国经济高速增长具有正面作用的前提下,可以认为中国的经济增长仍然是粗放式的,是一种典型的投入式增长方式,并且资本因素是推动中国经济增长的

---

[1] 张五常. 中国的问题—中国的经济制度(十二之一)[N]. 香港信报,2008-06-17.
[2] 1978~2013年数据源自《2007年度中国统计年鉴》。

最显著因素,这是由于中国转型时期面临的资本要素不足所决定的。改革之初,大量的劳动力和土地等生产要素分布于农村地区,工业部门和城市的规模相对较小。刘易斯和托达罗将经济发展过程理解为农村劳动力和人口向工业部门和城市转移的过程,这符合转型时期中国的实际情况。但要实现这一转移,必须有足够多的资本投资,因此资本形成是转型时期中国经济增长的核心内容。

根据经济增长理论,产出是生产要素的函数。为了简化分析,笔者假定没有技术进步,并且认为产出仅仅是土地、资本与劳动力的函数,即不考虑其他生产要素对产出的影响。于是产出的总合生产函数为:

$$Y = F[min(L,K,N)]$$

其中,Y、L、K和N分别表示总产出、总土地、总资本和劳动力总量。这与索洛生产函数不同的地方是加入了土地这个变量,加入这个变量的原因在于,土地作为生产要素投入生产并不是不需要成本的,意味着土地的不同产权制度安排会导致土地供给与需求量的改变。与索洛模型另一个不同的地方在于,这里假定土地、资本与劳动力等生产要素是不能相互替代的,不论是土地资源,还是资本与劳动力资源都有可能被闲置。于是产出便完全符合"木桶原理",即产出取决于生产要素中最为稀缺的资源。

由于中国转型期的社会变革采取"自下而上"的方式,随着中央政府授权程度的逐步加深,地方政府渐渐承担起推动经济增长的主要责任,这种责任在"晋升锦标赛模式"中被进一步强化,为了能在"晋升锦标赛模式"下脱颖而出,中国地方政府会寻求一切可能的方式来推动地方经济增长以求获得晋升,这成了中国保持经济增长最为可靠的原初动力机制。面临"木桶原理"的产出约束,地方政府推动经济增长最有效的方式就是尽可能地弥补生产要素中的"短板",即采取措施促使最为稀缺的生产要素投入的增加。

在改革开放后的较长一段时间里,中国一直被定位为"劳动力丰富、资本相对稀缺"的国家,当然,土地似乎也是相当充裕的。因此,转型期中国经济增长的核心就是如何促进资本形成,于是产出的总合生产函数从这一角度便可改写为:

$$Y = F[K]$$

为了补短稀缺的资本要素,地方政府往往围绕资本形成来展开竞赛,其中就包括了外资引入的竞争、本地资本培育的竞争以及政府财政支出的投资偏好的竞争等。在市场经济条件下,资本是完全流动并且逐利的。为了争夺,地方政府倾向于对资本尽可能提供足够好的保护,并通过不平衡的产权改革路径构筑了"过度保护的资本产权"、"保护不足的劳动力产权"及"受损的土地产权"的偏袒性宏观产权结构。

中国转型期偏袒性的宏观产权结构，是以除资本外其他生产要素价格扭曲的方式表达出来，这是低价工业化的基础。Andrei Shleifer and Robert W. Vishny（1992、1994）的价格控制理论曾证明，价格控制能被用于创造租值，这是官方价格和市场均衡价格之间的差别[①]。由于这一租值与产权有莫大关系，这里称之为"产权激励租值"。转型时期偏袒的宏观产权结构会形成"产权激励租值"，这是资本快速形成的前提条件，因为"产权激励租值"可以使"国家目标及其冲突"得到暂时解决。同时，偏袒的宏观产权结构又在地方政府"经济增长锦标赛"中被进一步强化，因而可以被视为是一种"产权政策"。

偏袒性的宏观产权结构形成的激励租值对中国投资增长产生了非常大的推升作用。换言之，改革开放以来，偏袒性的产权保护确保了厂商获得较低的生产要素价格，扩大了他们的盈利空间，从而激励了投资增长。投资高速增长带来了社会经济的高速增长，中国得以迅速跳出了低收入陷阱，并在很短的时间里达到了 A 点。这一结论与宏观产权结构理论的预设是一致的。

首先，"产权激励租值"是转型时期中国经济增长的重要原因，因此构建偏袒的宏观产权结构在改革开放 30 多年来是极具经济效率的，转型时期由产权制度偏袒性保护产生的"产权激励租值"与经济增长之间存在明显的正相关关系。这说明，在过去的一段时期内，中国相关政府部门通过将土地、劳动力等资源更多地置于"公共领域"并攫取其租金为资本服务确实达到了快速推动经济增长的效果。虽然在这个过程中，一些地方政府在"GDP 锦标赛"中带有明显的策略性博弈特征，以致形成"让完环境让土地、让完土地让税收、让完税收让法律"的恶性招商竞争。但仍然必须考虑到中国是在资本高度稀缺的前提下进行社会转型的，因此在一定的时期内不能实行经济自由主义奉若神明的完全均衡的产权保护制度（比如说受到严格保护的私有制），因为那样极有可能使中国经历一段更漫长的时间（50 年或者 100 年）才能促使资本形成与经济总量达到今天的规模，30 多年的成功证明了这一点。

其次，偏袒的宏观产权结构推动的经济增长属于粗放型经济增长，并可

[①] A. Shleifer and R. Vishny. Pervasive Shortages Under Socialism [J]. RAND Journal of Economics, 1992 (23): 237-246; A. Shleifer and R. Vishny. Politicians and Firms [J]. Quarterly Journal of Economics, 1994 (109): 995-1025.

能弱化企业创新的激励。这说明，转型时期，很多企业的投资动机源于"产权激励租值"造就的企业超额利润空间，"候鸟式"的企业存在就是一种证明①。因为，对许多身处转型时期的企业来说，在成熟市场经济中，那种主要通过创新来降低成本赢得利润空间不再是一种内在的需要，因为它们完全可以依赖政府创造的"产权激励租值"来保证自己的利益。由于企业缺乏足够的创新意愿，即使中国政府在转型时期投入了大量的人力、财力、物力用于技术开发与自主创新，但效果并未达到预想的水平。因此，在偏袒的宏观产权结构下，中国经济总体上的粗放式增长带有相当大的必然性，从目前的情况来看，这种经济增长模式已经出现增长极限的势头。

最后，偏袒的宏观产权结构推动的经济增长容易形成路径依赖。由于存在"租值耗散"，在偏袒性的宏观产权结构下，"产权激励租值"可以使得"国家目标及其冲突"得到暂时解决，因为一些地方政府部门（或官员）也会参与"产权激励租值"的分割。其结果是，随着时间的不断推移，某些地方政府部门（或官员）会日益紧密地与资本结合在一起，并演变成既得利益集团。这些既得利益集团往往成为进一步改革的"惰性"所在，改革进程有被他们"锁定"的趋势。

关于中国"奇迹"还存在着争论。例如，Krugman（1994）就曾指称中国犯有"东亚模式"的"综合征"，对中国的"奇迹"持否定看法。但不论中国"奇迹"论的正方和反方，均不否认中国经济的较为长期、稳定、高速的增长。只不过反方是在中国经济增长的根源与可持续性增长方面持有异议。Krugman 也不否认中国经济的高速增长，只是认为中国的经济与"四小龙"类似，效率增长却是最为逊色，经济增长绝大部分可归因于投入的驱动，这种经济增长不可持续②。

因此，如果局限于较短时期，中国"奇迹"无可争议。中国"奇迹"产生可能源于多方面的原因，是各种制度或非正式制度在有利的初始条件沿着正确的改革路径演进的结果。但其中最为核心的，是形成了有利于工商业发展的宏观产权结构，如果考虑到同期的科学技术水平和国际秩序状况，这种通过模仿形成的"奇迹"是可以解释的，因为不仅仅是中国，其他一些国家通过类似的方式也能达到类似的效果。比如南非，作为非洲唯一的工业化国

---

① 在招商引资恶性竞争的条件下，部分企业为了获得不同地方政府优惠政策带来的超额利润，特别是本应属于政府或居民的土地租金，于是像候鸟一样迁徙，在不同地方政府之间制造竞争，坐收渔翁之利。

② P. Krugman. The Myth of Asia's Miracle [J]. Foreign Affairs. 1994, 73 (6): 62-78.

家，人口只占非洲的 6%，而 GDP 却占非洲 1/3 以上，连续的经济高增长是从第一次世界大战一直到石油危机以后，延续了 30 多年。再比如越南，自 2000 年以来，越南经济增长率始终保持在 7% 以上，"越南正在创造第二个'中国式奇迹'"[①]。

但不论是南非还是越南的成功，与中国一样，都是通过构建有利于工商业发展的宏观产权结构来进行资本积累或吸引外资达到的。这些国家的成功都不是自由主义的产物，不是新古典主义经济学教化的结果，而是通过构建偏袒的宏观产权结构推动国民进行合作生产的结果。

---

① 参见《纽约时报》2006 年 10 月 25 日文章。

第8章 路径依赖与中国未来改革

8.1 宏观产权结构与中国经济可持续发展面临的挑战

偏袒性宏观产权结构下中国经济增长的制约因素可以从两个层面来进行理解：一是经济增长的可持续性面临挑战；二是宏观产权结构变迁存在着种种困难。因为一方面，有效需求的日益增加、投资的量与质不断提高、技术的持续进步是经济保持良好增长的关键，但由于偏袒性宏观产权结构的影响，在中国经济增长"奇迹"的背后，这些经济增长的关键因素一直存在着严重的问题。另一方面，根据宏观产权结构理论分析框架，中国社会的未来成功取决于能否实现从偏袒的宏观产权结构到趋于非偏袒的宏观产权结构的过渡，但是，中国要实现这样的宏观产权结构变迁似乎困难重重。

8.1.1 内需不足

内需不足是中国经济发展最大的绊脚石，由于缺乏足够内需，中国经济增长长期依赖过量出口和不受限制的大规模投资，这样的增长模式很难保证经济的持续发展。关于内需不足的原因，存在两种不一致的观点：一种观点认为，不是因为消费的增长下降了，而是由于投资增长过快，使投资在GDP中的比例扩大，导致总需求结构失衡；另一种观点认为，中国最终消费率总体上呈下降趋势，并认为居民消费率下降是中国内需不足的主因。

根据宏观产权结构理论，笔者认为，导致中国内需不足的主因是在A点之后宏观产权结构没有及时调整，导致最终消费率特别是居民消费率长期处于较低水平。改革开放30多年来，中国最终消费率一直处于低位水平并保持持续走低态势，最终消费率从1981年的67.1%下降到2011年的48.0%。在消费需求中，居民消费占比由2000年的74.5%降低至2011年的72.2%，同期政府消费占比则由25.5%提高至27.8%，政府消费对居民消费的挤出效应表现明显。与发达国家相比，我国消费需求不足的突出特点表现为低下的居民最终消费率。2000年以来，经济合作与发展组织（OECD）成员国的居民最终消费率平均水平一直保持在55%~57%。其中，美国一直保持在70%以上，英国超过了60%，日本和韩国也在50%~60%。而我国居民最终消费率长期停留在50%以下，2000~2011年，我国居民最终消费率从46.4%下降到35.5%，不仅降速快，降幅也很突出，中国居民最终消费率比世界平均水平低了近20个百分点。

那么，导致中国最终消费率特别是居民消费率偏低的原因又是什么呢？梁东黎（2005）认为，1997年以后中国消费需求不足，源于中国国民收入分配格局中政府收入和企业收入增幅过快导致居民可支配收入增幅减缓[①]；白暴力等（2005）认为，总消费需求不足的微观机制是工资的市场定价[②]；杨永忠（2005）认为，中国消费需求不足的关键是农村消费需求不足[③]；严先溥（2006）认为，消费品市场的结构性供求矛盾是制约居民消费增长、造成居民消费率偏低的重要因素之一[④]；黄微分（2005）则认为，中国最终消费率下降主要是体制性原因导致地方政府行为的异化[⑤]。此外，还有学者认为，经济转型带来的不确定性、消费环境和消费政策的不合理、不健全及崇尚节俭的文化传统和居民的心理因素也在一定程度限制了居民有效需求的实现，阻碍了消费需求增长。

这些观点在一定程度上解释了中国消费率偏低的原因，但都没有触及最为根本的问题。笔者认为中国消费率偏低的原因归根结底源于宏观产权结构，因为土地产权与劳动力产权的不完全实现必然在居民消费能力与居民消费倾向两个方面深刻地影响内需。

首先是居民的消费能力。土地产权不能完全实现，容易导致"公地悲剧"及"农地流转与规模经营"难以实现，并且在城市化征地过程中易出现"政府剥夺"现象，这些都对农村居民的收入产生了严重的负面影响，导致农村居民收入的不稳定性增加并有可能造成利益受损。劳动力产权不能完全

---

① 梁东黎. 中国转轨期总需求形成的分析框架 [J]. 江海学刊, 2005 (6): 52-59.
② 白暴力等. 总消费需求不足的微观机制——分析与对策 [J]. 教学与研究, 2005 (6): 15-19.
③ 杨永忠. 中国消费症结解析：一个模型及其应用 [J]. 北京航空航天大学学报（社会科学版), 2005 (3): 6-10.
④ 严先溥. 中国消费市场运行现状与发展趋势分析 [J]. 金融与经济, 2006 (2): 3-7.
⑤ 黄微分. 我国最终消费率下降的原因分析及对策建议 [J]. 湖南商学院学报, 2005 (5): 16-18.

实现，必然导致中国劳动力价格特别是"农民工"工资的低水平，与美国和日本比较，中国的劳动力价格大约只相当于它们的4%。根据对《中国统计年鉴》及《国家统计公报》的相关数据计算，2008~2012年，我国城镇居民人均可支配收入占当年人均GDP的比重分别是66.6%、67.1%、63.7%、62.0%、64.0%；我国农村居民人均纯收入占当年人均GDP的比重分别是20.1%、20.1%、19.7%、19.8%、20.6%。经过加权计算处理发现，我国城乡人均收入占当年人均GDP的比重分别是41.9%、42.8%、41.7%、41.4%、43.5%，而发达国家这一数值一般在60%上下。最后的结果如表8-1所示，在改革开放以来的30多年，城乡居民收入指数远低于GDP增长指数与人均GDP增长指数，从而导致居民的消费能力追赶不上GDP增长的需要。

表8-1 中国GDP、人均GDP、城乡居民收入指数

年份	GDP增长指数	人均GDP增长指数	城镇居民家庭人均可支配收入增长指数	农村居民家庭人均纯收入增长指数
1978	100.0	100.0	100.0	100.0
1980	116.0	113.0	127.0	139.0
1985	193.4	175.5	160.4	268.9
1990	282.5	237.3	198.1	311.2
1995	494.2	398.6	290.3	383.6
2000	750.6	575.5	383.7	483.4
2005	1201.7	887.7	607.4	624.5
2008	1717.8	1232.1	815.7	793.2
2009	1861.1	1339.0	895.4	860.6
2010	2050.0	1471.7	965.2	954.4
2011	2228.9	1600.2	1046.3	1063.2
2012	2410.3	1715.1	1146.7	1176.9

资料来源：2013年国家统计局《中国统计年鉴》。

其次是居民消费倾向。劳动力产权的不完全实现必然意味着社会保障的低水平，中国1989~2005年社会保障支出占GDP的比重平均为4.26%，比欧洲一些国家20世纪五六十年代的水平还低，如表8-2所示，更远远低于许多OECD国家近期的水平。社会保障的低水平对居民消费倾向的影响不言

而喻。20 世纪 90 年代以来，中国对旧的社会保障制度进行了较大幅度的改革，对居民的消费心理形成了极大的冲击，这些改革使公费福利支出大幅度减少，这在很大程度上改变了人们的支出预期，迫使居民储蓄意愿增强，消费倾向下降，于是形成了紧缩消费效应。

表 8-2　中国与部分 OECD 国家社会保障支出占 GDP 比重

单位：%

年份 国别	1960	1980	1985	1990	1995	2000	2004	2005
中国	-	-	-	-	4.52	4.65	5.42	5.40
加拿大	-	13.7	17.0	18.1	18.9	16.5	16.6	16.5
法国	13.4	20.8	26.0	25.1	28.6	27.9	29.1	29.2
德国	20.5	22.7	23.2	22.3	26.5	26.2	26.7	26.7
日本	-	10.6	11.4	11.4	14.3	16.5	18.2	18.6
意大利	16.5	18.0	20.8	20.0	19.9	23.3	24.7	25.0
瑞典	12.8	27.1	29.4	30.2	32.1	28.5	29.9	29.4
土耳其	-	4.3	4.2	7.6	7.5	-	-	13.7
英国	13.9	16.7	19.8	17.0	20.2	19.2	21.1	21.3
美国	10.3	13.1	13.1	13.4	15.3	14.5	16.1	15.9
OECD 整体	-	16.0	17.7	18.1	19.9	19.3	20.6	20.6

资料来源：根据国家统计局与 OECD 有关数据整理。

由此可见，居民消费能力与居民消费倾向"双低"是制约内需的主要因素，而其根源在于中国转型时期形成的有利于资本形成的宏观产权结构。

8.1.2　投资失误与低效

由前面的分析可知，在偏袒性的宏观产权结构下，中国经济的高速增长依赖于投资的快速增加。由于现行政治考核体系、财税体制、政治博弈的影响，地方政府总是千方百计地寻求一切可能的资源进行投资以求推动地方经济增长，这就为形成政府投资冲动创造了制度性条件。在目前的投资体制下，政府仍然是投资的主体，而地方政府的官员们对投资后果又不承担完全责任，再加上政治晋升的博弈和财政收入的刺激，因此，地方政府官员敢于决策、敢于拍板，因为投资失败，政府官员可以不受惩罚，其风险责任是由企业法人来承担；但如果成功了，无论是经济收益还是政治收益都是相当可观的。或许由于社会制度的优越性需要由经济的增长来支撑的原因，改革开放以来，为了经济增长，中央政府对一些通过打"擦边球"和在"灰色地带"进行博弈并有明显违规的地方政府官员，往往采取隐忍的态度，甚至有时还认为是改革开放"试错"过程中不可避免的成本。相关法律法规也就难以约束地方政府官员的盲目投资决策行为。

地方政府极强的投资冲动导致投资率居高不下，于是产生了大量的无效投资和投资浪费，很多投资项目最终未能形成生产能力，或者由于重复投资导致生产能力闲置。具体来说，主要体现在以下两个方面。

一是投资项目失误。据国家统计年鉴的统计，1958~2001年中国投资项目失误率接近总投资项目的48.57%，其中国家基本建设大中型投资项目失误率更高。新中国成立至1999年，"在2万多亿元的总投资中，因决策失误造成的浪费至少有1万亿元"①。审计署2004年对526个利用国债资金建设的城市基础设施项目建设情况进行审计，发现在建成的320个项目中，有119个项目运行效果较差，占建成项目的37.2%，如甘肃省某市城市供水项目投产一年来，供水能力尚达不到设计能力的10%。2008年金融危机之后，在国家启动4万亿元投资刺激经济、抗击金融风暴的过程中，一大批不符合要求的大项目、大工程匆匆上马，最终，高达30%的调研案例宣告失败。这些事实和数字表明，中国的政府决策机制存在着比较严重的问题。

二是重复建设。由于投资冲动，一些地方政府大兴土木建设所谓的"开发区"、"工业区"，不仅造成滥占耕地等环境问题，而且使一些行业重复建设严重。据统计，至2013年底，中国共有国家级经济开发区210家，国家级高新区105个，各类保税港区、保税物流园区、出口加工区等海关特殊监管区113个，省级开发区数千个，省级以下开发区则数量众多。但由于很大一部分工业园区只注重即期开发，忽视远期建设，只注重企业数量，忽视产业特色，甚至为了争项目，不计成本、压价招商、无序竞争，致使引进的企业大同小异，同一产业分散在多个园区，难以形成有效的工业发展产业链，使园区产业结构趋同导致产能过剩，最后使位于这些园区的企业寿命缩短。

为了分析简便，笔者引入一个折旧冲击的概念。在索洛模型中，用 δk 项来描述折旧水平，由于折旧率 δ 往往被假定为不发生变化的，所以折旧水平

---

① 刘根生."反对"意见的价值[J]. 瞭望，1999（1）：43.

只与每单位有效劳动的平均资本数量 k 有关系，δk 项必须予以补足以防止资本存量的变化。由此可见，在索洛模型乃至宏观经济学里，折旧是资本存量变化（减少）之意。而在会计学中，折旧往往是与资本周转紧密联系在一起的，比如中国《企业会计准则——固定资产》将固定资产折旧定义为，"指在固定资产的使用寿命内，按照确定的方法对应计提折旧额进行的系统分摊"，因此，在会计学中，折旧往往意味着固定资产价值转移到新产品中去之后的一种计提。

所以，索洛模型中的"折旧"与会计学中的"折旧"可以有不同的理解，因为资本存量的减少不一定要通过价值转移来实现。特别是在中国投资低效的环境中，一些固定资产由于投资项目失误等原因在并无价值转移（没有生产出任何新产品）或只有少量价值转移（生产出不足以弥补投资的少量新产品）便被迫报废，可以称之为折旧冲击。折旧冲击往往带来比会计账簿中更大幅度的资本存量的减少，同时也使索洛模型中折旧率 δ 发生更大的变化。

考虑到在索洛模型的平衡增长路径上每单位有效劳动的产出 $y^* = f(k^*)$，现在假设折旧冲击导致折旧率 δ 发生了变化，来考虑这种折旧冲击对产出的影响。

由于 $y^* = f(k^*)$，所以对该式两边对 δ 求导数，有下式的结果：

$$\partial y^*/\partial \delta = f'(k^*)[\partial k^*/\partial \delta] \tag{8.1}$$

而 $\partial k^*/\partial \delta$ 可以从资本的动态方程式 $\dot{k} = sf(k) - (n+g+\delta)k$ 中寻找，在平衡增长路径上，$\dot{k} = 0, k = k^*$，因此有：$sf(k^*) = (n+g+\delta)k^*$，对两边关于 δ 求导，得到下式：

$$sf'(k^*)[\partial k^*/\partial \delta] = (n+g+\delta)[\partial k^*/\partial \delta] + k^*$$

求解可得：$\partial k^*/\partial \delta = \dfrac{k^*}{sf'(k^*) - (n+g+\delta)} \tag{8.2}$

将式（8.2）代入式（8.1），得：

$$\partial y^*/\partial \delta = f'(k^*)\left[\dfrac{k^*}{sf'(k^*) - (n+g+\delta)}\right] \tag{8.3}$$

由 $sf(k^*) = (n+g+\delta)k^*$ 求解 s，可得：

$$s = (n+g+\delta)k^*/f(k^*) \tag{8.4}$$

将式（8.4）代入式（8.3），可得：

$$\partial y^*/\partial \delta = \dfrac{f'(k^*)k^*}{[(n+g+\delta)k^*f'(k^*)/f(k^*)] - (n+g+\delta)}$$

$$= \frac{f'(k^*)k^*}{(n+g+\delta)[k^*f'(k^*)/f(k^*)-1]} \tag{8.5}$$

由于 $f'(k^*)k^* > 0, n+g+\delta > 0, k^*f'(k^*)/f(k^*) = a_k(k^*) < 1$，所以可得：

$$\partial y^*/\partial \delta < 0 \tag{8.6}$$

式（8.6）说明，当折旧冲击导致 δ 上升后，每单位有效劳动的产出 y^* 会下降。可以从图 8-1 中更为清楚地看到这一点，由于持平投资线的斜率为 $(n+g+\delta)$，当折旧率 δ 上升后，持平投资线斜率上升，持平投资线向左转，而实际投资线则不受影响，则平衡增长路径的资本量水平从 k^* 下降到 k^*_{NEW}，同时每单位有效劳动的产出会从 y^* 下降到 y^*_{NEW}。

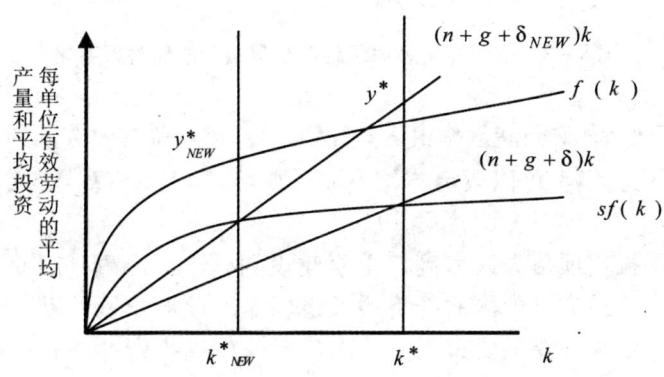

图 8-1 折旧冲击对经济增长的影响

因此，不论从短期还是长期来说，折旧冲击都不可能带来经济总量的增长。但考虑到 $f'(k^*_{NEW}) > f'(k^*)$，所以当平衡增长路径的资本量水平从 k^* 下降到 k^*_{NEW} 时，由于资本的边际产量增加，经济的增长速度（增长率）反而会因此上升。于是可以得出如下结论：单从折旧冲击一方面来考虑，折旧冲击可能有利于提升经济增长速度，但无论如何都不可能导致经济总量的增长。

由于 $\dot{k} = sf(k) - (n+g+\delta)k$，当折旧冲击导致 δ 上升后，假设 n、g 不变①。则为了达到既有经济增长速度又有经济总量增长的目标，必须有更多的超过折旧冲击的资本投入 $sf(k) > (n+g+\delta_{NEW})k$ 使 $\dot{k} > 0$。

---

① 为了问题的简化，本书假定没有人力资本积累与技术进步，因为这两个因素可以在资本量水平不变乃至于少量下降的情况下促进经济总量的增长。

在每单位有效劳动的产出会从 $y^*[f(k^*)]$ 下降到 $y^*_{NEW}[f(k^*_{NEW})]$ 的情况下，只有通过提高储蓄率 s 才能达到目标。

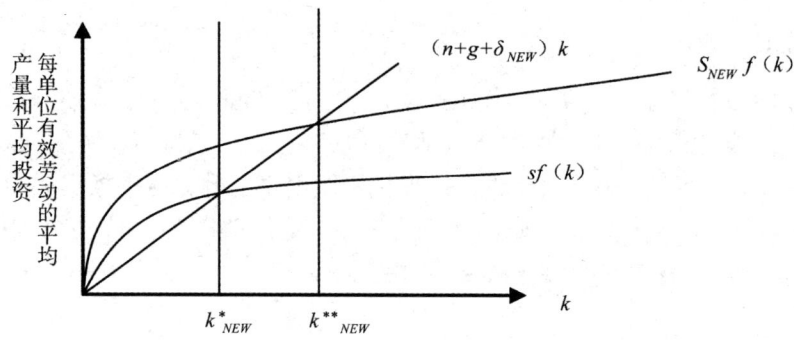

图 8-2 折旧冲击后保证经济总量增长的储蓄率变化

如图 8-2 所示，当储蓄率由 s 上升到 s_{NEW}，每单位有效劳动的平均投资由 k^*_{NEW} 上升到 k^{**}_{NEW}，笔者可以假定 $k^{**}_{NEW} > k^*$，则 $f(k^{**}_{NEW}) > f(k^*)$，实现了经济总量增长的目标。

由于中国投资项目失误率高，重复建设问题十分严重，因此形成的折旧冲击规模巨大。适应于中国的经济增长逻辑是：政府投资冲动→折旧冲击→提高储蓄率→更大规模的要素投入（政府新一轮的投资冲动）→新一轮折旧冲击→更高的储蓄率……的循环便形成了。这种依靠资源如资本、土地、劳动力等投入数量的增加来推动的经济增长方式被称为是粗放型的。改革开放以来中国经济高速增长，这点举世公认，但付出的代价很大，消耗的资源能源太多，对环境的破坏很大。按汇率测算，2006 年，中国 GDP 总量占世界比重约为 5.5%，但一次性能源消耗按标准煤算达到 24.6 亿吨，约占世界的 15%；钢材消费量为 3.88 亿吨，占世界的 30%；水泥消耗 12.4 亿吨，占世界的 54%。2012 年，中国 GDP 总量占世界比重约为 10%，但一次性能源消耗按标准煤算达到 36.2 亿吨，占世界的 20% 左右；钢铁消费量达到 6.39 亿吨，位居全球第一，超过其他前十位国家消费量的总和，占世界的 44%；水泥消耗 21.8 亿吨，占全球消费总量的 56%。中国经济的产出高但投入也高，因此有效产出率比较低。这种粗放型经济增长方式对中国经济的可持续发展带来了严峻挑战。

8.1.3 自主创新乏力

粗放式经济是不可持续的经济增长,在经济向集约式转变的过程中,自主创新是关键。20世纪80年代末90年代初发展起来的新经济增长理论已经证明,科技、知识和人力资本等是提高生产效率、推动经济增长最主要的动力。据统计,技术创新对经济增长的贡献率由在农业经济时代的10%上升到知识经济时代的80%以上。因此,快速而有效地提高中国自主创新能力,加快自主创新进程,就成了中国增强国际竞争力、保持经济持续增长的必然选择。

自中共十七大报告(2007年)明确提出"提高自主创新能力,建设创新型国家"这一目标后,加强自主创新已经成为举国共识,之后,在政策层面,政府对自主创新给予了充分的支持。如表8-3所示,从中国1991~2012年科技发展情况来看,研究与试验发展折合全时人员从1991年的67.1万人年增至2012年的327.3万人年,研究与试验发展经费支出占GDP的比重从1995年的0.57%增至2012年的1.97%,专利申请授权量从1991年的2.46万件升至2012年的125.51万件。说明在政府的政策支持下,近年来中国科技事业发展迅速。

表8-3 1991~2012年中国科技事业发展情况

	单位	1991年	1995年	2000年	2006年	2010年	2011年	2012年
研究与试验发展折合全时人员	万人年	67.1	75.2	92.2	150.3	255.4	288.3	327.3
研究与试验发展经费支出	亿元		349	896	3003	7063	8687	10240
研究与试验发展经费支出占GDP的比重	%		0.57	0.90	1.42	1.76	1.84	1.97
专利申请授权量	万件	2.46	4.51	10.53	26.80	81.48	96.05	125.51
国内	万件	2.14	4.12	9.52	22.39	71.94	86.39	114.36
国外	万件	0.32	0.39	1.01	4.41	9.54	9.66	11.15

资料来源:《中国统计摘要2007~2013》。

但实际上,中国的技术进步对产业成长的作用有限,产业成长主要依靠非技术因素,技术进步尚未发挥其应有作用,集中体现在中国高资源投入、高能源消耗的粗放型经济增长方式到现在为止没有得到明显的改善。发达国家的科技进步贡献率目前已经达到80%以上，而我国科技进步贡献率如表8-4所示，2007~2012年仍然只有52.2%，差距还相当大。

表8-4 中国科技进步贡献率

单位:%

年份 项目	1998~ 2003	1999~ 2004	2000~ 2005	2001~ 2006	2002~ 2007	2003~ 2008	2004~ 2009	2005~ 2010	2006~ 2011	2007~ 2012
GDP年均增长	8.7	9.2	9.6	10.0	10.4	10.8	10.6	10.3	11.1	9.3
科技进步贡献率	39.7	42.2	43.2	44.3	46.0	48.8	48.4	50.9	51.7	52.2

资料来源：《中国科技统计年鉴2013》。

究其原因，笔者认为主要是企业参与自主创新的意识不强。中国的大多数企业重视先进技术知识和关键设备的引进模仿而不是创新，对中国许多企业而言，选择技术引进比技术创新更加经济。如表8-5所示，虽然中国的化学原料及化学制品制造业、医药制造业、化学纤维制造业、电气机械及器材制造业、电子及通信设备制造业、仪器仪表及文化办公用机械制造业等技术密集型制造行业的研发（R&D）投入总量占到了全部制造业的60%左右，其R&D强度也远远高于其他制造业，但与国外相比，这些行业的R&D投入强度明显偏低，其相应强度仅相当于OECD国家相应产业的20%~40%。从而导致创新专利的发明在中国企业的创新活动难以处于主导地位，企业一般会通过学习和购买国外的先进技术和生产线，直接将创新投入转化为立即的新产品产出，这种方式相对于自负盈亏的企业微观市场主体来说比较高效。

表8-5 国内外部分制造行业R&D强度比较

单位:%

行业	中国	OECD
食品、饮料、烟酒	0.87	0.3
纺织制衣皮革	1.10	0.3
造纸及纸制品也	0.88	0.3
石油加工及炼焦业	0.32	1.0

续表

行　　业	中国	OECD
化学原料及化学制品制造业	1.16	3.1
医药制造业	2.15	10.1
化学纤维制造业	1.21	3.1
橡胶及塑料制品	0.80	0.9
非金属矿物制品业	0.52	0.9
普通机械制造业	1.41	1.9
交通运输设备制造业	2.32	2.4
电气机械及器材制造业	1.60	3.9
电子及通信设备制造业	1.65	8.0
仪器仪表及文化办公用机械制造业	1.01	8.3

资料来源：郭红卫. 经济增长视角下中国自主创新模式研究[D]. 辽宁大学博士学位论文，2009：53.

从更深层次看，中国自主创新不足的主要原因在于偏袒性的宏观产权结构，因为这种宏观产权结构会导致企业自主创新激励弱化。因为作为利润最大化的企业，从历史的角度看，促使它们从事创新活动的激励只能是利润。自主创新可以提升企业的利润，但是，对企业家来说，增加收益有很多方法，降低成本也有很多方法，自主创新只是其中的一种。企业家是选择自主创新，还是选择其他方法，完全取决于利润最大化的衡量。在中国，由于政府需要经济增长体现政绩并获得租金收入，因此政府与企业之间存在广泛的共同利益。偏袒性的宏观产权结构为它们之间的合作创造了基本的制度条件。

第一，企业可以通过获取低价资源获利。为了维持资源价格的国家定价，中国的诸多法律制度都强调资源的国家所有权。本来，一些资源的产权归属国家并无不可，但在地方政府以经济增长为竞争标的的情况下，国家的所有权被严重虚化，利益博弈的结果是中国资源价格长期被定在低于国际价格的水平上，企业除了可以通过非市场渠道获得低价的土地资源，还可以获得其他一些重要的价格偏低的自然资源如水、电、石油、天然气、煤等。企业可以因此获得非正常利润，其结果是企业技术进步的激励必然受到抑制。因为技术落后的企业获得低价资源，尽管效率低下、浪费严重，仍然可以按照竞争性的市场价格销售产品。并且，资源类价格国家定价往往使资源存在着价格双轨制，获得审批开采权的企业事实上是只缴纳了象征性的费用，也就为获得巨额利润创造了条件，更进一步削弱了企业创新的动力，因为企业可以通过寻租获得比创新更大的利润。

第二，企业可以通过压低劳动力价格获利。由于大多数人认为中国的低劳动力价格是国际竞争力的主要来源，是中国产品低价格从而使市场迅速增长的基础，导致政府在维护劳动者合法权益上长期缺位。而事实上，劳动力定价机制需要政府干预，特别在中国法制还不健全的情况下更是如此。然而由于偏袒性的宏观产权结构，在改革开放以来的30多年中，虽然中国取得了巨大的进步，但农民工工资水平的提高却远远落后于经济增长的水平。另外，劳动力报酬被压低还体现在国有企业改制中工人利益受到侵害、农民工工资被拖欠、工伤事故乃至矿难高频率发生等。由于可以通过压低劳动力价格获利，企业自主创新的动力大大减弱了。

第三，企业可以通过转嫁污染成本获利。随着经济的蓬勃发展，中国已成为全球最大的能源消费国和污染来源之一。据中国官方估计，2004年中国环境损失相当于GDP的3%，这一比率在2008年和2009年维持在3.8%左右，但到2011年，这一比重进一步上升到了5%~6%，相当于2.6万亿元人民币（合4100亿美元），相当于中国庞大外汇储备的1/8。另据世界银行测算，中国每年因环境污染造成的经济损失占GDP的6%~8%。不论是哪个数据，都足以说明中国污染成本之高，而这些污染成本却往往由社会承担。因此可以认为，由于环境污染造成的负的外部性不由生产者承担，使得生产者的利润因此可以增加占GDP的6%~8%的总额，这种非生产性的谋利方式也弱化了企业自主创新的动力。

第四，企业可以通过地方政府的优惠政策获利。地方政府为了区域经济的快速增长，往往"血拼"各种优惠政策，包括各种形式的税收减免，通过行政干预影响银行放贷等，甚至有些地方政府对某些企业的商业欺诈采取容忍态度。有些企业缺乏诚信，食品安全、知识产权、传销、虚假违法广告、非法行医、制售假冒伪劣产品、走私、偷逃骗税、价格欺诈、金融诈骗等问题层出不穷，一方面是因为市场不完善，但更主要的是地方政府在利益驱动下打压的决心不够。这些非生产性的谋利方式也在很大程度上削弱了企业自主创新的动力。

正是由于对一些企业来说，通过以上的方法比自主创新更加有利于企业利润最大化目标的实现，导致这些企业参与自主创新的积极性明显不足，这也是为什么中国投入大量人力、物力、财力进行科研开发却效率不高的根本原因。因此，要从根本上改变中国企业自主创新乏力的现状，就需要对中国的宏观产权结构进行调整。

8.1.4 宏观产权结构下中国经济增长的"拐点"

偏袒性的宏观产权结构短期对中国经济增长来说有很大的推动作用，但同时也会使经济增长的可持续面临挑战，其中就有个时间上的"拐点"。从较短的时期看，偏袒性的宏观产权结构由于能够促使企业大规模生成，从而大大加快了工业化进程，当内外需求仍然处于上升期，中国工业对外的技术模仿仍然有一定的空间，投资的迅速增长暂时地掩盖了投资低效，其结果是偏袒性的宏观产权结构对经济增长的正效应远大于负效应，经济增长率较高。

但从较长时期看，偏袒性的宏观产权结构对经济增长的负效应将越来越明显，内需不足、投资低效与自主创新不足将严重制约中国的经济增长，而靠偏袒性的宏观产权结构吸纳投资进行粗放型经济增长的空间会越来越小。因此，未来经济增长速度的高低取决于中国能否建立趋于非偏袒的宏观产权结构。中国正面临着如图8-3所示的道路选择。

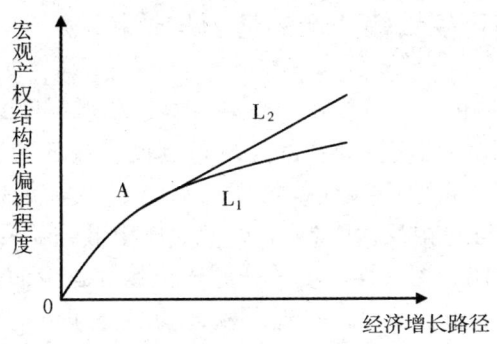

图8-3　中国未来道路的选择

如图8-3所示，如果沿着目前的宏观产权结构发展，中国未来的经济增长路径很有可能沿着L_1进行，随着偏袒性的宏观产权结构的经济增长正效应越来越小而负效应越来越大，经济增长将趋于缓慢甚至出现负增长，中国极有可能将陷入"中等收入陷阱"。如果能够建立趋于非偏袒的宏观产权结构，中国未来的经济增长路径很有可能沿着L_2进行，中国极有可能跨越"中等收入陷阱"成为高收入的发达国家。

判断中国目前是否位于转折点A点的主要依据有两个方面：一是产能过

剩。经过多年的过度投资，中国已积累了巨大的产能，而这些产能很多需要靠外需来消化吸收，只能说明由于长期以来对其他生产要素的利益保护不充分导致内需不足，经济没有进入良性循环阶段。二是人均 GDP 超过 1000 美元。按照世界经济发展一般规律来说，人均 GDP 达到 1000 美元是一个关键性的转折点。2003 年，中国人均 GDP 首次突破 1000 美元，达到 1090 美元，这也意味着中国经济社会发展关键性转折点的到来。

8.2 中国宏观产权结构变迁面临的主要制约因素

为了避免陷入"中等收入陷阱"，中国必须实现宏观产权结构变迁，从偏袒性的宏观产权结构过渡到趋于非偏袒的宏观产权结构。因此，有必要对中国宏观产权结构变迁的原理与面临的主要问题进行深入分析。

8.2.1 中国产权结构变迁的动因与过程

文献中一般将制度变迁分为诱致性制度变迁和强制性制度变迁两种方式，林毅夫指出，"诱致性制度变迁指的是现行制度安排的变更或替代，或者是新制度安排的创造，它由个人或一群（个）人，在响应获利机会时自发倡导、组织和实行。与此相反，强制性制度变迁由政府命令和法律引入和实行"[①]。由此可以看出，诱致性制度变迁源于市场的自发演进，强制性制度变迁源于政府的权力干预。因此，宏观产权结构的变迁也主要通过两种方式进行：一种是在利益的诱导下，通过讨价还价，由市场自发地演化出一种有效的宏观产权结构安排；另一种是由政府等强制力量人为地构建一种宏观产权结构安排。

在传统的计划经济体制下，市场对宏观产权结构变迁的要求相当微弱，宏观产权结构变迁的主要推动力是政府供给，但到改革开放前夕，民众的生存压力导致市场对宏观产权结构变迁的要求有一定增强。例如，为了解决因传统集权体制滞后于农村社会发展和农民需求的体制短缺问题，1978 年安徽

---

① 林毅夫. 关于制度变迁的经济学理论：诱致性变迁与强制性变迁 [M]//财产权利与制度变迁. 上海：上海人民出版社，2003：384.

省凤阳县农民在摆脱饥饿与贫困欲望的驱动下,以自发的方式,打破了原来人民公社的集体经济僵局,首创了家庭联产承包责任制。这是中国产权改革的起点,由于政府的支持①,包产到户、包干到户(后称家庭联产承包责任制),这一中国农民的伟大创造得到了普遍推行。

政府为什么会支持这一产权变革?因为根据诺思的"国家悖论",国家权力在垄断租金最大化的驱使下,国家的制度可能陷于低效率状态。一种可能是,政府所推动的产权改革可能具有奥尔森(1982、2000)所说的"共容利益",因为中国的改革开放实践证明,随着宏观产权结构的变迁,社会投资规模扩大,投资效率能够提高,政府的税基扩大,政府的收入也随之增长,那么这时候,政府和社会就具有了"共容利益",政府就有可能支持产权制度的变革。杨瑞龙(1998)就认为,中国的制度变迁最重要的一点是地方政府在利益的诱导下进行制度创新,然后由权力中心加以确认,体现出利益驱动的特征。另一种可能是,推动政府进行根本的产权改革的内在动力是政府追求政治合法性的结果,即为了确保政治统治的可持续性政府不得不进行产权改革。亨廷顿认为,民主政权的合法性不完全是建立在政绩的基础上的,它依靠过程和程序。而威权政权的合法性几乎完全建立在政绩的基础上。由此而言,政党和政府在任期内取得的经济成就越大,其合法性基础就越雄厚,政治统治也越稳定和长久。因此,邓小平说:"不改革开放,不发展经济,不改善人民生活,只能是死路一条。"②

在这种背景下,中共中央逐渐放弃了原来将政治合法性主要建立在意识形态基础上的做法,而是将政治合法性建立在意识形态与"国富民强"二者结合的基础之上。从肯定"大包干"到中共十二届三中全会(1984年)提出"公有制基础上的有计划的商品经济",再到中共十三大(1987年)进一步提出"社会主义有计划商品经济的体制,应该是计划和市场内在统一的体制","新的经济运行机制,总体上来说是国家调节市场,市场引导企业"的机制,到1992年邓小平南方谈话之后,彻底结束了关于计划与市场的体制之争,从根本上否定了把社会主义与市场经济对立起来的传统观点,奠定了社会主义市场经济的理论基础,中共十四大(1992年)明确提出,中国经济体制改革的目标是建立社会主义市场经济体制。这个过程,既体现了意识形态控制的逐步放松,也体现出中共发展经济的巨大努力。

---

① 1982年1月1日,中共中央下发一号文件,肯定中国农村出现的包产到户、包干到户等各种形式的生产责任制。

② 邓小平文选(第3卷)[M]. 北京:人民出版社,1994:370.

随着意识形态控制的逐步放松，市场对宏观产权结构变迁的要求越来越大，同时政府也逐渐认识到产权改革的核心作用，开始有意识地在某些方面放松对产权的控制，于是，中国的产权改革体现了诱致性变迁与强制性变迁的完美结合。因此，中国宏观产权结构变迁的发生不是单一动力作用的结果，它总体上体现出社会、国家与制度之间的交相互动的持续动力机制。

在这个改革过程中，多元行动团体起到了推动的作用。农民自发组织实施"包产到户"属于自发秩序，作为一种内部秩序，是系统内部人的行动的产物，而不是来自系统外部的人的计划、设计或者建构的产物，其运作依靠其中的内部规则。改革开放后，家庭承包责任制通过政府的确认被正式化、外部化，成为一种外部的局部建构秩序，政府对自发秩序的正当性和合法性加以确认、外部化或推广，政府作为一个行动团体发挥了至关重要的作用。

个体私有制企业的产生与农村家庭联产承包责任制的形成有着相似但又有差别的过程：个体私有企业的发展是自发产生的，形成了自发秩序。随着个体经济、私营经济被政府逐步承认，私人部门被正式化、外部化为局部建构秩序。

但也有许多改革措施是政府在某种权衡或压力下自觉出台的。比如财政和行政分权，维持选择性的币值稳定，引入私人产权，选择性开放市场，引入契约自由，强化责任，对外经济政策的前后一致性和连续性等。

由此可见，虽然中国宏观产权结构变迁是由政府主导的，但由于社会诸多行动集团的共同参与，政府选择的"渐进式改革"路径展现出极强的"避错"能力，从而使中国的改革在短期内存在明显的帕累托改进特征。

但同时，这种政府主导型的渐进式改革路径也存在明显的缺陷，一个重要的方面是这一路径可能对强势集团有利而损害弱势集团。渐进型宏观产权结构变迁，必须考虑各利益集团的利益协调和平衡，但是由于政治权力分配是不均衡的，民主化决策机制不完善，强势利益集团拥有较大的发言权，决策后果最终可能会损害远离权力中心的弱势集团的利益，从而成为构建非偏袒的宏观产权结构的障碍。

正如前文所述，在短期内，这种偏袒性的宏观产权结构会导致国民经济的迅速增长，但从长期来说，这种偏袒性的宏观产权结构对经济与社会的发展是极为不利的。只不过，在经过较长时期的渐进式改革后，那些在偏袒性宏观产权结构下的既得利益者很容易将某些利于自身的措施通过自我强化演进成路径依赖式的惯例，使趋于非偏袒的宏观产权结构难以形成，这种情况一旦成为事实，中国将长期徘徊在较低的社会生产之中。

8.2.2 路径依赖与制度"锁定"趋势

8.2.2.1 诺思制度变迁的路径依赖理论

路径依赖的经济学讨论最早是由经济学家保罗和阿瑟用路径依赖方法来研究技术变迁。在诺思将这一方法引入制度研究之后，学界对制度变迁的路径依赖研究十分活跃，许多经济学家参与了此项研究活动。

在将路径依赖方法引入制度分析时，诺思强调了决定制度变迁路径的两个重要因素——交易费用高且不完备的市场和收益递增。由于现实世界存在心智模式的不完备及其信息反馈的不完备和政治市场的交易费用高昂，决定了制度变迁的初始设计不可能完全符合市场实际。在这种情况下，初始制度的选择可能基本正确或基本不正确，但由于一些对生产活动无激励效应的制度初始安排具有报酬递增这个特征，收益递增会导致制度具有自我实施或强化的机制，强化这种制度或制度系统的刺激和惯性，并在这一过程中衍生出一些维系现存制度约束的组织或利益集团，这些组织和利益集团按自身利益决定政治进程，使制度变迁沿着既定方向在某条路径中不断自我发展、强化，于是路径依赖就出现了，其结果是一些非效率的制度可能长期存在，甚至导致制度路径锁定。

因此，关于路径依赖的基本表现，诺思认为，制度沿着既定的并在后来发展中逐步得以强化的路径变迁，并不必然导致经济进入长期增长的良性轨迹。制度可能进入良性循环轨道并优化，产生制度路径依赖的正效益，也可能沿着原来的错误路径直至被"锁定"在某种无效率的状态下而导致经济增长停滞，产生路径依赖的负效应。在路径依赖的正效应下，制度变迁能有效地调动人们的积极性，制度变迁与经济增长之间也会形成良性的互动局面。在路径依赖的负效应下，在市场不完全、组织无效的情况下，人们初始选择了一种自以为相对较优而实际上相对无效的制度后，制度在初始制度的基础上不断地变迁下去。当制度变迁的路径被"锁定"后，往往难以改变，因为它会顽固地抵制新的制度创新。

诺思对路径依赖成因及其传递机制的说明揭示了制度形成的基础是人们的信念。诺思（1994）相信，制度反映了当事人的信念，或者至少反映了制定规则的当事人的信念；信念则反映了当事人的语言和文化传统。路径依赖说到底是人们的信念在发挥作用，是信念变成制度，然后由这种制度来推动社会其他方面的发展，包括经济的发展。因此，信念具有最后决定性作用。

只不过，尽管存在制度变迁的路径依赖问题，但诺思相信，制度变迁的路径依赖特征并不意味着制度变迁在陷入路径"锁定"后就无法改变。事实上，沿着路径依赖的每一个阶段、每一步都有政治和经济上的新的制度选择的可能和机会，只不过摆脱路径"锁定"往往要借助于外部效应，引入外生变量或借助政权的变化，也就是存在外部压力和内部危机。

8.2.2.2　中国宏观产权结构变迁的路径依赖

在偏袒的宏观产权结构下，改革开放以来的巨大成就使中国社会呈现出短期和局部的帕累托改进，社会成员在各自的期界内都没有利益损失，基本上都是受益者，作为收益递增的制度必然导致制度的自我实施或强化，利益各方都不会偏离这个路径，于是形成一种刚性的路径依赖，整个社会便会在这种局部、短期的帕累托路径中越走越远。

偏袒的宏观产权结构有一个巨大优势，那就是快速地促进企业的生成。在这一过程中，"官"与"商"无疑是最大的受益者。根据杨继绳（2001）的核算，改革开放以来，中国政府掌握了社会剩余产品总价值的87.5%，留给社会的剩余产品价值只有12.5%[①]。此外，中国人民银行统计发现，中国银行体系总计8940亿元存款中的80%，集中由20%存户持有。而这中间的"富裕人口"，绝大多数都是"官"与"商"。

但在"涓滴"效应和"墨渍"效应的作用下，社会绝大多数人的收入与生活水平都有了较大的提高。国家统计局2014年发布的报告显示，改革开放以来，中国农村居民人均纯收入从1978年的133.6元增长到2013年的8896元，城镇居民人均可支配收入从343.4元增长到26955元，扣除价格因素年均实际增长均超过7%。由此可见，即使是在偏袒的宏观产权结构下，利益没有得到完全保护的"弱势群体"，也是改革的受益者。

只是，中国宏观产权结构形成的路径依赖已经在社会经济发展过程中清晰地显现了出来，随着改革的日益推进，制度变迁受到的不利干扰越来越多。这也是尽管大家都知道中国当前土地与劳动力产权制度的弊病但更深层次的改革难以实施的原因。从中国目前的实际情况看，中国宏观产权结构变迁路径依赖形成的两个最重要的原因是国家机会主义与利益集团。

8.2.2.3　国家机会主义

国家机会主义主要指以下两种行为：一是政府借特权垄断经济利益，窒

[①] 见清华大学中国经济研究中心. 研究动态，2001年11月22日总字76期。

息民间企业家的创业行为，扭曲价格。二是政府因追求一己之私利而损害社会利益，造成苛捐杂税、贪污和其他寻租行为。国家机会主义最严重的后果是，社会大众不再相信公认的游戏规则，只要对己有利，可以不顾社会的道德准则，而使社会成为一个机会主义广泛存在和寻租行为盛行的社会。

当今中国仍然处于社会转型时期，这个时期的一个重要特征是秩序稀缺，因为转型不仅要求改变道德标准和价值观，而且涉及资源和权力的再分配。在政治与经济的权利博弈中，偏袒的宏观产权结构为国家机会主义创造了条件，因为国家通过偏袒的宏观产权结构掌握了大量社会资源、资金。通过对这些资源、资金的运用，国家时有侵害民营利益之举，或者将民营经济排斥在某些垄断性行业之外。2005年2月国务院曾出台过一个著名的"非公36条"，允许非公有资本进入电力、电信、铁路、民航、石油等垄断行业，可是，这一政策在实施过程中，不断遭遇既得利益集团的强力阻挠，2006年12月，国资委明确提出七大行业将由国有经济控制，"非公36条"也就彻底寿终正寝了。另外，由于国家控制了大量资源、资金，在分配的过程中，贪污与寻租不可避免。2012年，在我国开展深化治理商业贿赂专项工作中，在房地产开发、产权交易、医药购销、政府采购等领域，立案侦查涉及国家工作人员的商业贿赂犯罪案件11789件，涉案金额41.9亿余元，各级检察机关共立案侦查渎职侵权犯罪案件8079件11690人。这些数据，一方面体现了中国政府坚决打击腐败的决心与成绩，另一方面说明改革开放以来国家机会主义行为的大量存在。

国家机会主义的广泛存在为宏观产权结构的进一步改革制造了难题，因为如果宏观产权结构趋于非偏袒，政府则失去了国家机会主义的制度性条件。在这一背景下，要实现宏观产权结构变迁，从偏袒到趋于非偏袒，必然受到政府部门中国家机会主义者的干扰。

8.2.2.4 利益集团

计划经济是政治经济文化高度一体化的体制，在这一时期中国不存在公开的利益集团。改革开放后随着市场经济发展导致的利益分化促使新的利益群体和利益阶层逐步形成，并分化组合成不同的特定利益集团。由于偏袒的宏观产权结构，决定了中国利益集团的发展路径离不开公共权利的配置，这种公共权利配置既有"合法"的，比如针对工商集团的政策优惠，也有非法的、隐蔽的，比如各种各样的寻租行为。

由公共权利配置决定产生的利益集团必然导致各个利益集团之间力量的不均衡，从其对政府的影响力来看，各类利益集团对政府的影响力差别很大。

一些强势集团，比如权势集团、工商企业集团、富豪集团等，它们是政府公共权利配置的既得利益者，控制着社会中的绝大多数资金，并且与决策者关系密切，往往影响甚至决定公共政策的制定与执行；一些民间组织虽也能对政府施加一定的影响，但仍处于原初状态，力量微薄；而代表和维护社会弱势群体利益的利益集团，比如农民群体、农民工群体、城市的下岗职工群体等，它们是偏袒的宏观产权结构下政府公共权利配置的受损者，虽然人数众多，但由于政治资源贫乏，本身社会联系少、组织性不强，还没有成为真正意义上的利益集团，存在利益表达的缺位，他们很难组织起来自觉地表达利益需求，往往是他们的利益受到很大损害时才利用非正式渠道来扩大影响。

各利益集团之间发展不平衡，必然影响政府决策的公平与公正。由于利益集团之间难以形成有效的制衡机制，强势集团有可能会凭借优势地位影响甚至决定公共决策，最终形成有利于自身的公共政策。其结果是在利益问题上出现更倾斜于强势集团的情况，而弱势群体则处于更加弱势的恶性循环之中。

从制度变迁来说，强势集团作为既得利益集团，会成为制度变迁的阻力。制度变迁往往意味着利益的调整和资源的再分配，作为既得利益者，强势集团会为了保持现有利益而抵制制度变革的进一步深化，这是形成制度"锁定"的一个非常重要的原因。因此，就宏观产权结构而言，强势的既得利益集团会主张延续现在的偏袒性宏观产权结构，势必反对建立趋于非偏袒的宏观产权结构。

8.2.3 政治制度变迁的相对滞后

与经济制度变迁有可能形成短期与暂时的帕累托改进不同，政治制度变迁往往意味着权力的分散而必然损害执政者的利益，而非帕累托改进。因此，渐进式改革过程中，政府能积极主动地推进经济体制改革，但不能积极主动地推进政治体制改革，政治体制改革在一定程度上带有被动的成分。这也是改革开放之后中国政治体制改革虽然取得了一定成就，但总体上滞后于经济体制的原因。中国经济体制改革已进入涉及所有制实现形式改革的"攻坚"阶段，生产力因此获得巨大释放，可是政治体制改革仍停留在浅层改革的"外围"阶段。

政治体制改革滞后，从短期看，会导致经济增长过程中的国家机会主义行为，从长期看，会导致"坏制度"的产生，最终使长期经济增长处于较低水平。改革开放之前，中国实施高度集权的政治体制，造成党政不分、政企政社不分、官僚主义严重、民主受抑制等弊端。改革开放后，中国的商品经济获得了很好的发展，社会主义市场经济体制也已经建立起来了，但传统政治体制仍没有同步的改变，20世纪80年代在中国一些地区实行的"小政府、大社会"改革最终也基本上走了回头路。集权式的政治体制，在改革开放之初，有利于一些重大项目的迅速建成以及一些复杂、棘手问题的基本解决，但随着市场经济体制的不断完善，集权式政治体制就成了经济进一步发展的阻碍。

中国必须转变政治体制被动改革的方式，变被动为积极主动，只有这样，政治体制才有可能跟上经济体制改革的步伐，不至于成为经济进一步发展的"绊脚石"，中国趋于非偏袒的宏观产权结构才有可能建成。

8.2.4 文化变迁的漫长过程

8.2.4.1 为什么强调文化

从文化角度来解释经济增长是一个经典的命题，其源头可以追溯到斯密、穆勒、马歇尔等早期的经济学先驱。作为人们在参与经济活动过程中所依赖的价值判断体系，文化的内容包括最基本的价值信念、伦理规范、道德观念、宗教、思维方式、人际交往方式、风俗习惯等。一般而言，文化的发展以及文化因素对经济增长的影响通常是长期的、缓慢的，体现在深层次上。

文化对经济影响的现代分析方法，最初出现在韦伯的经典著作《新教伦理与资本主义精神》中，他认为，现代经济增长最先在欧洲发端是源于新教伦理的资本主义精神。到了20世纪90年代，波特认为基于文化的优势是一个国家最根本、最难替代和模仿、最持久以及最核心的竞争优势。福山也认为，在制度趋同的时代，决定经济竞争力的主要因素是由文化构建的社会信任和合作制度。

制度经济学在前人的基础上对文化的长期经济增长影响作了更深入的分析。青木昌彦认为，制度的产生不是由历史而是由文化决定的。诺思（2000）相信，"文化不仅是不同知识的混合，而且还包含对行为标准的价值判定，行为标准（社会的、政治的或经济的）被用来解决交换问题。在所有社会里，都有一种非正式框架构建人类的相互作用。这种框架是基本的'资本存货'，被定义为一个社会的文化。文化提供了一个基于语言的概念框架，破译、理解和表达来自大脑感官的信息。因此，文化不仅起到塑造正式规则的作用,而且也对作为制度构成部分的非正式制约起支持作用"①。

因此,文化对于经济增长来说,具有最终解释变量的价值。正如吴向鹏、高波(2007)所指出的,"一方面,文化体现了人类行为的本质特征,决定着人类选择的基本依据;另一方面,文化又潜在制约和影响着制度安排、技术进步及物质利用。战略互动导致了作为均衡结果的制度的产生,初始的历史条件和文化观念则会影响到对一种特殊均衡的选择,初始条件的一个很小差异可能会长期随着时间的推移被逐渐放大,导致初始区别不大的国家在历史发展中会有相当不同的表现"②。

正是从这个意义上讲,中国社会转型,应该分成三个层次,一是经济的转型,二是制度的转型,三是文化的转型。经济的转型,就是从原来的计划经济体制过渡到市场经济体制,这个过程相对较短,中国目前已经基本完成了;制度的转型,就是整个社会的正式制度的转变,使整个社会的正式制度符合当代经济社会发展的规律,这个过程相对较长,中国目前还没有完成;文化的转型是中华文明传统的转变,通过与西方文明的磨合,使社会成员形成符合当代经济社会发展的信念体系。

这三个层次的转型,是相互联系、相互依存的,但从人类社会发展的历史来看,一个社会最终成功的原因往往是文化因素。从中国的实际情况看,由于激烈的社会转型过程、未来的不确定性导致社会成员的目光普遍比较短浅,人们的行为大都符合经济学中理性人假设,许多是唯利是图、不负责任、不顾及信誉的短期行为。在这种背景下,即使社会制定了某种"好"的制度,但如果外部性较高或者对行为人的经济结果产生了负的影响,也很难被人们所遵循,因为人们缺乏遵循这一"好"制度的心智结构或者信念体系,而后者是由文化来决定的。

所以,在短期内,理性的经济人在偏袒的宏观产权结构条件下,中国社会取得了经济上的巨大成就,对于其中存在的一些问题没有必要求全苛责。但对于长期来说,理性的经济人是远远不够的,人们更应该是制度人、文化人,因为从长期来看,中国必须建立趋于非偏袒的宏观产权结构,判断中国社会转型是否成功的依据不是经济的短期成功,而是从长远来说,社会趋于非偏袒的宏观产权结构是否建立,人们是否具有心智结构或者信念体系来遵

---

① [美]诺斯. 制度、意识形态和经济绩效 [M] //詹姆斯·A. 道. 发展经济学的革命. 上海:上海三联书店、上海人民出版社,2000:119-120.
② 吴向鹏,高波. 文化、企业家精神与经济增长——文献回顾与经验观察 [J]. 山西财经大学学报. 2007(6):76.

循这种制度。换句话说，判断中国转型成功的依据是文化转型的成功，因为文化决定制度，制度决定最终结果。

8.2.4.2 文化变迁的漫长过程及其后果

文化转型需要漫长的历史过程，大大增加了一个未来社会的不可预期。根据理性经济人假设，个人行动完全基于其私人成本和私人收益的计算，但由于社会公共权利配置的不平等及信息不对称等原因，个人在做出选择时，会依据其文化决定的偏好，而在经济利益和其他效用之间进行权衡。意识形态、宗教戒律、伦理道德之类的文化因素便提供了一种自律机制，有助于减少服从规则的成本，从而能够促进有效制度安排的实施。但如果文化处于转型时期，文化的不确定性会导致短期行为大量发生，社会大多数成员都有不遵守规则而"免费搭车"的激励，在社会博弈中，对个人而言的最佳战略是自己破坏规则而他人遵守规则，这种情况下，有效的制度安排将难以实施，而无效的制度安排则有可能得以维持。

文化的初始条件对社会的发展将产生决定性的意义。诺思（2008）对拉丁美洲"故事"的描述可以说是这方面的经典案例①。诺思相信，西班牙与葡萄牙对拉丁美洲实行榨取型经济政策对独立之后的拉丁美洲产生的影响是深远的。1807年拿破仑囚禁了西班牙国王，西班牙军队的失败导致前殖民地分裂为新的共和国，许多共和国以美国宪法为蓝本作为用于独立的范例，但结果却截然不同。由于"遗传"了西班牙强加的"文化基因"，缺乏民主自治意识和良好界定的产权制度，独立蜕变成各个相互竞争的集团之间对政治和经济控制权的激烈争夺，结果是，俘获政权并将其作为市场上人格化交换的工具。于是，深远的政治冲突出现了，这对拉丁美洲未来的经济产生了决定性的影响。

中国社会常常被特征化为熟人社会或关系型社会，关系型治理在熟人社会中占据主导地位，这既与中国传统文化中重视家族伦理本位有关，也与社会急剧变革时期人们的急功近利、目光短浅有关。关系型社会有其存在根据，在日常生活中也有其积极意义，比如整合社会、维系人际间感情、保持社会稳定与协调。但从一个社会的长远发展来说，关系型社会有着明显的负面影响，因为关系型社会具有一定程度的封闭性和排斥性，会导致关系原则越出日常生活领域去冲击和抵消专业化领域和组织化领域的原则或制度，直至无

---

① [美]诺思. 理解经济变迁过程[M]. 北京：中国人民大学出版社，2008：100.

孔不入地侵袭、弱化甚至取代专业规矩和组织制度,最终导致社会正式制度难以建立,社会公正和社会效率在界限不清、是非不辨的融合中被诋毁和抑制。

中国的未来取决于能否建成趋于非偏袒的宏观产权结构。关系型社会是非常糟糕的文化初始条件,因为从长期来看,它必然成为中国建立趋于非偏袒的宏观产权结构的重大阻碍。鉴于文化转型的漫长过程,关系型社会在未来的较长时期必然深刻影响着中国社会,因此,去除关系型社会的负面影响,建立一个民主法治、公平公正的社会对中国来说必然是漫长而又艰辛的历程。

8.3 结论与政策建议

众多研究已经证明,中国经济增长"奇迹"是一个非常复杂的历史过程,其原因不是单一的而是多方面的。因此,这里所建立的宏观产权结构理论分析框架,可以看作一个新的视角,但这个视角绝对不是对以往理论的简单否定,而更有可能是对以往理论的一个综合考虑,只不过是偏重于制度层面,而将以往的理论视为经济增长的结果而不是经济增长的原因,这符合制度经济学的分析路径。

8.3.1 基本结论

第一,偏袒性的宏观产权结构是中国经济增长"奇迹"的根本原因。中国经济增长"奇迹"是多种因素共同作用的结果,比如初始条件、改革路径选择、非正式制度与生存压力因素、渐进的试错式改革因素以及多元行动团体等。但其中最根本的原因是中国建立了有利于资本形成的偏袒性宏观产权结构,改革开放30多年,中国在产权的界定与保护过程中,将土地、劳动力等资源更多地置于"公共领域",这种宏观产权结构大大降低了社会的交易成本,从而使工业社会最重要的合作生产组织——企业迅速地生成与发展,这也符合世界经济增长诸多"奇迹"的历史经验。

第二,中国经济的长期增长关键在于能否建立趋于非偏袒的宏观产权结构。成熟经济体对趋于非偏袒的宏观产权结构有着内在的要求,中国偏袒的宏观产权结构从长期来说将成为经济持续增长的主要阻力,如果维持现有的偏袒的宏观产权结构,中国很有可能陷入"拉美陷阱"。

第三，中国要建立趋于非偏袒的宏观产权结构面临着巨大的挑战。偏袒的宏观产权结构导致各利益集团之间发展不平衡，作为既得利益者的强势集团会千方百计地维持偏袒的宏观产权结构以使自己继续获利，政治体制改革滞后、文化决定的心智结构形成的漫长过程，加大了中国未来社会的风险，使中国要建立趋于非偏袒的宏观产权结构显得十分困难。

8.3.2 政策建议

第一，进一步深化微观产权制度改革。要建立趋于非偏袒的宏观产权结构，必须首先明晰微观产权制度，使生产要素价格能合理形成。由于中国产权制度改革的非平衡推进使得政府将土地、劳动力等生产要素部分置于"公共领域"成为可能。因此，深化产权制度改革更主要的是针对那些在改革过程当中处于"落后"状态下的生产要素，特别是土地、劳动力、自然资源与环境的产权，对这些生产要素的产权改革要沿着弱化地方政府将其置于"公共领域"的"能力"的方向进行，从法律制度与具体操作两方面充分保障这些要素所有者的产权利益。

这里粗略提出的思路是，通过"放开产权的市场交易，政府减少'公共领域'的范围并保证社会承受阈值"来实现这一目标：①资本产权。由于资本已可以通过市场流动来盈利，政府可不再为其提供倾斜式的产权利益保护，但要保证用于自主创新、新兴产业、战略性产业、公共服务等部门的资本获得合理的利润[1]，并在某些产品出现供给不足的情况下进行干预以增加其产出。②土地产权。允许土地产权自由交易，减少政府征用环节，将土地交易获益界定给使用权人，政府应确保基本农田，但可根据社会条件发放农村土地改变用途许可证，并允许地区之间的许可证交易。③劳动力产权。政府应为劳动力充分流动创造条件，以真正实现劳动力产权的市场交易[2]，其中最为重要的一点是逐步取消以户籍制为基础的身份限制，确保进城农民工的市民待遇同时加大社会保障投入，并在国家财政能力许可的情况下迅速提高居民特别是农村居民的社会保障水平。另外，政府要强化人力资本培育，确保国民素质的稳步提高，这是加强劳动力产权保护的长效之策。④环境产权。进一步界定环境产权，放开环境产权市场交易，禁止特定区域的过度开发活

---

[1] 这里所说的公共服务部门主要包括政府组织、公共企业、非营利性社会组织等。
[2] 虽然我国劳动力已经实现了市场定价，但由于身份限制，真正的市场化产权交易并没有完全实现，这也是我国劳动力产权保护不足的根本原因。

动，限定资源开发与环境生态污染承载最高限度，并激励节能降耗与清洁排放。⑤知识产权。政府应依法加强对专利权、商标权和版权等的保护，确保知识产权的市场交易。

第二，加快经济体制转型、深化政治体制改革，建立政府适度退出机制，实现从政府主导型市场经济向市场主导型市场经济的过渡，以使政府对各生产要素的利益保护都趋于正常值水平。体制改革不是目的，目的是构建与经济社会发展更加适应的秩序。当资本不再稀缺，这种秩序在维护各生产要素的利益时，必须做到公正公平，因为"公正创造和谐"。从30多年改革开放的经历看，由于中国长期采取向资本倾斜的产权保护制度，随着资本日益丰富，经济增长过程中出现了多种"不平衡"，这些"不平衡"寻根究底仍然是产权保护不平衡的结果。因此，中国必须逐渐放弃对资本的过度保护，将更多的政策倾斜（或者说回复）到对土地、劳动力、自然资源与环境等生产要素的利益保护当中来。

第三，扶持弱势群体，形成势力均衡的利益集团体系。随着市场化的发展，中国的各种利益集团对政府的决策以及政策的执行施加着越来越大的影响。例如：众多境外与涉外利益集团通过政治游说以及提供经费等对相关部门决策施加影响；垄断企业依托行政垄断拥有强大的博弈能力；一些民营企业家利用人大与政协这两大政治舞台，来声张、谋取其利益，或私下聘请相关专家学者为其摇旗呐喊等。利益集团为了谋取本集团私利而不惜损害公共利益或其他群体的利益，会导致社会不公，进而可能产生"黑金政治"，对社会的长远发展极为不利。

但需要注意的是，利益集团并不意味着一种丑恶。在市场经济时代或一个利益多元的社会，利益集团的出现是一件正常的事情。中国出现利益集团负面影响的关键在于利益集团发育的不均衡必然导致一些寡头化利益集团的出现，也就是说缺乏利益集团的制衡机制，一些弱势利益群体甚至缺乏基本的话语权或代言人，由此导致弱势利益主体不可能与强势利益集团形成抗衡或进行博弈，因此也就不得不接受被强势群体盘剥的不公平现实。

要消除寡头化利益集团现象，必须建立起规范的利益表达与博弈机制。政府需要扶持弱势群体，使他们能够充分表达自身的利益要求，从而形成有效的利益集团博弈机制。比如，在农村，发展农民利益组织，充分表达农民的真实呼声和利益诉求，以争取平等地位；在城市，强化工会的力量与职能，使其能够代表工人或"农民工"与雇主进行对等的谈判与博弈；等等。

第四，将文化转型置于社会变迁的突出位置。一个社会的未来最终由这个社会成员形成的心智结构或者信念体系所决定。虽然中国改革开放以来取得了巨大的成就，但居安思危，中国目前还没有形成良好的社会心智结构或信念体系。在中国传统文化、马克思主义文化、西方文化等的碰撞下，中国人更多的是显得无所适从，无法依傍，于是，急功近利的实用主义占据了上风，这种社会心智结构在促进了短期经济快速增长的同时也给未来埋下了隐患。因此，中国有必要通过合理处理民主与法治的关系、进一步放开意识形态的争论、重塑思想自由之风等方式来形成良性的文化变迁格局。

最后，应该看到，在进一步深化改革的过程当中，政府必然面临重重阻力，特别是利益集团的干扰。因此，能否贯彻中共十八大精神，加大力度促进社会公平公正，突破种种阻力建立"公共领域"趋减的宏观产权结构，将在很大程度上决定着中国经济转轨和社会转型的成败。同时，"渐进式改革"的成功证明了中国道路的正确性，未来的改革也应该遵循"渐进"的基本思路，同时不断深化"改革"：一方面，故步自封必然导致社会停滞不前，进而使中国陷入"中等收入陷阱"，因此为了减少"公共领域"，政府要适度退出，根据"供给不足"的范围来调整活动空间；另一方面，"拉美陷阱"也给人们以深刻的启示，即宏观产权结构的演进是一个依赖于经济社会发展不断推进的过程，实施急剧的"赶超"有时会得到相反的结果。因此，既要坚持"渐进"路径，又要坚持"改革"的方向，这是释放新一轮改革红利跨越"中等收入陷阱"，实现中国经济长期增长的必由之路。

第9章 信仰与理性

9.1 经济学的信仰

尽管经济发展史和经济学理论都已经证明，完全依靠市场或政府的极端路线都是行不通的，经济学的一个重要问题是在市场与政府间找到正确的平衡，但如今，全世界还有太多的市场原教旨主义的信徒，鼓吹"所以真正的经济学家都是经济自由主义者"。这些经济学家坚信，社会中的经济问题，都是政府干预或没有充分市场化造成的，只要市场能够自由配置资源，这些经济问题都能得以解决。

只是以私有财产与自由市场为导向的制度设计并没有使拉美、撒哈拉以南非洲国家、苏联与东欧转型国家在过去的20多年里变得更好，反而使它们的前景变得幽暗不明，这本应引起相关经济学家的警觉，可惜的是，市场原教旨主义的信仰者似乎固执地相信微观的个体选择机制能够解决宏观的社会发展问题，这不免让人沮丧。事实上，个体的自由选择很多时候是与宏观的社会发展相悖而行的，或者说，个体的自由选择很多时候是与社会发展所需的"合作生产"背道而驰的。局限于"人—物"自然关系，有意忽略"人—人"社会关系的新古典经济学，以"有效竞争"为唯一目的，对人类合作生产行为未予详察的经济学思维本来就存在对社会的理解偏差。在人类社会发展中，为了解决生存与自由两大基本福利需求，人们必须建立合作生产组织进行合作生产，人们之所以需要市场机制，是因为市场竞争能在很多情况下更好地促使人们进行"有效合作"，因此，市场机制只是人们更"有效合作"从事生产活动的可能条件之一，而不是全部。

汪丁丁在他的著作《新政治经济学讲义》的序言中，对新古典经济学与新政治经济学作出过很有见地的区分，"在公共政策研究基础的视角下，寻找和实施帕累托改善的机会，这是新古典经济学家的社会职能；而在社会成员的兴趣或利益相互冲突的情境里寻求符合某种正义原则与效率原则的协调机制，则是新政治经济学家的社会职能。或者说，人类合作的全部潜在机会的集合可分为帕累托改善的合作机会和存在冲突的合作机会。经验表明，具有帕累托改善性质的潜在合作机会的集合，是人类合作的全部潜在机会的集合的一个非常小的子集。所以，如果我们满足于新古典经济学家提出的公共政策建议，我们的人均收入以及其他方面的社会发展将异常缓慢甚至完全停滞"。他认为，"人类不可能也从未满足于新古典经济学'帕累托改善'机会的贫瘠性，人类社会总是充满了冲突并且总是努力化解冲突以免被冲突彻底瓦解。在人类合作的全部潜在机会的集合里，新政治经济学家致力于新古典经济学家研究的帕累托改善子集之外的无限广阔领域里的人类合作研究"①。

尽管新古典经济学研究的只是人类合作机制的极小一部分，但市场"看不见的手"的原理还是主宰了许多经济学家的精神世界。虽然人们能够理解这些经济学家对经济学"科学化"的苦苦追求，也能够明白他们对政府在干预经济过程中可能的权力滥用、腐败和欺诈的深恶痛绝。想想看，当政府官员利用经济权力进行寻租导致社会不公，当付出了很高的社会监管成本之后国有企业仍然效率低下，你能怀疑自由主义者的善意吗？只是，如果相信人类社会发展的本质在于人们之间能够有效地合作，而不在于个体的选择，那么，市场原教旨主义者始终如一地坚持市场调节，与其说是一种科学态度，不如说仅仅是一种信仰。

9.2 回归理性

市场是有效率的，但进入市场是有条件的，经济学在研究市场效率的时候，更重要的是要分析进入市场（参与合作生产）的条件，前者代表着信仰，后者代表着理性。在经济学理性的世界里，需要的是折中的务实态度，以期在"帕累托改善的合作机会和存在冲突的合作机会"找寻人类发展的机会，这其中，包括平等与效率、公有制与私有化、经济干预与思想自由等。

---

① 汪丁丁. 新政治经济学讲义 [M]. 上海：上海人民出版社，2013：1.

第9章 信仰与理性

9.2.1 平等与效率

在西方传统的经济理论中,对经济体制的评价通常是将经济效率作为最重要的尺度。在中国,由于计划经济时代中国社会曾陷入了"平等优先—低效率—不平等"的怪圈,改革开放进程中,为了克服"平均主义"以及大力发展社会生产的需要,中国的基本思路是效率优先,从中共十一届三中全会(1978年)至中共十六届五中全会(2005年),这段时间一直坚持"效率优先、兼顾公平"的指导思想。虽然中共十七大报告(2007年)中提出"初次分配和再分配都要处理好效率和公平的关系,再分配更加注重公平"以及"提高劳动报酬在初次分配中的比重",但中国社会似乎没有从根本上转变效率优先的思维方式。

并且,不论在西方还是在国内,都将经济效率等同于市场效率。可事实上,从社会经济发展的角度看,宏观的经济效率与市场效率并不等同,人类社会发展的宏观经济效率在于人们之间的有效合作,而不是市场环境下个体的理性选择。在社会发展的不同时期,为了形成有效的合作机制,人们会寻找平等与效率之间的不同组合:在生存福利没有得到很好解决之前,人们会更注重合作生产程度的提高(合作效率的提高)而不是公平程度的提高,所以,在社会发展初期,偏袒的宏观产权结构由于能够提高人们的生存福利,反而会相对有效,虽然这种情况下对许多人来说并不"公平",但社会的帕累托改进会降低人们对不公平的敏感度;但在生存福利得到解决之后,人们会更加关注公平并对自由福利提出更高的要求,如果社会是"不公平"的,就会降低人们的合作生产意愿,因而在这一社会发展阶段,建立趋于非偏袒的宏观产权结构是社会进一步发展的重要条件,因为通过提高公平程度才能更好地引导人们从事合作生产,创造更多的财富并使他们获取更多的自由。

当然,从长远看,平等、公正与公平理念是社会心智结构或信念体系的核心价值观念,对趋于非偏袒的宏观产权结构的形成有着至关重要的影响。西方一些发达资本主义国家的经验证明,在市场经济条件下强调平等,不但不会导致计划经济条件下的"平均主义",而且在经济发展到一定程度后是决定经济效率的重要根源。因此,中国有必要从根本上转变效率优先的观念,在市场经济条件下更要强调平等优先,这是中国跨越"中等收入陷阱"获得持续发展的理性选择。

9.2.2 公有制与私有化

在中国，相信计划经济较之市场经济更具优势的人已经很少了，但关于市场经济的主要特征还存在许多的疑问，而其中最为核心的一个问题是：为了维护市场经济决策的自主性和交易的自愿性，是否必须支持私有产权和契约自由权利？

长期以来，社会主义国家总是将自由化、依赖利润驱动和建立在私有权基础之上的个人报酬，看成是资本主义的典型特征，因而在很大程度上对私有产权怀有不信任感。但将产权过多地置于"公共领域"最终会导致"看得见的脚踩住了看不见的手"，因此，中国不能排斥私有产权，而且，以趋于非偏袒的宏观产权结构为目标，还要更多地减少政府干预，同时缩小公有产权的范围。只是一个国家不能完全私有化。不论是20世纪30年代资本主义世界的经济大萧条，还是新近的全球性经济危机，都证明了自由放任主义的危险。为了构筑趋于非偏袒的宏观产权结构，既要防止不当的政府管理，又要适当的政府干预防止理性经济人的过分贪婪与不公正的事情发生。

从社会发展的角度看，"公共领域"有生产规模扩张优势，私有产权有效率增进优势，这是产权理论分析必须兼顾的两个方面。遗憾的是，产权理论分析总是错误地假设要么完全私有化，要么完全国有化，而忽略了现实世界其实是在生产规模扩张与生产效率之间寻求平衡，从而导致了理论指导实践的偏差。工业社会发展的总体趋势是，在工业化之初，生产规模扩张是首要问题，随着工业化水平日益提高，生产效率问题才越来越突出。

不过，需要注意的是，随着社会产出向生产可能性边界靠拢，并不是私有化的程度越高就越能促进社会的发展。原因在于：第一，生产可能性边界是不断调整的。在技术进步的情况下，生产可能性边界会不断向外扩展，带来社会产出与生产可能性边界之间的距离重新趋远，此种情况下，生产规模扩张在社会发展中的重要性会有所提升，因而通过"公共领域"扩大生产规模的重要性也会增强。第二，私有企业存在生产规模上的市场失灵。对于一些规模经济非常明显的行业来说，比如较为极端的自然垄断行业，如果听任企业追逐利润最大化，激烈的市场竞争可能会使得单一企业的生产规模难以达到理想状态，从而降低社会总的生产效率。第三，私有企业往往难以进入短期高风险的行业。部分新兴产业以及一些关系国计民生的产业，即使这些产业在长期有很高的回报，但由于私有企业认为短期生产的风险太高而较少进入，从而导致这些产业的生产规模达不到社会发展的要求，使整个社会发展缺乏足够的产业基础。

因此，全面私有化的观念是危险的。社会要想保持良好的发展，必须保持一定比例的"公共领域"，而且，这种比例在不同的发展时期是不断变化的，只是，由于社会发展的多重因素影响，至今还没有人能够准确地测算不同社会发展阶段"公共领域"的适度规模，这就使问题变得异常复杂。阻止国有企业权力滥用、腐败和欺诈的高社会成本让那些坚持国有企业的政治家备受责难，政府管治的贪腐行为让正直的人们深恶痛绝，自由主义的产权经济学趁机占领了社会舆论的制高点，最终的结果是，世界经济仍然在经济危机的风雨中飘摇。

9.2.3 经济干预与思想自由

强调国家对经济的适度干预，不能排斥思想自由。历史经验证明，正是由于文艺复兴和启蒙运动所倡导的思想自由和学术独立，促使西欧国家的崛起，并为以后资本主义社会心智结构的形成创造了条件。其结果是，资本主义的迅速发展改变了人类长久以来的生存方式，人类社会取得了空前的成功。

一些国家的落后或许有各种各样的原因，但其中最根本的一个原因是社会心智结构的差距，或者说是文化的差距。在很多时候，落后社会的人们容易认可某些错误的观念，如果没有及时疏导，这些错误的观念很可能产生长久的负面影响，直至掉入制度陷阱。转变这一局面的最好办法就是解放思想，倡导思想自由与学术独立，因为哈耶克有一句令人信服的名言："只有观念才能战胜观念。"只有在思想自由、学术独立的论争环境中，才有可能产生更加正确的观念，才能缩短一个社会文化转型的时间。

参考文献

[1] Acemoglu, Daron, Simon Johnson and James A. Robinson. The Colonial Origins of Comparative Development: An Empirical Investigation [J]. American Economic Review, 2001, 91: 1369 - 1401.

[2] Acemoglu, Daron. Why Not a Political Coase Theorem? Social Conflict, Commitment, and Politics [J]. Journal of Comparative Economics, 2003, 131 (4): 620 - 652.

[3] Adam Smith. The Theory of Moral Sentiments [M]. Edited by D. D. Raphael and A. L. Macfie (Clarendon Press, 1976).

[4] Allen, D. W.. The Rhino's Horn: Incomplete Property Rights and the Optimal Value of an Asset [J]. Journal of Legal Studies, 2002 (XXXI): S339 - S358.

[5] Anderson, Gary M., Robert D. Tollison. Legislative Monopoly and the Size of Government [J]. Southern Economic Journal, 1988, (54): 29 - 45.

[6] Avinash K. Dixit. Lawlessness and Economics: Alternative Modes of Governance [M]. New Jersey: Princeton University Press, 2004.

[7] Becker, Gary S. & Murphy, Kevin M. The Division of Labor, Coordination Costs and Knowledge [J]. Quarterly Journal of Economics, 1992, Vo.l CVII: 1137 - 1160.

[8] Buchanan J. & Tullock G.. The Calculus of Consent [M]. Ann Arbor: University of Michigan Press, 1962.

[9] Buchanan J. and Stubblebine W.. Externality [J]. Economica, 1962 (29): 371 - 384.

[10] Che Jiahua and Yingyi Qian. Insecure Property Rights and Government Ownership of Firms [J]. The Quarterly Journal of Economics, 1998, 113 (2): 467 - 496.

[11] Cheung. A Theory of Price Control [J]. Journal of Law and Economics, 1974 (17): 53 - 71.

[12] Clarke, Donald C. Economic Development and the Rights Hypothesis: The China Problem [J]. American Journal of Comparative Law, 2003 (51): 89 – 111.

[13] Coase R.. The Problem of Social Cost [J]. Journal of Law and Economics, 1960 (3): 1 – 44.

[14] Darviel W. Bromley. Economic Interests and Institutions: the Conceptual Foundations of Public Policy [M]. Oxford: Basil Blackwell, 1989.

[15] Davoodi and Zou. Fiscal decentralization and economic growth: a cross – country study [J]. Journal of Urban Economics, 1998, 43: 244 – 257.

[16] Demsetz and Lehn. The Structure of Corporateof Corporate Ownership : Causes and Consequences [J]. Journal of Political Economics, 1985 (93): 1155 – 1177.

[17] Diermeier, D., et al. Credible Commitment and Property Rights [M]. In: Weimer, D. L., The Political Economy of Property Rights. Combridge University Press, 1997.

[18] Easterly, W. and R. Levine. It's Not Factor Accumulation: Stylized Facts and Growth Models [C]. World Bank Economic Review, 2001 (15): 177 – 219.

[19] Elinor Ostrom. Governing the Commons: The Evolution of Institutions for Collective Action [M]. Cambridge: Cambridge University Press, 1990.

[20] Elinor Ostrom. Beyond Markets and States: Polycentric Governance of Complex Economic Systems [J]. The American Economic Review, 2010, 100 (6): 641 – 672.

[21] F. Targetti and A. Foti. Growth and Productivity: A Model of Cumulative Growth and Catching up [J]. Cambridge Journal of Economies, 1997 (21): 37 – 38.

[22] Fan, Cheng Ze Simon and Herschel I. Grossman. Incentives and Corruption in Chinese Economic Reform [J]. Policy Reform, 1988 (4): 195 – 206.

[23] George J. Stigler. The Division of Labor is Limited by the Extent of the Market [J]. The Journal of Political Economy, 1951, 59 (3): 185 – 193.

[24] Grossman, Philip J., Panayiotis Mavros, Robert W. Assmer. Public Sector Technical Inefficiency in Large U. S. Cities [J]. Journal of Urban Economics, 1999 (1): 78 – 99.

[25] Ha – Joon Chang. State – owned Enterprise Reform [EB/OL]. http://esa.un.org/techcoop/documents/PN_ SOE ReformNote. pdf, 2007.

[26] Hardin G.. The Tragedy of the Commons [J]. Science, 1968, 162

(13): 1243 - 1248.

[27] Henisz, W. J.. The Institutional Environment for Economic Growth [J]. Economics and Political, 2000 (12): 1 - 31.

[28] Hristos Doucouliagos and Mehmet Ulubasoglu. Democracy and Economic Growth: A meta - analysis [J]. American Journal of Political Science, 2008, 52 (1): 60 - 82.

[29] H. Simon. Organizations and Markets [J]. Journal of Economic Perspectives, 1991, 5 (2): 25 - 44.

[30] Jean C. Oi. Fiscal Reform and the Economic Foundations of Local State Corporatism in China [J]. World Politics, 1992, 45 (1): 99 - 126.

[31] Jean C. Oi and Walder Andrew G.. Property Rights and Economic Reform in China [M]. Stanford, CA: Stanford University Press, 1999.

[32] John Rawls. A Theory of Justice [M]. Cambridge, Massachusetts: The Belknap Press of Harvard University Press, 1971: 302.

[33] Joseph E. Stiglitz. Globalization and the Economic Role of the State in the New Millennium [J]. Industrial and Corporate Change, 2003, 12 (1): 3 - 26.

[34] J. Y. Campbell, N. G. Mankiw. The Response of Consumption to Income: A Cross - country Investigation [J]. European Economic Review, 1991 (35): 723 - 767.

[35] Knight, F., Risk, Uncertainy and Profit [M]. Chicago: Hart, Shaffner and Marx, 1921.

[36] Krueger Anne, The Political Economy of the Rent - Seeking Society [J]. American Economic Review, 1974, 64 (3): 291 - 303.

[37] Krugman, Paul. The Myth of Asia's Miracle [J]. Foreign Affairs. 1994, 73 (6): 62 - 78.

[38] Kueh Y. Y.. Foreign Investment and Economic Change in China [J]. The China Quarterly, 1992 (131): 637 - 681.

[39] Lin Yifu (林毅夫) And Liu Zhiqiang (刘志强). Fiscal Decentralizationand Economic Growth In China [R]. Mimeo. Peking University, 1999.

[40] McMillan J., J. Whalley and Zhu L. The Impact of China's Economic Reforms on Agricultural Productivity Growth [J]. Journal of Political Economy, 1989, 97 (4): 781 - 807.

[41] Nee Victor. Organizational Dynamics of Market Transition: Hybrid

Forms, Property Rights, and Mixed Economy in China [J]. Administrative Science Quarterly, 1992 (37): 1 - 27.

[42] North D. Economic Performance Through Time [J]. American Economic Review, 1994, 84 (3): 359 - 368.

[43] Oates, W. E. The Effect of Property Taxes and Local Spending on Property Values: An Empirical Study of Tax Capitalizatiom and the Tiebout Hypothesis [J]. Journal of Political Economy, 1969 (9): 57 - 71.

[44] Oates. An essay on fiscal federalism [J]. Journal of Economic Literature, 1999, 37: 1120 - 1139.

[45] O. Hart. Firms, Contracts and Financial Structure [M]. Oxford: Oxford University Press, 1995.

[46] Phillips Kerk L. and Kunrong Shen. What Effect does the Size of the State - owned Sector Have on Regional Growth in China? [J]. Journal of Asian Economics, 2005, 15 (6): 1079 - 1102.

[47] Posner M. V. International Tradeand Technical Change [R]. Oxford Economic Papers, October, 1961 (13): 323 - 341.

[48] Qian Yingyi (钱颖一) and Gerard Roland. Federalism and the Soft Budget Constraint [J]. American Economic Review, 1998, 88 (5): 1143 - 1162.

[49] R. H. Coase. The Nature of the Firm [J]. Journal of law, Economics and Organization, 1988 (4).

[50] Rodrik D. A Practical Approach to Formulating Growth Strategies [A]. in J. Stiglitz and N. Serra, eds., The Washington Consensus Reconsidered: Towards a New Global Governance [C]. New York: Oxford University Press, 2008: 356 - 382.

[51] Scully, Gerald W. The Institutional Framework and Economic Development [J]. Journal of Political Economy, 1988, 96: 652 - 662.

[52] Shleifer, A. and R. Vishny. Pervasive Shortages Under Socialism [J]. RAND Journal of Economics, 1992 (23): 237 - 246.

[53] Shleifer, A. and R. Vishny. Politicians and Firms [J]. Quarterly Journal of Economics, 1994 (109): 995 - 1025.

[54] Shleifer, A. Schumpeter Lecture: Government in Transition [J]. European Economic Review, 1997, 41 (3): 385 - 441.

[55] Shleifer, Andrei and Robert W. Vishny. The Grabbing Hand: Government Pathologies and Their Cures [M]. Cambridge: Harvard University

Press, MA. 1998.

[56] Tollison, Robert D.. Rent Seeking: A Survey [J]. Kyklos, 1982, 35 (4): 575 – 602.

[57] Tullock G.. The Welfare Costs of Tariffs, Monopolies and Theft [J]. West Economic Journal, 1967, 5 (3): 225 – 232.

[58] Walder Andrew G.. Local Governments as Industrial Firms [J]. American Journal of Sociology, 1995 (101): 263 – 301.

[59] Wei Z., O. Varela and K. Hassan. Ownership and Performance in Chinese Manufacturing Industry [J]. Journal of Multinational Financial Management, 2002, 12 (1): 61 – 78.

[60] Williamson O. E.. The Economics of Organization: The Transaction Cost Approach [J]. American Journal of Sociology, 1981, 87 (3): 548 – 577.

[61] Williamson, Oliver E. Credible Commitments: Using Hostages To Support Exchange [J]. American Economic Review, 1983, 73 (9): 519 – 546.

[62] Woller and Phillips. Fiscal Decentralization and LDC Economic Growth: An Empirical Investigation [J]. Journal of Development Studies, 1998, 34 (4): 139 – 148.

[63] Young, A. The Razor's Edge: Distortions and Incremental Reform in the People's Republic of China [J]. Quarterly Journal of Economics, 2000 (4): 1091 – 1135.

[64] Zhang Xiaobo and Kevin H. Zhang. How Does FDI Affect Regional Inequality within a Developing Country? Evidence from China [J]. Journal of Development Studies, 2004, 39 (4): 47 – 67.

[65] [德] 弗·梅林. 马克思传 [M]. 北京: 人民出版社, 1965.

[66] [德] 黑格尔. 法哲学原理 [M]. 范扬等译. 北京: 商务印书馆, 1979.

[67] [德] 柯武刚, 史漫飞. 制度经济学: 社会秩序与公共政策 [M]. 北京: 商务印书馆, 2000.

[68] [俄] 阿·切尔尼亚耶夫. 在戈尔巴乔夫身边六年 [M]. 北京: 世界知识出版社, 2001.

[69] [俄] 格·阿·阿尔巴托夫. 知情者的见证 [M]. 北京: 新华出版社, 1988.

[70] [俄] 米·谢·戈尔巴乔夫. 改革与新思维 [M]. 北京: 新华出版社, 1988.

[71] [俄] 米·谢·戈尔巴乔夫. 对过去和未来的思考 [M]. 北京:

新华出版社，2002.

[72] [法] 卢梭. 社会契约论 [M]. 北京：商务印书馆，2008.

[73] [美] B. 克莱因，K. 莱弗勒等. 企业制度与市场组织 [M]. 上海：上海三联书店、上海人民出版社，1996.

[74] [美] W. 阿瑟·刘易斯. 经济增长理论 [M]. 上海：上海三联书店、上海人民出版社，1994.

[75] [美] 奥尔森. 权力与繁荣 [M]. 上海：上海人民出版社，2005.

[76] [美] 奥尔森. 国家兴衰探源 [M]. 北京：商务印书馆，1999.

[77] [美] 奥尔森. 集体行动的逻辑 [M]. 上海：上海三联书店、上海人民出版社，1995.

[78] [美] 奥尔森. 通向经济成功的一条暗道 [M] // 吴敬琏. 比较（第 H 辑）. 北京：中信出版社，2004.

[79] [美] 奥斯特罗姆. 制度分析与发展的反思 [M]. 北京：商务印书馆，1996.

[80] [美] 巴泽尔等. 制度、契约与组织 [M]. 北京：经济科学出版社，2003.

[81] [美] 巴泽尔. 产权的经济分析 [M]. 上海：上海三联书店、上海人民出版社，2002.

[82] [美] 巴泽尔. 国家理论：经济权利、法律权利与国家范围 [M]. 上海：上海财经大学出版社，2006.

[83] [美] 波斯纳. 法律的经济分析 [M]. 北京：中国大百科全书出版社，1997.

[84] [美] 布坎南. 自由、市场与国家——80 年代的政治经济学 [M]. 上海：上海三联书店，1993.

[85] [美] 查尔斯·比尔德. 美国宪法的经济观 [M]. 北京：商务印书馆，1984.

[86] [美] 查尔斯·林德布洛姆. 政治与市场：世界的政治—经济制度 [M]. 上海：上海三联书店，1992.

[87] [美] 大卫·科茨. 所有制、产权和经济业绩：美国和其他国家的理论与实践 [J]. 张文红编译. 国外理论动态，2007（2）：51 - 54.

[88] [美] 戴维·罗默. 高级宏观经济学 [M]. 苏剑，罗涛译. 北京：商务印书馆，1999.

[89] [美] 德姆塞茨. 关于产权的理论 [M] // 财产权利与制度变迁. 上海：上海人民出版社，2003.

[90] [美] 德姆塞茨. 所有权、控制与企业 [M]. 北京：经济科学出版社，1999.

[91] [美] 迪克西特，A.. 经济政策的制定：交易成本政治学的视角 [M]. 北京：中国人民大学出版社，2004.

[92] [美] 菲吕博顿，配杰威齐. 产权与经济理论：近期文献的一个综述 [M] //财产权利与制度变迁. 上海：上海人民出版社，2003.

[93] [美] 费景汉，古斯塔夫·拉尼期. 增长和发展：演进观点 [M]. 北京：商务印书馆，2004.

[94] [美] 福格尔. 道格拉斯·诺思和经济理论 [M] // [美] 约翰·N. 德勒巴克，约翰·V. C. 奈. 新制度经济学前沿. 张宇燕等译. 北京：经济科学出版社，2003.

[95] [美] 卡波拉索. 政治经济学理论 [M]. 南京：江苏人民出版社，2009.

[96] [美] 纳尔森. 经济增长的源泉 [M]. 北京：中国经济出版社，2001.

[97] [美] 迈克尔·赫德森. 私有化的神话与现实 [J]. 国外理论动态，2007（9）：19-23.

[98] [美] 米尔顿·弗里德曼. 资本主义与自由 [M]. 张瑞玉译. 北京：商务印书馆，2004.

[99] [美] 诺曼·奥恩斯坦等. 利益集团、院外活动与政策制定 [M]. 北京：世界知识出版社，1981.

[100] [美] 诺思，托马斯. 西方世界的兴起 [M]. 北京：华夏出版社，1999.

[101] [美] 诺思. 经济史中的结构与变迁 [M]. 上海：上海三联书店、上海人民出版社，1994.

[102] [美] 诺思. 理解经济变迁教程 [M]. 北京：中国人民大学出版社，2008.

[103] [美] 诺思. 制度、制度变迁与经济绩效 [M]. 上海：上海三联书店、上海人民出版社，1994.

[104] [美] 诺思. 制度、意识形态和经济绩效 [M] //詹姆斯·A. 道. 发展经济学的革命. 上海：上海三联书店、上海人民出版社，2000.

[105] [美] 萨缪尔森. 经济学 [M]. 北京：商务印书馆，1979.

[106] [美] 韦普肖特. 凯恩斯大战哈耶克 [M]. 北京：机械工业出版社，2013.

[107] [美] 斯蒂格利茨. 市场的作用、国家的作用 [M]. 北京：中国发展出版社，2002.

[108] [美] 斯蒂格利茨，沃尔什. 经济学 [M]. 黄险峰，张帆译. 北京：中国人民大学出版社，2005.

[109] [美] 温特劳布. 当代经济思想史 [M]. 北京：商务印书馆，1989.

[110] [美] 熊彼特. 经济发展理论 [M]. 孔伟艳等译. 北京：北京出版社，2008.

[111] [日] 大野健一. 通向市场经济的路径选择和政府的作用 [J]. 经济社会体制比较，1999（7）：43－45.

[112] [日] 青木昌彦. 比较制度分析 [M]. 上海：上海远东出版社，2001.

[113] [意] 卡洛·M. 奇波拉. 欧洲经济史（第三卷）[M]. 徐璇译. 北京：商务印书馆，1988.

[114] [印度] 阿马蒂亚·森. 理性与自由 [M]. 李风华译. 北京：中国人民大学出版社，2006.

[115] [印度] 阿马蒂亚·森. 以自由看待发展 [M]. 北京：中国人民大学出版社，2002.

[116] [印度] 阿玛蒂亚·森. 危机之后的资本主义 [J]. 陈斯一译. 文化纵横，2009（6）：22－28.

[117] [英] Alan Bullock. 希特勒与斯大林 [M]. 北京：中国社会科学出版社，1998.

[118] [英] 哈维. 现代经济学 [M]. 上海：上海译文出版社，1985.

[119] [英] 哈耶克. 不幸的观念 [M]. 北京：东方出版社，1991.

[120] [英] 哈耶克. 个人主义与经济秩序 [M]. 北京：三联书店，2003.

[121] [英] 哈耶克. 通往奴役之路 [M]. 王明毅，冯兴元等译. 北京：中国社会科学出版社，1997.

[122] [英] 哈耶克. 自由秩序原理 [M]. 邓正来译. 北京：三联书店，1997.

[123] [英] 罗宾斯. 经济科学的性质和意义 [M]. 北京：商务印书馆，2000.

[124] [英] 洛克. 政府论（下篇）—论政府的真正起源、范围和目的 [M]. 叶启芳，瞿菊农译. 北京：商务印书馆，1964.

[125] [英] 马歇尔. 经济学原理 [M]. 廉运杰译. 北京：华夏出版社，2007.

[126] [英] 亚当·斯密. 国民财富的性质和原因的研究（上卷）[M]. 北京：商务印书馆，1972.

[127] [英] 雅塞. 重申自由主义 [M]. 北京：中国社会科学出版社，1997.

[128] [英] 约翰·穆勒. 论自由 [M]. 许宝骙译. 北京：商务印书馆，1959.

[129] [英] 约翰·穆勒. 政治经济学原理（下卷）[M]. 北京：商务印书馆，1991.

[130] [英] 张夏准. 富国陷阱——发达国家为何踢开梯子？[M]. 北京：社会科学文献出版社，2007.

[131] "中国投资者动机和预期调查数据分析"课题组. 参与、不确定性与投资秩序的生成和演化 [J]. 经济研究，2002（2）：80-90.

[132] 白暴力等. 总消费需求不足的微观机制——分析与对策 [J]. 教学与研究，2005（6）：15-19.

[133] 昌明. 合作行为与经济学中的互补性研究 [D]. 浙江大学博士学位论文，2006.

[134] 蔡昉. 中国劳动力市场发育与就业变化 [J]. 经济研究，2007（7）：4-14.

[135] 陈国富. 国家与产权：一个悖论？[J]. 南开大学学报（哲学社会科学版），2004（6）：73-78.

[136] 陈林，朱卫平. 出口退税和创新补贴政策效应研究 [J]. 经济研究，2008（11）：74-86.

[137] 陈柳钦. 走向幸福：经济学研究的回归 [J]. 唯实，2012（4）：44-50.

[138] 陈泽亚. 经济人与经济制度正义 [M]. 济南：山东人民出版社，2007.

[139] 程保平. 产权制度、合谋条款及国家成功——农民工工资纠纷案（以建筑市场为例）的契约理论再解释 [J]. 经济评论，2006（3）：25-35.

[140] 邓小平文选（第3卷）[M]. 北京：人民出版社，1994.

[141] 杜晶. 企业本质理论及其演进逻辑研究 [J]. 经济学家，2006（1）：115-120.

[142] 丰海英. 政府经济行为研究 [M]. 北京：中国经济出版社，2008.

[143] 冯燮刚. 完善资本和土地配置市场化推动中国经济第三轮增长

[J]. 经济体制改革, 2004 (3): 5-10.

[144] 冯涛, 李英东. 国家、市场、产权关系重构与经济增长 [J]. 陕西师范大学学报, 2009 (3): 86-97.

[145] 傅晓霞, 吴利学. 制度变迁对中国经济增长贡献的实证分析 [J]. 南开经济研究, 2002 (4): 70-75.

[146] 高程. 非中性制度与美国的经济"起飞" [J]. 美国研究, 2007 (4): 38-55.

[147] 葛扬. 论产权制度变迁与经济持续增长——以长江三角洲为例 [J]. 经济纵横, 2007 (11): 7-10.

[148] 郭红卫. 经济增长视角下中国自主创新模式研究 [D]. 辽宁大学博士学位论文, 2009.

[149] 郭熙保. 中国经济高速增长之谜新解——来自后发优势视角 [J]. 学术月刊, 2009 (2): 63-71.

[150] 韩朝华. 明晰产权与规范政府 [J]. 经济研究, 2003 (2): 18-26.

[151] 胡一帆, 宋敏, 张俊喜. 中国国有企业民营化绩效研究 [J]. 经济研究, 2006 (7): 49-60.

[152] 黄琪轩. 技术大国起落的历史透视——政府主导的市场规模与技术进步 [J]. 上海交通大学学报, 2003 (2): 17-26.

[153] 黄少安, 王怀震. 从潜产权到产权：一种产权起源假说 [J]. 经济理论与经济管理, 2003 (8): 13-16.

[154] 黄少安, 赵建. 关于制度变迁的三个假说及其验证 [C]. "市场化三十年"论坛（会议）, 2008.

[155] 黄少安, 赵建. 转轨失衡与经济的短期和长期增长：一个寻租模型 [J]. 经济研究, 2009 (12): 80-92.

[156] 黄少安. 产权经济学导论 [M]. 北京：经济科学出版社, 2004.

[157] 黄少安. 关于制度变迁的三个假说及其验证 [J]. 中国社会科学, 2000 (4): 37-49.

[158] 黄少安. 制度变迁主体角色转换假说及其对中国制度变革的解释 [J]. 经济研究, 1999 (1): 66-72.

[159] 黄微分. 我国最终消费率下降的原因分析及对策建议 [J]. 湖南商学院学报, 2005 (5): 16-18.

[160] 靳涛. 引资竞争、地租扭曲与地方政府行为——中国转型期经济高速增长背后的"不和谐"分析 [J]. 学术月刊, 2008 (3): 83-88.

[161] 经济增长前沿课题组. 高投资、宏观成本与经济增长的持续性

[J]．经济研究，2005（10）：12－22．

[162] 经济增长前沿课题组．经济增长、结构调整的累积效应与资本形成[J]．经济研究，2003（8）：3－12．

[163] 雷辉．我国资本存量测算及投资效率的研究[J]．经济学家，2009（6）：75－83．

[164] 李稻葵．转型经济中的模糊产权理论[J]．经济研究，1995（4）：42－50．

[165] 李富强，董直庆，王林辉．制度主导、要素贡献和我国经济增长动力的分类检验[J]．经济研究，2008（4）：53－65．

[166] 李晓光．政治体制与产权制度匹配关系的经济学分析[J]．经济社会体制比较，2009（1）：23－28．

[167] 李永友，沈坤荣．辖区间竞争、策略性财政政策与FDI增长绩效的区域特征[J]．经济研究，2008（5）：58－69．

[168] 李永友，沈坤荣．中国粗放型增长方式的成因与强化[J]．学术月刊．2009（2）：72－80．

[169] 梁东黎．不可兼得：低生产要素成本与自主创新[J]．探索与争鸣，2008（3）：49－52．

[170] 梁东黎．中国转轨期总需求形成的分析框架[J]．江海学刊，2005（6）：52－59．

[171] 梁小民．经济学是什么[M]．北京：北京大学出版社，2001．

[172] 林民书．GDP增长、投资低效与居民福利提高[J]．福建论坛·人文社会科学版，2007（4）：10－15．

[173] 林木西，曾祥炎．扩大内需的产权制度分析[J]．经济学动态，2010（9）：81－84．

[174] 林毅夫．90年代中国农村改革的主要问题与展望[J]．管理世界，1994（3）：139－144．

[175] 林毅夫．关于制度变迁的经济学理论：诱致性变迁与强制性变迁[M]//财产权利与制度变迁．上海：上海人民出版社，2003．

[176] 刘博．外商直接投资与我国经济增长的关系分析[J]．哈尔滨商业大学学报，2011（2）：10－14．

[177] 刘畅．社会保障水平对居民消费影响的实证分析[J]．消费经济，2008（6）：75－77．

[178] 刘小玄．中国工业企业的所有制结构对效率差异的影响[J]．经济研究，2000（2）：17－25．

[179] 刘云龙. 民主机制与民主财政—政府间分工及分工方式 [M]. 北京: 中国城市出版社, 2001.

[180] 刘志国. 政府权力与产权制度变迁 [D]. 复旦大学博士学位论文, 2005.

[181] Jeffrey Sachs, 胡永泰, 杨小凯. 经济改革和宪政转轨 [J]. 经济学 (季刊), 2003 (3): 961-988.

[182] 卢现祥. 新制度经济学 [M]. 武汉: 武汉大学出版社, 2001.

[183] 罗必良. 新制度经济学 [M]. 太原: 山西经济出版社, 2005.

[184] 罗必良. 农地产权模糊化: 一个概念性框架及其解释 [J]. 学术研究, 2011 (12): 48-56.

[185] 罗长远. FDI、国内资本与经济增长——1987-2001年中国省际面板数据的证据 [J]. 世界经济文汇, 2006 (4): 27-43.

[186] 罗浩. 文化与经济增长: 一个初步分析框架 [J]. 经济评论, 2009 (2): 113-121.

[187] 单豪杰, 沈坤荣. 解读中国经济增长之谜: 一个激励导向的分析 [J]. 经济评论, 2008 (1): 20-28.

[188] 盛洪. 现代制度经济学 (上、下卷) [M]. 北京: 北京大学出版社, 2003.

[189] 沈汉. 资本主义史 [M]. 上海: 学林出版社, 2008.

[190] 沈坤荣. 中国经济转型期的政府行为与经济增长 [J]. 管理世界, 1998 (2): 22-30.

[191] 苏东斌, 刘荣荣. "制度人"假设——从计划经济到市场经济 [M]. 北京: 社会科学文献出版社, 2007.

[192] 苏东斌. 选择经济 [M]. 北京: 北京大学出版社, 1999.

[193] 孙健, 王东. 金融霸权与大国崛起 [M]. 北京: 新世界出版社, 2008.

[194] 谭崇台等. 发达国家发展初期与当今发展中国家经济发展比较研究 [M]. 武汉: 武汉大学出版社, 2008.

[195] 汪丁丁. 制度分析基础讲义 I [M]. 上海: 世纪出版集团、上海人民出版社, 2005.

[196] 汪丁丁. 制度分析基础讲义 II [M]. 上海: 世纪出版集团、上海人民出版社, 2005.

[197] 王红领, 李稻葵, 雷鼎鸣. 政府为什么会放弃国有企业的产权 [J]. 经济研究, 2001 (8): 61-70.

[198] 王胜强，朱富强．企业的性质：一个综合的观点［J］．西北大学学报，2002（2）：29-32．

[199] 王铁之．试评英国资产阶级革命时期土地立法的作用及其影响［A］//英国史论文集．上海：三联书店，1982．

[200] 王永钦，李明．理解中国的经济奇迹：互联合约的视角［J］．管理世界，2008（10）：5-20．

[201] 韦倩．人类合作行为与合作经济学理论分析框架［D］．山东大学博士学位论文，2009．

[202] 魏后凯．外商直接投资对中国区域经济增长的影响［J］．经济研究，2002（4）：19-26．

[203] 魏建．产权的选择性保护与中国的长期经济增长［J］．政法论坛，2010（1）：19-26．

[204] 吴向鹏，高波．文化、企业家精神与经济增长——文献回顾与经验观察［J］．山西财经大学学报，2007（6）：74-80．

[205] 吴宣恭．"企业契约论"对企业本质的歪曲［J］．高校理论战线，2005（11）：23-28．

[206] 吴易风，关雪凌等．产权理论与实践（序言部分）［M］．北京：中国人民大学出版社，2010．

[207] 吴易风．当前金融危机和经济危机背景下西方经济思潮的新动向（续）［J］．经济学动态，2010（4）：31-45．

[208] 向国成，曾祥炎．从英国第一次经济危机到欧债危机：一致性的理论诠释［J］．经济学家，2013（2）：93-101．

[209] 谢建国．市场竞争、东道国引资政策与跨国公司的技术转移［J］．经济研究，2007（6）：87-97．

[210] 熊晓娥，邹小华．和谐社会建设与产权制度完善［J］．南昌大学学报，2007（6）：75-78．

[211] 徐长生，刘望辉．劳动力市场扭曲与中国宏观经济失衡［J］．统计研究，2008（5）：32-37．

[212] 许小年，肖倩．中国经济的增长潜力将来自民营经济［J］．经济界，2003（3）：24-27．

[213] 许志新．论苏联失败的根源［J］．俄罗斯中亚东欧研究，2001（3）：1-4．

[214] 严先溥．中国消费市场运行现状与发展趋势分析［J］．金融与经济，2006（2）：3-7．

[215] 杨继生. 不同发展水平下投资对经济增长的效应研究 [J]. 经济经纬, 2007 (2): 35-38.

[216] 杨瑞龙. 我国制度变迁方式转换的三阶段论——兼论地方政府的制度创新行为 [J]. 经济研究, 1998 (1): 5-12.

[217] 杨小凯. 经济学——新兴古典与新古典 [M]. 北京: 社会科学文献出版社, 2003.

[218] 杨永忠. 中国消费症结解析: 一个模型及其应用 [J]. 北京航空航天大学学报(社会科学版), 2005 (3): 6-10.

[219] 姚颂恩. "拉美现象"的特点、成因及其对我国的启示 [J]. 世界地理研究, 2005 (12): 98-104.

[220] 姚洋. 非国有经济成分对我国工业企业技术效率的影响 [J]. 经济研究, 1998 (12): 29-35.

[221] 袁飞等. 财政集权过程中的转移支付和财政供养人口规模膨胀 [J]. 经济研究, 2008 (5): 70-80.

[222] 袁庆明. 新制度经济学 [M]. 北京: 中国发展出版社, 2005.

[223] 曾国安, 胡晶晶. 1990年以来中国居民消费率变动的实证分析 [J]. 税务与经济, 2006 (1): 50-59.

[224] 曾祥炎. "公共地悲剧"与社会改革路径研究 [J]. 财经问题研究, 2013 (4): 15-20.

[225] 曾祥炎. 宏观产权: 基本内涵、研究方法及若干理论问题 [J]. 云南财经大学学报. 2013 (2): 3-9.

[226] 曾祥炎. "破窗理论"的荒谬性: 基于索洛模型的一种解释 [J]. 湖湘论坛, 2009 (2): 92-94.

[227] 曾祥炎等. 中国地方官员内部劳动力市场特征与激励机制改革 [J]. 长白学刊, 2008 (4): 51-56.

[228] 曾祥炎, 郭红卫. 完整的产权激励: 微观机制与宏观机制 [J]. 云南财经大学学报, 2009 (3): 32-37.

[229] 曾祥炎, 林木西. 农地产权制度调整应实行地区差别 [J]. 调研世界, 2009 (1): 7-9.

[230] 曾祥炎, 林木西. 中国产权制度与经济绩效关系研究述评 [J]. 经济评论, 2011 (6): 145-150.

[231] 曾祥炎, 向国成. 合作剩余与企业本质——基于"个体—组织"对立统一方法论 [J]. 当代财经, 2014 (1): 78-86.

[232] 张静. 土地使用规则的不确定: 一个解释框架 [J]. 中国社会科

学，2003（1）：113-124.

[233] 张军. 资本形成、工业化与经济增长：中国的转轨特征［J］. 经济研究，2002（6）：3-13.

[234] 张树华. 私有化是祸？是福？俄罗斯经济改革透视［M］. 北京：经济科学出版社，1998.

[235] 张小军. 象征地权与文化经济［J］. 中国社会科学，2004（3）：121-135.

[236] 张永生. 厂商规模无关论——理论与经济证据［M］. 北京：中国人民大学出版社，2003.

[237] 张幼文. 政策引致性扭曲的评估与消除——中国开放型经济体制改革的深化［J］. 学术月刊，2008（1）：60-68.

[238] 张宇燕，高程. 美洲金银和西方世界的兴起［M］. 北京：中信出版社，2004.

[239] 张宇燕，何帆. 由财政压力引起的制度变迁［M］//盛洪，张宇燕. 市场逻辑与制度变迁. 北京：中国财政经济出版社，1998.

[240] 朱安东，蔡万焕. 新自由主义泛滥的恶果［J］. 红旗文稿，2012（11）：15-19.

[241] 赵德起，林木西. 制度效率的"短板"理论［J］. 中国工业经济，2007（10）：53-62.

[242] 赵德起. 中国农村地权让渡的理论探索与路径选择［J］. 财经问题研究，2007（3）：74-80.

[243] 中国经济增长与宏观稳定课题组. 劳动力供给效应与中国经济增长的路径转换［J］. 经济研究，2007（10）：4-15.

[244] 中国经济增长与宏观稳定课题组. 中国可持续增长的机制：证据、理论和政策［J］. 经济研究，2008（10）：13-25.

[245] 周黎安. 晋升博弈中政府官员的激励与合作——兼论我国地方保护主义和重复建设问题长期存在的原因［J］. 经济研究，2004（6）：33-40.

[246] 周黎安. 中国地方官员的晋升锦标赛模式研究［J］. 经济研究，2007（7）：36-49.

[247] 周密. 我国自主创新的结构性问题与困境摆脱［J］. 改革，2009（5）：98-102.

[248] 周雪光. "关系产权"：产权制度的一个社会学解释［J］. 社会学研究，2005（2）：1-31.

[249] 周业安. 中国制度变迁的演进论解释［J］. 经济研究，2000

（5）：3-11.

［250］朱富强. 对马克思经济学学术遗产的辨识和继承［J］. 中山大学学报（社会科学版），2009（4）：201-208.

［251］朱光华，刘大可. 对产权制度与经济增长关系的辩证思考［J］. 南开大学学报，2002（6）：14-20.

［252］朱巧玲. 寻租理论——产权理论的一个扩展［J］. 中南财经政法大学学报，2006（4）：12-17.

后 记

读博士学位期间就提出了"宏观产权"这一概念，经过多年努力，终于在博士毕业近五年之后，完成了"宏观产权结构理论"的初步构建，并以一部书稿的形式呈现出来。在撰写书稿的过程中，我经常因经济学的浩瀚无边而心生惶恐，也时常为自己的管窥蠡测而茫然失措，但不管怎么样，作为近几年学术研究的总结，书稿终究是完成了，虽然其中难免错漏与浅薄。

回首这几年学术生涯，确实辛苦，但当这一切都成为过去的时候，辛苦之意却已全无，更多的感慨是时间过得太快，快得让人捉摸不到它的真实。有时候，真的想回到八年前，再去住一住辽宁大学的博士公寓，再去南华大学的图书馆前坐坐……可是，我已经重回母校湖南科技大学的校园里生活了三年多的时间，辽宁大学与南华大学都已经成为梦境般的记忆，唯一与我相伴的，是给予我教诲、敦促和悉心关爱的师长亲友的恩情。

感谢我的博士导师林木西先生。林老师不仅在学业上对我进行悉心指导，还在为人处世方面给予我一位师长的热忱引导，使我收获甚多。林老师勤奋不辍的治学态度、对事业不倦追求的精神、倡导思想自由的大家风范、对学生无微不至的关爱之情，都将成为我人生道路上的指引，让我终生学习和追随。

感谢我的硕士导师魏达志先生。多年来，魏老师一直非常关心我的学习与生活，与我保持着一种是师生却胜似亲朋的关系，他的鼓励与建议是我坚持学术道路不可或缺的条件。作为非常有影响力的经济学者和艺术家，魏老师高尚的人格情操一直照耀着我的人生，让我的心灵不曾迷失。

感谢曾经对我有过热情关怀和无私帮助的所有辽宁大学的老师、同学以及我在南华大学的同事，对他们的感念之情将伴随我一生，历久弥醇。

告别辽大与南华,在大学毕业12年后,2011年元月,我重新回到曾经就读的大学校园,成为母校的一名教员。三年多来,曾经的老师、同学对我关怀备至,每天徜徉在过往与现实交错的时光里,让人感觉生活似幻似真;同时,在商学院这个大家庭里,良好的科学研究氛围,友好关爱的同事关系,同样有种让人"归家"的感觉。情定于斯的感觉真的很好!这些情谊都是我人生中难得的宝贵财富,也是我未来在湖南科技大学生活的幸福源泉,我唯有感谢与珍惜!

特别是,在湖南科技大学的校园里,我遇到了学术上的另外两位导师,他们的学术成就为我的"宏观产权结构理论"提供了重要支撑,他们不厌其烦地为我指点迷津,让我尤为感恩。

一位是湖南科技大学刘友金副校长。作为国内较早研究集群企业技术创新的学者,刘校长有着极强的"合作经济"思维,正是由于他的指导,我形成了从合作生产视角研究国家与产权关系的系统思路。我与刘校长虽无师生之名,却有师生之实,这几年我科学研究上的每一个进步,都有刘校长辛勤汗水的凝结。

另一位是湖南科技大学商学院向国成院长。作为国内少数几位有影响的新兴古典经济学传承者之一,他对分工问题的研究对我有着极大的影响。本书的部分章节,正是在向院长指导下,我照猫画虎地运用了新兴古典经济学的研究方法完成的,没有向院长的指导,我的著作可能仍在构思之中。

最后,感谢我的家人,他们对我的理解和支持,使我安于科研。女儿曾臻一直乖巧听话,学习认真,她的优异表现是我写作的不竭动力。妻子唐秋影女士任劳任怨,贤惠明理,她的关爱是我写作的精神支柱。对于她们,我除了感谢,还多了一分歉意,由于"科研情境",我常常对她们较为"淡漠",但愿在往后的日子里,能有更多的时间,与她们共筑家的温暖。

当然,在这里要特别提及的是,我那久卧病床的母亲在2010年11月1日凌晨永远地离开了我们,每每想起因忙于"事业"而未能陪伴她走过最后的时光,我的心一直隐隐作痛。愧痛之余,真的希望这世上能有灵魂,让我母亲的目光栖息于时空的每一个角落,默默注视着她的儿子,以缓解她当年的思子之苦。

  回首来路，流年似水，往事如烟，但生命中常有未淡者、铭心者，都将与这几年来的人事相关联。未来的时光，于我，虽会不懈坚持，但类似屈原"路漫漫其修远兮，吾将上下而求索"那样的意志或许会消散很多，更多的是苏轼"莫听穿林打叶声，何妨吟啸且徐行。竹杖芒鞋轻胜马，谁怕？一蓑烟雨任平生"那样的淡定情绪。对己，多一些满足，少一些欲望；对人，多一些宽容，少一些计较。善待生活，善待他人。看淡万千纷扰，为教学做"快乐科研"。最后作一小诗，名曰《乐在其中》，以抒我意：

    朝奏万里叠嶂难，
    为教而歌天地宽。
    浮生半世皆虚度，
    不问炎凉话桑田。

曾祥炎
2014 年 3 月于湖南科技大学